Politik
Berufsfachschule

Herausgegeben von:

Ralf Dettinger
Lars Dietershagen
Christoph Scheele
Andrea Szukala

unter Mitarbeit der Verlagsredaktion

MITMACHEN

Cornelsen

Die Kapitel im Buch wurden erarbeitet von:

Ralf Dettinger (4, 5, 6, 7, 12)
Lars Dietershagen (3, 12, 13, 14, 15)
Susanne Schäfer (2, 11)
Christoph Scheele (Anhang)
Andrea Szukala (1, 8, 9, 10)

Verlagsredaktion: Elisabeth Berten
Redaktionelle Mitarbeit: Dorothe Redeker, Bettina Kanke
Bildredaktion: Christina Fanselow
Layout und technische Umsetzung: Christoph Berten, Berlin
Umschlaggestaltung: Christoph Berten, Berlin
Titelfoto: Joachim Donath, Berlin

www.cornelsen.de/cbb

Prüfauflage 2011

Druck: CS-Druck CornelsenStürtz, Berlin

ISBN 978-3-06-450449-3

Inhalt gedruckt auf säurefreiem Papier aus nachhaltiger Forstwirtschaft.

Mitmachen

Nur noch fünf Prozent der Deutschen (null Prozent der Arbeiter) glauben, dass sie Politik durch Wahlen maßgeblich mitbestimmen können. Diese erschreckenden Zahlen nannte Hans-Ulrich Jörges, stellvertretender Chefredakteur des Stern, im Sommer 2009.
In den Augen vieler Menschen ist Politik etwas, das andere machen, andere, die es nicht interessiert oder die nicht wissen, wie es großen Teilen der Bevölkerung geht. Folgerichtig verweigern sich Bürgerinnen und Bürger, darunter viele Jugendliche, der Teilhabe am politischen Leben ihres Landes, sie gehen nicht zu den Wahlen, verlieren das Interesse an politischen Themen.

Wir sind davon überzeugt, dass es auch anders geht. Miteinander diskutieren, kreativ sein, nachdenken, Aufgaben lösen: dazu soll das Buch „Mitmachen" anregen. In fünfzehn Themenkörben werden Probleme und Fragen aufgeworfen, die Sie vermutlich aus Ihrer eigenen Lebenswelt kennen. Ihr Leben im globalisierten Deutschland, geprägt durch vielfältige Einflüsse, Generationenungerechtigkeit oder Migration wird zum Ausgangspunkt für die Arbeit im Politikunterricht. Aktuelle und zukünftige Schlüsselprobleme unserer Gesellschaft werden angesprochen – und immer sind Sie aufgefordert, sich einzubringen, Stellung zu beziehen.

Auch methodisch haben wir uns viel vorgenommen. Das Lernen und Arbeiten mit dem Buch soll möglichst kooperativ und denkanregend sein. Kurze Lerneinheiten, ein gut erfassbares Schriftbild und knappe Texte unterstützen auch diejenigen unter Ihnen, die wenig Erfahrung mit dem Verstehen von politischen Fachtexten haben. „Mitmachen" regt dazu an, abwechsungsreiche Methoden und Arbeitstechniken einzusetzen und anzuwenden. Wir wünschen uns, dass Sie sich auf diese spannenden Themen einlassen und Politik als etwas entdecken, bei dem es sich lohnt mitzumachen.

Die Herausgeber

Inhalt

RECHTSSCHUTZ
HAUSRATVERSICHERUNG
HAFTPFLICHTVERSICHERUNG
Postbank

ttp://wv

Diese Methoden brauchen Sie:

- Kreativ sein: Kopfstandmethode
- Sich informieren: Internetrecherche
- Interpretieren: Karikaturen verstehen, Diagramme verstehen
- Visualisieren: Werbepostkarten

Vernetzen Sie Ihr Wissen:

- mit dem Thema: Politisches System der Bundesrepublik Deutschland (→ Kapitel 2)
- mit dem Thema: Internationale Politik und die Vereinten Nationen (→ Kapitel 8)
- mit dem Thema: Recht und Regeln (→ Kapitel 12)
- mit dem Thema: Politik und Medien (→ Kapitel 7)

So arbeiten Sie mit anderen zusammen:

- Placemat
- Paar-Check

Für viele ist es selbstverständlich: In Deutschland leben wir in einer Demokratie zusammen. Aber – jeder stellt sich etwas anderes darunter vor.

Es gibt sehr viele unterschiedliche Meinungen, wie das Zusammenleben am besten gestaltet werden kann. Und nicht wenige meinen, dass es auch in Deutschland manchmal gar nicht so demokratisch zugeht – wie in vielen anderen Ländern weltweit.

1 Demokratie in Deutschland und in der Welt

1.1 Was heißt demokratisch?

Jeder von uns hat ein Gefühl dafür, wann eine Situation fair und demokratisch ist und wann nicht.
Aber bedeutet Demokratie im Alltag, in der Familie und mit Freunden das gleiche wie die Demokratie in einem Staat?
Alle Jugendlichen, die Sie hier sehen sind der Meinung, dass eine Situation, die sie erleben, nicht demokratisch ist.

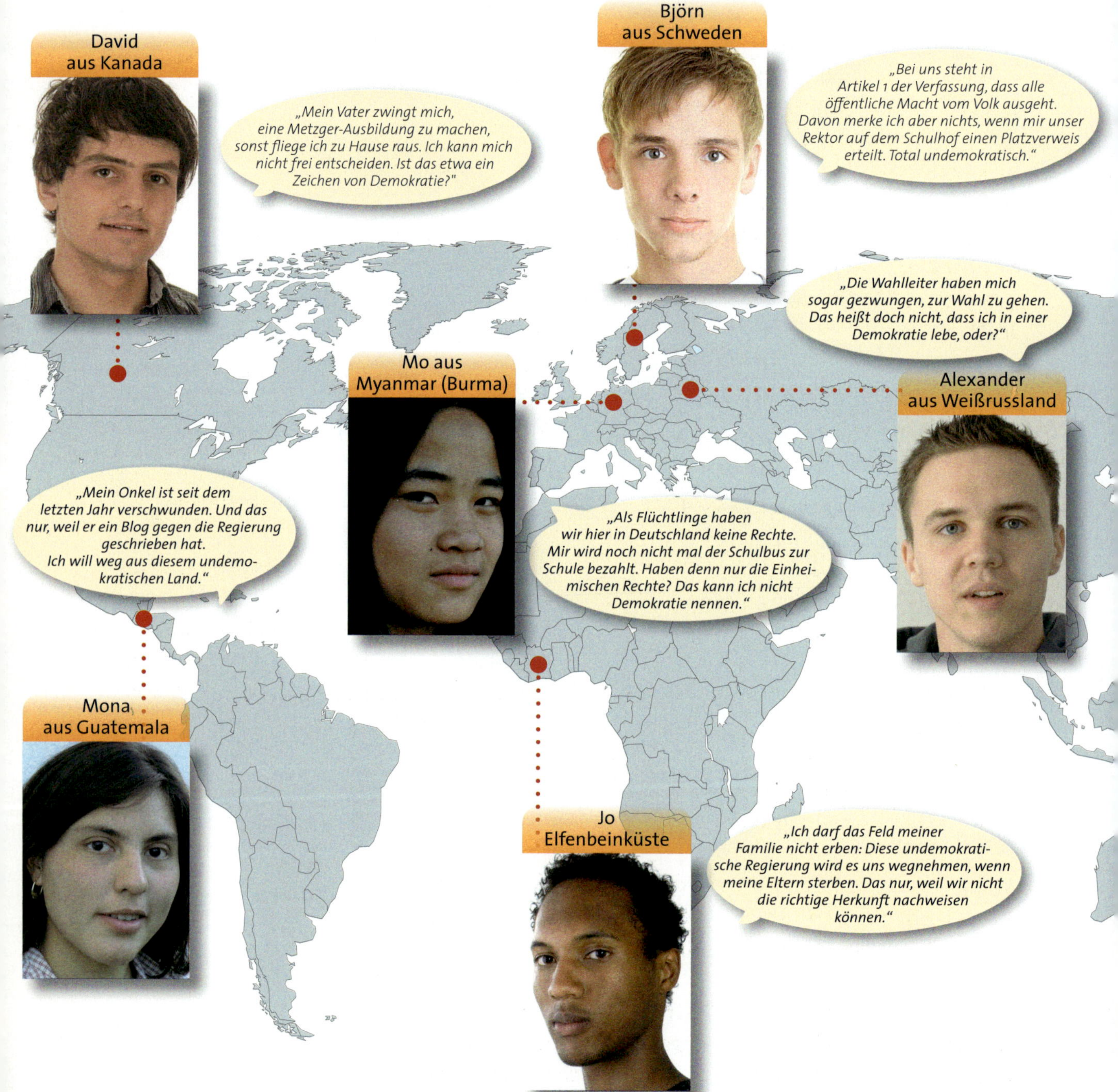

Jetzt sind Sie dran

1. Erstellen Sie in Ihrem Heft eine Tabelle nach dem folgenden Muster.

Name	Das versteht dieser Jugendliche unter Demokratie:	Lebt dieser Jugendliche wirklich in einem undemokratischen Land? Das vermute ich dazu:
Jo	*Für Jo ist eine Situation demokratisch, wenn ...*	*Jch vermute, dass Jos Land demokratisch/undemokratisch ist, weil ...*

2. Untersuchen Sie jede Aussage der Jugendlichen auf S. 10 mit Ihrem Partner und notieren Sie in der mittleren Spalte der Tabelle, was diese Jugendlichen unter Demokratie verstehen.
3. Diskutieren Sie (➲ Diskussion), welche der genannten Länder wahrscheinlich undemokratisch sind und notieren Sie Ihre Überlegungen in der rechten Spalte der Tabelle.
4. Versuchen Sie, auf der Grundlage der Beispiele und Ihrer Diskussion in einem Satz zu formulieren, was für Sie Demokratie bedeutet („Demokratie ist für mich ...") und stellen Sie Ihre Definition im Plenum vor.

Menschen haben Erwartungen an eine Demokratie.

a) Die Natur muss besonders geschützt werden.
b) Niemand darf gegen einen anderen Gewalt ausüben.
c) Alle müssen das gleiche Recht haben.
d) Armen Menschen muss geholfen werden.
e) Jeder muss gehen können, wohin er will.
f) Jeder soll in der Lage sein, in der Politik Bescheid zu wissen.
g) Es darf keine großen Unterschiede zwischen Arm und Reich geben.
h) Das Familienleben soll geschützt sein.
i) Es darf keine Regierung ohne Wahlen geben.
j) Jeder soll vor Gericht seine Rechte einklagen dürfen.
k) Niemand darf wegen seines Aussehens Nachteile haben.
l) Die freie Religionsausübung soll vom Staat geschützt werden.
m) Kein Mensch darf in seiner Würde verletzt werden.
n) Jeder soll seine Meinung frei äußern dürfen.
o) Frauen und Männer sollen absolut gleiche Rechte haben.
p) Der Staat muss dafür sorgen, dass jeder Arbeit hat.

5. Welche Erwartungen haben Sie an die Demokratie? Entscheiden Sie sich für acht der 16 Erwartungen und tragen Sie diese in Ihr Heft ein.
6. Vergleichen Sie Ihre Liste mit der eines Arbeitspartners und stellen Sie Gemeinsamkeiten fest.
7. Entscheiden Sie sich dann gemeinsam für Ihre vier wichtigsten Erwartungen an die Demokratie und bringen Sie diese in eine Rangliste.
8. Erklären Sie dem Klassenplenum, warum Sie sich ausgerechnet für diese vier Erwartungen entschieden haben (➲ Präsentieren).

1.2 Die Regeln des Zusammenlebens: Wer darf sie bestimmen?

Die Demokratie soll viele Erwartungen erfüllen. Damit wachsen ihre Aufgaben. Aber wie sollen sie gelöst werden und von wem? Denken Sie einmal andersherum. Was müsste in einer Gebrauchsanleitung stehen, damit es in einer Gruppe von Menschen mit dem Zusammenleben auf gar keinen Fall klappt? Denken Sie an Ihre eigenen Erfahrungen, zum Beispiel mit Freunden, in der Familie oder in der Klasse.

Alles einmal auf den Kopf stellen

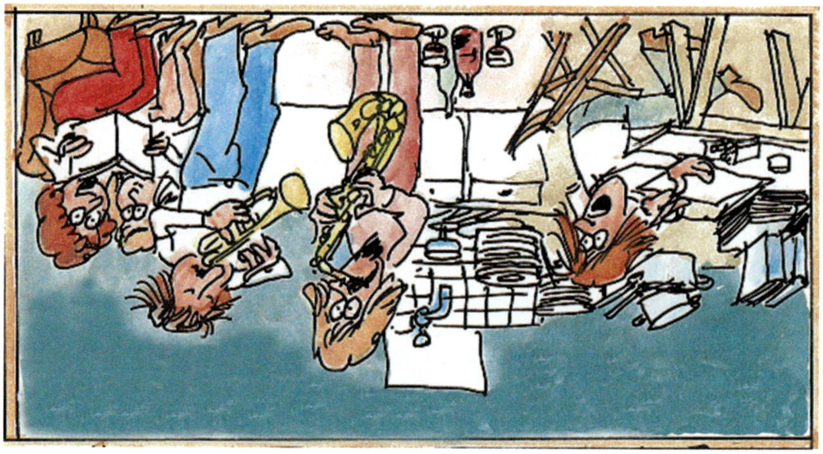

Jetzt sind Sie dran

1. Notieren Sie gemeinsam mit einem Arbeitspartner Ideen für das Scheitern des Zusammenlebens. Tragen Sie Ihre Ideen im Klassenplenum an der Tafel zusammen. Erstellen Sie dafür zunächst diese Tabelle:

Anleitung für das Scheitern	Anleitung für das Gelingen

2. Überlegen Sie dann gemeinsam weiter: Welche Regeln kann man für das funktionierende Zusammenleben ableiten? Übertragen Sie diese Regeln in die rechte Spalte der Tabelle.
3. Bewerten Sie die Regeln: Welche könnten wichtig für das gute Zusammenleben in Deutschland sein? Welche finden Sie unbrauchbar? Vergeben Sie Punkte.
4. Reflektieren Sie die ➲ Kopfstandmethode: „Alles einfach einmal auf den Kopf stellen“. Warum kann dieses Vorgehen die Gedanken frei machen für neue Ideen? Notieren Sie Ihre Überlegungen zu der Frage.

Formen der Ordnung

Die Demokratie ist nicht der einzige Weg, wie Menschen ihr Zusammenleben regeln. Es gibt viele verschiedene Formen, wie Menschen heute und in der Vergangenheit eine Ordnung im Staat geschaffen haben. Dabei entsteht häufig Streit darüber, wer die Regeln festlegt, denn diese Personen bekommen viel Macht in die Hand.
Die Frage ist: Entscheiden alle gemeinsam? Oder versuchen Einzelne, die Regeln für alle anderen festzulegen?

A *„Ordnung ohne Herrschaft. Eine Welt, in der keiner regieren soll über die Arbeit und Mühe eines anderen."*

(nach: David Edelstadt 1866–1892)

B *„Zwei Wölfe und ein Schaf entscheiden gemeinsam, was es zu essen gibt."*

(nach: Thomas Jefferson 1743–1826)

1 Monarchie

3 Demokratie

2 Diktatur

4 Anarchie

C *„Der König war Vater seines Volkes, denn jeder Vater war König in seiner Familie."*

(nach: Abel Bonnard 1883–1968)

D *„Ein Staat, in dem das Halten von Papageien lebensgefährlich werden kann."*

(nach: Jack Lemmon 1925–2001)

Jetzt sind Sie dran

1. Auf den runden Karten lesen Sie Begriffe zu bestimmten Formen der Ordnung, die Sie vielleicht schon kennen. Lesen Sie die eckigen Karten mit den Aussagen berühmter Leute dazu durch und entscheiden Sie, mit welchen runden Begriffskärtchen sie verbunden werden müssen!
2. Stellen Sie sich die Demokratie, Anarchie, Diktatur und Monarchie als Bild vor. Fertigen Sie zu jeder Staatsform eine kleine Zeichnung an, die Sie auch in Ihr Heft eintragen.
3. Betrachten Sie gemeinsam Ihre Zeichnungen und diskutieren Sie: „In welcher Staatsform könnte ich mir vorstellen zu leben?" Begründen Sie Ihre Wahl.

1.3 Wie viele Staaten in der Welt sind wirklich demokratisch?

Am Beginn des Kapitels haben Sie die Aussagen von Jugendlichen aus der ganzen Welt diskutiert. Alle waren der Meinung, dass sie in einer wenig demokratischen Situation leben. Aber nur einige unter ihnen leben in Staaten, die man nicht als Demokratien bezeichnen würde. Seit dem Zweiten Weltkrieg hat sich die Welt in mehreren Wellen demokratisiert. Trotzdem leben im Jahr 2009 immer noch 34 % der Weltbevölkerung in undemokratischen Staaten. Auf den folgenden Seiten untersuchen Sie, wie sich die Demokratie nach dem Zweiten Weltkrieg entwickelt hat.

Infobox

Die Wellen der Demokratie nach dem Zweiten Weltkrieg

Im Jahr 1946 gab es weltweit 71 unabhängige Staaten. Nur zwanzig waren demokratisch, alle anderen waren Diktaturen (19) oder sie zeigten keine klare demokratische Entwicklung (32). Dies lag vor allem daran, dass in den Jahren direkt nach dem Zweiten Weltkrieg viele Staaten zerbrochen oder besetzt waren. Deshalb war für sie eine eigenständige demokratische Entwicklung zunächst noch gar nicht möglich (z. B. für Deutschland).

Am Ende des Krieges kam es zunächst auch dazu, dass die europäischen Staaten mehr und mehr die Kontrolle über ihre ehemaligen Kolonien verloren. Dadurch entstanden viele neue Staaten. Viele dieser Länder konnten aber keine dauerhaften Demokratien werden und kippten nach der Unabhängigkeit von Europa in neue Abhängigkeiten.

Einheimische Diktatoren rissen dort die Macht an sich: 1977 waren daher 89 Staaten auf der Welt diktatorische Regime. Dies galt vor allem für die neuen unabhängigen Staaten Afrikas.

Erst seit den 1970er Jahren demokratisierten sich auch zahlreiche Länder des Südens: Zuerst die Staaten Südeuropas (Griechenland, Portugal, Spanien) und schließlich seit den achtziger Jahren die meisten Länder Südamerikas (zuerst Ecuador, Peru, Bolivien, Argentinien). Nach dem Ende des Kalten Krieges kam es zu vielen neuen Staatengründungen im Osten Europas.

Die meisten dieser neuen Staaten waren demokratisch oder sie haben sich bis heute zu Demokratien entwickelt.

1989 demonstrieren 2 Mio. Menschen in einer friedlichen Menschenkette von Litauen bis Estland für ihre Unabhängigkeit. Ein Jahr später wurde dies real.

Jetzt sind Sie dran

1. Analysieren Sie das folgende Diagramm.

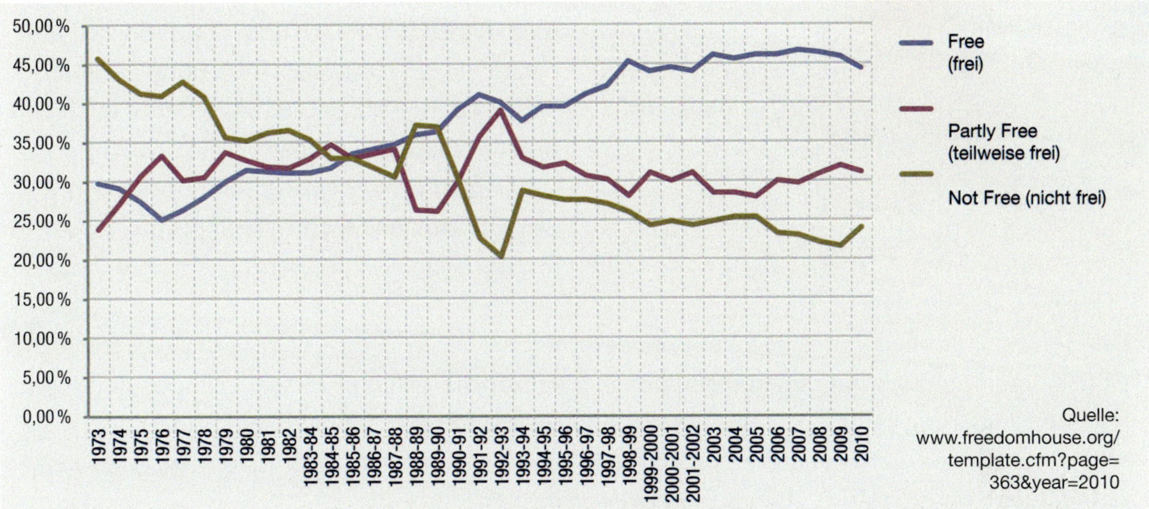

2. Erläutern Sie mit Hilfe der Infobox und des Diagramms, wie sich die weltweite Demokratie in den 60 Jahren nach dem 2. Weltkrieg entwickelt hat.
3. Erstellen Sie in Ihrem Heft einen Zeitstrahl von 1946 bis heute. Tragen Sie die wichtigsten Schritte der globalen Demokratieentwicklung in Ihr Heft ein.
4. Rufen Sie im Internet die aktuelle „Map of Freedom" (Karte der Freiheit) auf. Informieren Sie sich durch Anklicken ausgewählter Staaten warum diese als „free" (frei), „partly free" (nur teilweise frei) oder „not free" (nicht frei) dargestellt sind.

Legende zu Diagramm und Karte von Freedom House

Free (frei): Es herrschen politischer Wettbewerb und ein Klima, in dem Menschen frei und gleich leben können und die Medien unabhängig sind.
Partly free (teilweise frei): Die politische und persönliche Freiheit der Bürger ist begrenzt. Es gibt dort Korruption und das Recht wird nicht gleichmäßig durchgesetzt. Eine Partei hat die Vorherrschaft, obwohl es eine gewisse Offenheit des politischen Lebens gibt.
Not free (unfrei): Die Bürger leben ohne politische und persönliche Rechte und Freiheiten.

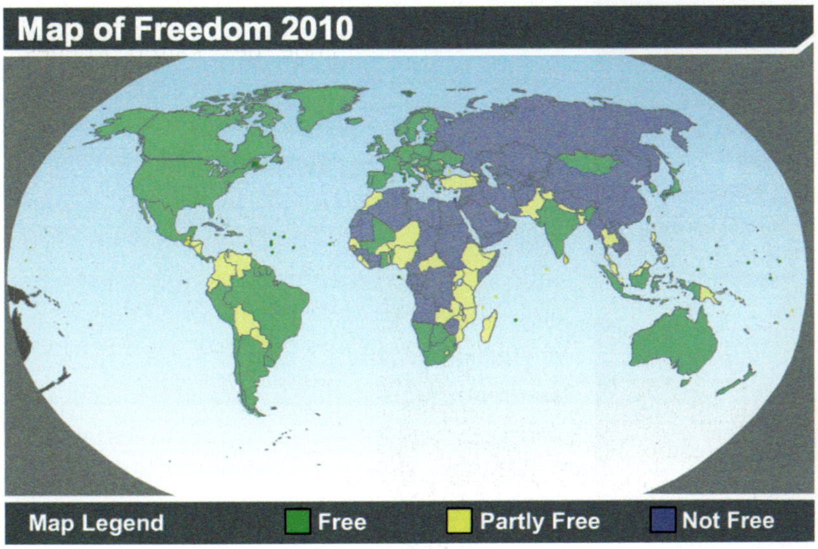

www.freedomhouse.org/temp-late.cfm?page=363&year=2010

1.4 Die letzte Diktatur in Europa

Auch in Europa gibt es noch einen Staat, der nicht demokratisch ist: Weißrussland lässt auch mehr als 20 Jahre nach dem Mauerfall keine Freiheit in der Gesellschaft zu. Bürgerrechtler nennen den Präsidenten Lukaschenko auch den „letzten Diktator Europas".
Die Gegner der Regierung – die Opposition – werden von den Machthabern brutal unterdrückt.

Der Sender Euronews hat einen Politiker der Opposition interviewt, der gegen die undemokratische Regierung kämpft. Er heißt Alexander Milinkewitsch und wurde über die Grenzen seiner Heimat hinaus bekannt, als er bei der Präsidentenwahl gegen Lukaschenko antrat. Lukaschenko hat seinen Wahlerfolg mit Gewalt verhindert. Doch durch politische Besuche (auch bei Bundeskanzlerin A. Merkel) hat Milinkewitsch viele politische Freunde in Westeuropa gefunden.

EuroNews: Herr Milinkewitsch, herzlich willkommen bei EuroNews. Wie ist zurzeit die Lage in Weißrussland, entwickelt sie sich zu einer Demokratie oder nicht?

Anhänger der weißrussischen Oppositionspartei demonstrieren in Minsk gegen eine Fälschung der Wahlergebnisse

Alexander Milinkewitsch: Einige politische Gefangene sind freigelassen worden, aber viele andere wurden festgenommen und eingesperrt.

EuroNews: Was hat diese neue Welle der Unterdrückung der Opposition ausgelöst?

Alexander Milinkewitsch: Ich habe den Eindruck, dass die Machthaber etwa so denken: „Gut, wir machen ein paar Kompromisse, um die Zusammenarbeit mit dem Westen zu regeln". Aber das sind keine echten Kompromisse, die wirklich den europäischen Werten entsprechen. Gleichzeitig haben die Machthaber Angst, die Kontrolle über das Land zu verlieren, deshalb wollen sie zeigen, dass sie alles beherrschen. Die Festnahmen betrachte ich als eine Geste der Selbstbestätigung der Machthaber. Das ist natürlich ein Irrtum, denn es zeigt nicht Stärke sondern Schwäche.

EuroNews: Unter welchen Bedingungen arbeiten Sie jetzt in Weißrussland?

Alexander Milinkewitsch: Meine Möglichkeiten sind eingeschränkt. Ich kann nicht im Fernsehen auftreten. Man lässt mich gar nicht hinein. Ein einziges Mal in fünf Jahren haben sie mir die Möglichkeit gegeben – als ich Präsidentschaftskandidat war. Ich komme nicht im Radio vor, nicht in den staatlichen Zeitungen. Zum Ausgleich reise ich viel durch das Land. In zweieinhalb Monaten habe ich 30 Orte besucht und dabei bemerkenswerte Begegnungen gehabt. Man hat mich zwar immer wieder festgenommen, mir Strafzahlungen auferlegt, die Reifen meines Autos zerschnitten (...) Aber gleichzeitig habe ich viel von den Menschen erfahren, wie sehr ihnen Meinungsfreiheit und Wahrheit fehlen und dass sie eine Hoffnung haben wollen.

EuroNews: Im Herbst stehen in Weißrussland wieder Parlamentswahlen an. Können die Vertreter der Opposition daran teilnehmen?

Alexander Milinkewitsch: Wir können nicht nur, wir werden teilnehmen.

Und dieses Mal werden wir darauf hinwirken, dass die Anwendung des Wahlgesetzes geändert wird. Zum Beispiel: Wenn sich ein Kandidat der Opposition zur Wahl stellt, dann muss er das Recht haben, eine Person seines Vertrauens in die Wahlkommission zu entsenden.

In den letzten Jahren haben nur Vertreter der Staatsmacht die Stimmen ausgezählt.

Wir müssen freien Zugang zu den Medien bekommen. Und es muss Schluss sein mit der Diskriminierung [Benachteiligung] von Wahlhelfern von demokratischen Kandidaten, die oft ihre Arbeit verloren haben, Geldstrafen zahlen mussten, im Gefängnis landeten.

Wenn unsere Bedingungen akzeptiert werden und eine Opposition ins Parlament gewählt wird, dann wird das der erste Schritt sein zu einer Gesundung der politischen Situation in meinem Land sein.

Quelle:
Copyright © 2010 **euronews** (überarbeitet)
http://de.euronews.net/2008/05/06/interview-mit-dem-weissrussischen-oppositionsfuehrer-alexander-milinkewitsch/

Jetzt sind Sie dran ...

1. Erörtern Sie die geografische Lage Weißrusslands anhand des Kartenausschnitts, sammeln Sie weitere Informationen zu diesem Land und präsentieren Sie diese Ihren Mitschülern (➲ Präsentieren).
2. Lesen Sie das Interview mit dem Politiker Milinkewitsch. Setzen Sie sich zu viert zusammen und berichten Sie sich gegenseitig, was Milinkewitsch erlebt hat.
3. Zeichnen Sie ein Platzdeckchen (➲ Placemat) auf ein Arbeitsblatt. Notieren Sie in die vier äußeren Felder des Platzdeckchen, welche Aspekte Sie für die wichtigsten Verstöße gegen die Demokratie in Weißrussland halten. Einigen Sie sich dann auf ein Gruppenergebnis und tragen Sie das Ergebnis im zentralen Feld ein.
4. Sammeln Sie die Ergebnisse im Klassenplenum. Erstellen Sie eine gemeinsame T-Tabelle, wie im Muster weiter unten. Tragen Sie darin die wichtigsten Unterscheidungsmerkmale von Demokratien und Diktaturen ein und übertragen Sie diese anschließend in Ihr Heft.

Demokratie	Diktatur
Freie Wahlen	*Keine Wahlen, unfaire Wahlen*

5. Beschreiben Sie das Foto „Boycott to Dictatorship". Was fällt auf?

1.5 Demokratie und Grundrechte

Am Beispiel Weißrusslands haben Sie wichtige Merkmale einer Diktatur kennen gelernt. Sie haben erfahren, dass die Machthaber in einer Diktatur keine Opposition zulassen. Dennoch suchen immer wieder Menschen in diesen Staaten nach Auswegen, um Freiheit einzufordern und auf ihre Situation hinzuweisen.

Jetzt sind Sie dran ...

1. Beschreiben Sie das Graffito, das sich an der Berliner Mauer zwischen Ost und West befindet (➔ Karikaturenanalyse).
2. Welche Sprechblase würden Sie aus dieser Gefängniszelle herausquellen lassen? Zeichnen Sie die Sprechblase mit dem Text in Ihr Heft.
3. Diskutieren Sie in der Klasse zunächst Ihre Sprechblasentexte und denken Sie dann gemeinsam über die folgende Liedstrophe des Liedermachers G. Danzer nach:
„Die Freiheit ist ein wundersames Tier und manche Menschen haben Angst vor ihr. Doch hinter Gitterstäben geht sie ein, denn nur in Freiheit kann die Freiheit Freiheit sein.“

Gerade die Menschen in Deutschland sind durch die Erfahrungen der nationalsozialistischen Diktatur sehr geprägt. Während dieser Zeit wurden die Rechte vieler Menschen mit Füßen getreten. Diese Erfahrung und der Schrecken des Zweiten Weltkrieges und des Holocaust mit Millionen Toten haben sich in die Erinnerung der gesamten Menschheit eingebrannt.

Während des 2. Weltkriegs im August 1941 trafen sich der Präsident der USA, Franklin D. Roosevelt, und der Premierminister von Großbritannien, Winston Churchill, auf dem Schlachtschiff „Prince of Wales“ im Atlantik, um gemeinsame politische Grundsätze für die Zukunft zu beschließen.

Noch während des Krieges haben die großen Demokratien, die Gegner Hitler-Deutschlands, den Plan gefasst, Regeln für die ganze Welt aufzustellen und durchzusetzen, um später einen „neuen Hitler“ verhindern zu können.
Dazu gehörten:
- Verurteilung des Imperialismus, als Streben nach weltweiter politischer und wirtschaftlicher Macht
- Verzicht auf Gewaltpolitik
- Recht eines Volkes, seine Staatsform selbst zu wählen.

Dieser sogenannten Atlantik-Charta schlossen sich alle Kriegsgegner Deutschlands an. Sie wurde zur Grundlage der UN-Charta, die im Jahr 1945 von 51 Gründerstaaten verabschiedet wurde. Sie gilt als Verfassung der Vereinten Nationen (UN).

Eleanor Roosevelt war eine hochrangige Politikerin der UN. Als Vorsitzende der Menschenrechtskommission verkündete sie 1948 vor der Vollversammlung der UN die Allgemeinen Menschenrechte, die weitgehend auf ihr Engagement zurückgingen. Von 1933 bis 1945 war sie die „First Lady" der USA.

Im Jahr 1948 bekennt sich die Vollversammlung der UN zu den Allgemeinen Menschenrechten. Ihnen liegt ein Menschenbild zugrunde, das vom Grundsatz ausgeht: „Alle Menschen sind frei und gleich an Würde und Rechten geboren." Seither schaut die ganze Welt auf die Länder, in denen die Menschenrechte missachtet werden: Es gibt keine undemokratischen Länder, in denen die Grundrechte beachtet werden. Und die Diktaturen, in denen die Menschenrechte verletzt werden, versuchen dies mit allen Mitteln zu vertuschen. Grundrechtskataloge gibt es zwar auch in Verfassungen nichtdemokratischer Staaten. Aber nur in demokratischen Staaten gibt es unabhängige Gerichte, die die Grundrechte der Bürger auch wirklich durchsetzen können.

Der zugeknotete Revolverlauf vor dem UN-Gebäude in New York soll die Friedenssicherung durch die Völkergemeinschaft darstellen. Die Skulptur trägt den Namen „Non-Violence" (Gewaltlosigkeit).

Jetzt sind Sie dran ...

4. Recherchieren Sie die Allgemeine Erklärung der Menschenrechte und deren 30 Artikel (➲ Internetrecherche). Welche Menschenrechte der Menschenrechtserklärung sind Ihnen am wichtigsten?
5. Nutzen Sie Ihren Lieblingsartikel, um für die Menschenrechtserklärung zu werben: Erstellen Sie Werbepostkarten zur Allgemeinen Erklärung der Menschenrechte, die Sie in Ihrer Klasse präsentieren und an ausgewählte Personen verschicken (➲ Präsentieren).
6. Informieren Sie sich auf der Internetseite der Bundeszentrale für Politische Bildung, wer weltweit für die Durchsetzung der Menschenrechte kämpft und stellen Sie Ihren Mitschülern die wichtigsten Menschenrechtsorganisationen vor. Sind diese Organisationen mit einem Büro oder mit einer Gruppe in Ihrer Stadt vertreten? Informieren Sie sich vor Ort über ihre Arbeit oder laden Sie einen Experten zu sich in die Schule ein. Stellen Sie den Experten Ihre Werbepostkarten vor. Oder senden Sie Ihre Produkte an die Menschenrechtsgruppen in Ihrer Stadt.

anti-slavery
today's fight for tomorrow's freedom
unicef
Gemeinsam für Kinder
terre des hommes
Hilfe für Kinder in Not
AMNESTY INTERNATIONAL
HUMAN RIGHTS WATCH

1.6 Demokratie und Grundrechte im deutschen Grundgesetz

Im Jahr 1949 hat sich die neu gegründete Bundesrepublik Deutschland mit dem Grundgesetz eine Verfassung gegeben, in der die Menschenrechte eine sehr wichtige Rolle spielen. Dabei haben die Verfasser des Grundgesetzes natürlich auch an die **Allgemeine Erklärung der Menschenrechte** gedacht, die im Jahr zuvor verabschiedet wurde.

Art 1 GG

„Die Würde des Menschen ist unantastbar. Sie zu achten und zu schützen ist die Verpflichtung aller staatlichen Gewalt."

Die Bundesrepublik Deutschland sollte eine weltweit anerkannte Demokratie werden, die die Regeln der Menschlichkeit über alles stellt. Deshalb sind im Grundgesetz die **Grundrechte** auch die ersten Artikel im Gesetzestext.

Die **Menschenrechte** werden als Teil der menschlichen Natur gesehen. Diese Rechte hat also jeder einzelne Mensch, ohne dass der Staat sie ihm gibt. Die Grundrechte sind etwas ganz Ähnliches: Ihrem Inhalt nach sind sie oft Menschenrechte.

Der Unterschied besteht darin, dass der Staat selbst sie anerkannt hat. Sie sind staatlich garantiert. Dadurch, dass der Staat sie garantiert, sind sie zum Beispiel für jeden Einzelnen vor Gericht durchsetzbar.

Rechtsstaat
bezeichnet einen Staat, in dem die Staatsgewalt an das Recht gebunden ist.

Auch das macht einen Staat zur Demokratie: Die Regierung selbst ist an diese Gerichtsurteile gebunden und kann ihre Macht nicht ohne den Respekt der Grundrechte ausüben.

Die **Bürgerrechte** sind ebenfalls Grundrechte des Grundgesetzes. Sie sind aber an die Staatsangehörigkeit der Bundesrepublik Deutschland gebunden, da sie zum Beispiel das Wahlrecht zu allen Wahlen in Deutschland verleihen (→ Kapitel 2).

Jetzt sind Sie dran ...

1. Unterscheiden Sie zwischen Menschenrechten und Bürgerrechten. Kombinieren Sie dazu die passenden Satzteile und erstellen damit an der Tafel eine Übersicht. Strittige Zusammenhänge können Sie gemeinsam diskutieren.

- a Grundrechte sind die Rechte, ...
- b Die Menschenrechte gehören von Natur aus zu jedem Menschen, ...
- c Das Menschenrecht ...
- d Das Recht auf Freiheit und Leben und auf Menschenwürde ...
- e Bestimmte Rechte gelten nur für die Staatsbürger eines jeweiligen Landes, ...
- f Zu den Bürgerrechten zählen das Wahlrecht, ...
- g In der Demokratie ist der Staat dazu verpflichtet, ...
- h Die Bürgerrechte kann man verlieren ...
- i Die Grundrechte schützen den Bürger auch vor dem Staat, ...

1. ... die Versammlungsfreiheit und die Vereinigungsfreiheit.
2. ... kann einem in keinem Land der Welt und zu keiner Zeit weggenommen werden.
3. ... sie werden deshalb die Bürgerrechte genannt.
4. ... denn sie können vor Gericht auch gegen die Regierung vorgehen, wenn sie die Grundrechte missachtet.
5. ... die in der Verfassung festgelegt sind.
6. ... sie werden nicht vom Staat verliehen.
7. ... dass die Grundrechte seiner Bürger stets geschützt werden.
8. ... sind wichtige Rechte eines jeden Menschen von Geburt an.
9. ... zum Beispiel, wenn man die Staatsbürgerschaft wechselt.

2. Stellen Sie sich vor, der Jugendliche Jo (s. S. 10) ist aus der Elfenbeinküste nach Deutschland geflüchtet. Sie möchten ihm erklären, dass er in einem demokratischen Land gelandet ist, weil seine Rechte hier geschützt sind. Dazu benutzen Sie die folgenden Artikel des Grundgesetzes.

GG Art. 2.2 Jeder hat das Recht auf Leben und **körperliche Unversehrtheit**.

GG Art. 6.2 Pflege und **Erziehung der Kinder** sind das natürliche Recht der Eltern.

GG Art. 4.2 Die ungestörte **Religionsausübung** wird gewährleistet.

GG Art. 14.1 Das **Eigentum** und das Erbrecht werden gewährleistet.

GG Art. 13.1 Die **Wohnung** ist unverletzlich.

GG Art. 20.4 **Widerstandsrecht** jedes Deutschen gegen jeden, der versucht die Demokratie zu beseitigen.

GG Art. 3.1 Alle Menschen sind vor dem Gesetz **gleich**.

GG Art. 10.1 Das **Briefgeheimnis** sowie das Post- und Fernmeldegeheimnis sind unverletzlich.

GG Art. 5.3 **Kunst und Wissenschaft** (...) sind frei.

GG Art. 5.1 Jeder hat das Recht, seine **Meinung** (...) frei zu äußern und zu verbreiten und sich aus allgemein zugänglichen Quellen ungehindert zu unterrichten.

GG Art. 3.3 **Niemand darf** wegen seines Geschlechts, seiner Abstammung, seiner Rasse, seiner Sprache, seiner Heimat und Herkunft, seines Glaubens (...) **benachteiligt oder bevorzugt werden**.

GG Art. 1 Die **Würde** des Menschen ist **unantastbar**.

GG Art. 11.1 Alle Deutschen genießen **Freizügigkeit** im ganzen Bundesgebiet.

GG Art. 12.1 Alle Deutschen haben das Recht, **Beruf**, **Ausbildungsplatz** und **Arbeitsstätte** frei zu wählen.

GG Art. 2.1 Jeder hat das Recht auf freie **Entfaltung seiner Persönlichkeit**.

GG Art. 6.1 **Ehe und Familie** stehen unter dem besonderen Schutz der staatlichen Ordnung.

GG Art. 20.2 Alle Staatsgewalt geht **vom Volke** aus.

GG Art. 16.1 Politisch Verfolgte genießen **Asylrecht**.

a) Übertragen Sie die Artikel des GG in Ihr Heft und nutzen eine solche Tabelle.

So steht es im Grundgesetz	Meine „Übersetzung" für Jo	Meine Beispiele für Jo

b) Erläutern Sie dann mit einem Arbeitspartner die einzelnen Artikel und übersetzen Sie sie in ein einfaches Deutsch.
Finden Sie Beispiele, mit denen Sie Jo die Rechte in Deutschland erklären können. Welche dieser Grundrechte hat er als Ausländer in Deutschland nicht?Diskutieren Sie.

1.7 Meine Freiheit – deine Freiheit: Die Zwickmühle mit den Grundrechten

Wenn ein Einzelner versucht, sein Grundrecht gegen andere durchzusetzen, die auch ein Grundrecht haben, entstehen Konflikte. Manchmal muss dann der Staat entscheiden, welches Grundrecht das größere Gewicht hat. Häufig geschieht das vor Gericht. Einzelne Bürger müssen ebenso geschützt werden wie die Sicherheit und der Wohlstand von allen. Die Grundrechte erzeugen also häufig eine Zwickmühle (Dilemma), aus der es kaum Auswege gibt: Alle haben ein Recht, aber sie müssen auch auf Rechte verzichten, um andere in ihrer Freiheit nicht zu sehr einzuschränken.

Die folgenden Fälle sind tatsächlich in drei Schulen passiert.

Fall 1

Alle im Einheitslook?

Eine Schule liegt zwischen zwei Stadtteilen, in denen sehr unterschiedliche Familien leben: Auf der einen Seite der Schnellstraße liegt ein Viertel mit schönen Villen und Einfamilienhäusern, auf der anderen Seite eine Siedlung, in der Familien mit vielen Kindern und häufig nicht so hohem Einkommen leben.

In der Schule treffen deshalb sehr unterschiedliche Schüler aufeinander, die in der Freizeit kaum etwas miteinander zu tun haben. Immer wieder gibt es Ärger, weil sich die Schüler gegenseitig wegen Äußerlichkeiten mobben: Sie lernen sich gar nicht erst kennen, sondern provozieren sich gegenseitig wegen ihrer Kleidung, ihrer Taschen, ihrer Handys und MP3-Spieler und wegen vielem mehr.

Einige Schüler beschuldigen sogar die Lehrer, dass sie die Schüler aus den wohlhabenden Familien bevorzugen, weil diese ihren sozialen Hintergrund immer wieder – auch durch ihr Äußeres – ins Spiel bringen.

Die Konflikte werden immer heftiger und stören den Frieden der Schule und das gemeinsame Lernen in den Klassen. Da zieht die Schulleiterin die „Notbremse". Sie ordnet an, dass ab sofort überhaupt keine privaten Gegenstände und Handys mehr mitgebracht werden dürfen. Darüber hinaus wird in einer neuen Schulordnung festgelegt, dass alle Schüler in einer Einheitskleidung in der Schule zu erscheinen haben: Dunkelblauer Pullover oder T-Shirt und Jeanshose/Jeansrock. Das Tragen von Kopfbedeckungen auf dem Schulgelände ist verboten. Als Schultasche wird eine billige Tasche für 30 Euro für alle verpflichtend zum Kauf angeboten. Verschiedene Gruppen von Schüler wehren sich gegen diese Schulordnung und fordern, dass die neue Regelung sofort zurück genommen wird.

Fall 2

Platzverweis für Obdachlose

Eine Schule ist im Zentrum der Stadt, direkt neben einem Obdachlosenheim. Die Obdachlosen halten sich vor allem morgens, nachdem sie das Heim verlassen müssen, gerne am Rande des Schulgeländes auf, da dort eine Bushaltestelle für die Schulbusse und einige Bänke stehen. Oft haben sie schon am Vormittag etwas Alkohol getrunken oder kaufen ihre Bierflaschen im nahegelegenen Kiosk, der die SchülerInnen auch mit Süßigkeiten und belegten Brötchen versorgt, ein.

Die Obdachlosen benehmen sich oft auffällig, sprechen die Jugendlichen auf dem Weg zur

Schule an und treiben mit ihnen Scherze. Besorgte Eltern wenden sich an den Schulleiter: Sie sehen die Obdachlosen als Gefahr für ihre Kinder. Sie haben vor allem Angst, dass durch sie auch der Handel mit Drogen in der Nähe der Schule anfangen könnte, und dass ihre Kinder zu früh mit dem Alkohol in Berührung gebracht werden. Der Schulleiter informiert die Stadtverwaltung und verlangt, dass die Obdachlosen an einen anderen Ort gebracht werden. Die wehren sich dagegen und versuchen, auch die Schüler auf ihre Seite zu bringen.

Fall 3

Ein schöner Schulhof – und ganz viel Streit

In der Schulkonferenz einer Schule wird beschlossen, dass eine große Wand im Eingangsbereich des Schulhofs neu gestaltet werden soll. Eine besonders kreative Gruppe von Schülern wird beauftragt: Sie sollen am Nachmittag das Projekt „Schöner Schulhof" selbstständig umsetzen. Sprühdosen, Abdeckungen und sonstiges Material haben die Lehrer und der Hausmeister zur Verfügung gestellt.

Alle sind begeistert: Endlich wird der hässliche Schulhof etwas „cooler", das bedeutet ein bisschen mehr Lebensqualität für alle Schülerinnen und Schüler und die Lehrerschaft.

Die Kreativ-Gruppe ist schnell fertig: Das Projekt wird an einem Nachmittag abgeschlossen.

Am nächsten Morgen: der Schock. Die Gruppe hat sich für eine krasse Darstellung von Gewalt und Hoffnungslosigkeit entschieden, ein Totenkopf prangt auf der Wand zum Schuleingang, daneben die Darstellung einer leicht bekleideten Frau auf einem Motorrad.

Einige Schülerinnen regen sich schrecklich auf und gehen zum Schulleiter. Sie fordern, dass der neue Anstrich sofort entfernt werden soll, weil sie sich in ihrer Frauen-Ehre gekränkt fühlen.

Die Lehrer sind entsetzt über die Darstellung der Hoffnungslosigkeit auf der Schulwand: Hier kommen sie morgens nicht mehr gerne zur Arbeit. Auch sie möchten, dass die Bemalung sofort überstrichen wird.

Jetzt sind Sie dran ...

1. Beurteilen Sie die Fälle: Wie würden Sie entscheiden?
   a) Bilden Sie Vierergruppen und stellen Sie fest, wie Sie spontan entscheiden würden.
   b) Klären Sie nun, welche Grundrechte bei diesem Streit im Spiel sind. Wer kann sich hier auf welches Recht berufen?
   c) Nutzen Sie das ➲ Placemat, um Ihre Positionen zu sammeln: Welches Grundrecht ist für jeden einzelnen von Ihnen entscheidend? Wie lösen Sie dann den Konflikt?
   d) Kommen Sie innerhalb Ihrer Gruppe zu einer gemeinsamen Lösung: Welches Grundrecht ist Ihnen am wichtigsten, welchen Ausgleich zwischen den Gruppen kann in Ihrem Fall gefunden werden? Stellen Sie Ihren Fall und Ihre Entscheidung dem Klassenplenum vor (➲ Präsentieren).
   e) Finden Sie eigene „Grundrechte-Zwickmühlen" und diskutieren Sie diese nach dem gleichen Muster.

Alles klar?

1.8 Überprüfen Sie Ihr Wissen

1. **Sätze verbinden:** Finden Sie die richtigen Verbindungen zwischen den folgenden Satzteilen und notieren Sie die Lösungen in ihrem Heft.

A Das Wahlrecht ...	**1** ... sind Organisationen, die sich weltweit für den Schutz der Menschenrechte einsetzen.
B Das Recht des Einzelnen auf freie Entfaltung seiner Persönlichkeit ...	**2** ... haben schon 1941 die Einhaltung der Menschenrechte als Kriegsziel verkündet.
C Obwohl die meisten Staaten der Welt Demokratien sind ...	**3** ... lebt heute immer noch ein Drittel der Menschheit in undemokratischen Ländern.
D Die Feinde Hitler-Deutschlands ...	**4** ... ist das wichtigste Bürgerrecht in einer Demokratie.
E In Diktaturen versuchen die Machthaber ...	**5** ... wird eingeschränkt durch die Persönlichkeitsrechte der Anderen.
F Amnesty International und Human Rights Watch ...	**6** ... ihre Gegner mit Gewalt zu unterdrücken.
G Die Grundrechte sind die Rechte, die der Staat in seiner Verfassung garantiert, ...	**7** ... sie können deshalb von jedem vor Gericht eingeklagt werden.

2. **Paar-Check:** Hier liegen Ihnen zwei Listen mit jeweils vier Fragen und Problemen von Demokratie und Menschenrechten vor. Suchen Sie sich einen Arbeitspartner und gehen Sie wie folgt vor:

Person A beantwortet das erste Problem und Person B hilft.
Wenn Person B mit der Antwort zufrieden ist, lobt sie Person A.
Person B beantwortet dann das zweite Problem und bekommt die Unterstützung von Person A.
Dann ist wieder Person A an der Reihe.

Alles klar?

Probleme für Person A

1. Warum kam es nach dem Zweiten Weltkrieg zur Gründung der Vereinten Nationen und zur allgemeinen Erklärung der Menschenrechte?
2. Wie kann man den Unterschied zwischen Menschen- und Bürgerrechten erklären?
3. Worin unterscheiden sich Demokratien von Nicht-Demokratien?
4. „Menschenrechte? Das hat doch nichts mit Demokratie zu tun! Abstimmen kann ich auch so!"
   Nehmen Sie zu dieser Aussage Stellung.

Probleme für Person B

1. Warum zählt in der Demokratie jeder einzelne Mensch?
2. Warum wird der Staat Weißrussland als die letzte europäische Diktatur bezeichnet?
3. „Grenzenlose Meinungsfreiheit, das wär' mein Traum. Endlich mal rausschreien, was man wirklich über alles und jeden denkt."
   Nehmen Sie Stellung zu dieser Aussage.
4. Warum achten Diktaturen oft sehr genau darauf, dass nichts über ihre Menschenrechtsverletzungen an die Weltöffentlichkeit dringt?

3. Klassendiskussion über ein Grundrechtsdilemma: Darf die Freiheit der Religionsausübung eingeschränkt werden, wenn dadurch zum Beispiel die Gleichheit der Geschlechter geschützt wird?
Wählen Sie ein Beispiel aus (zum Beispiel den Streit um das Tragen von Verschleierungen in Schulen) und diskutieren Sie in Pro- und Kontra-Gruppen (➲ Pro-Kontra-Debatte).

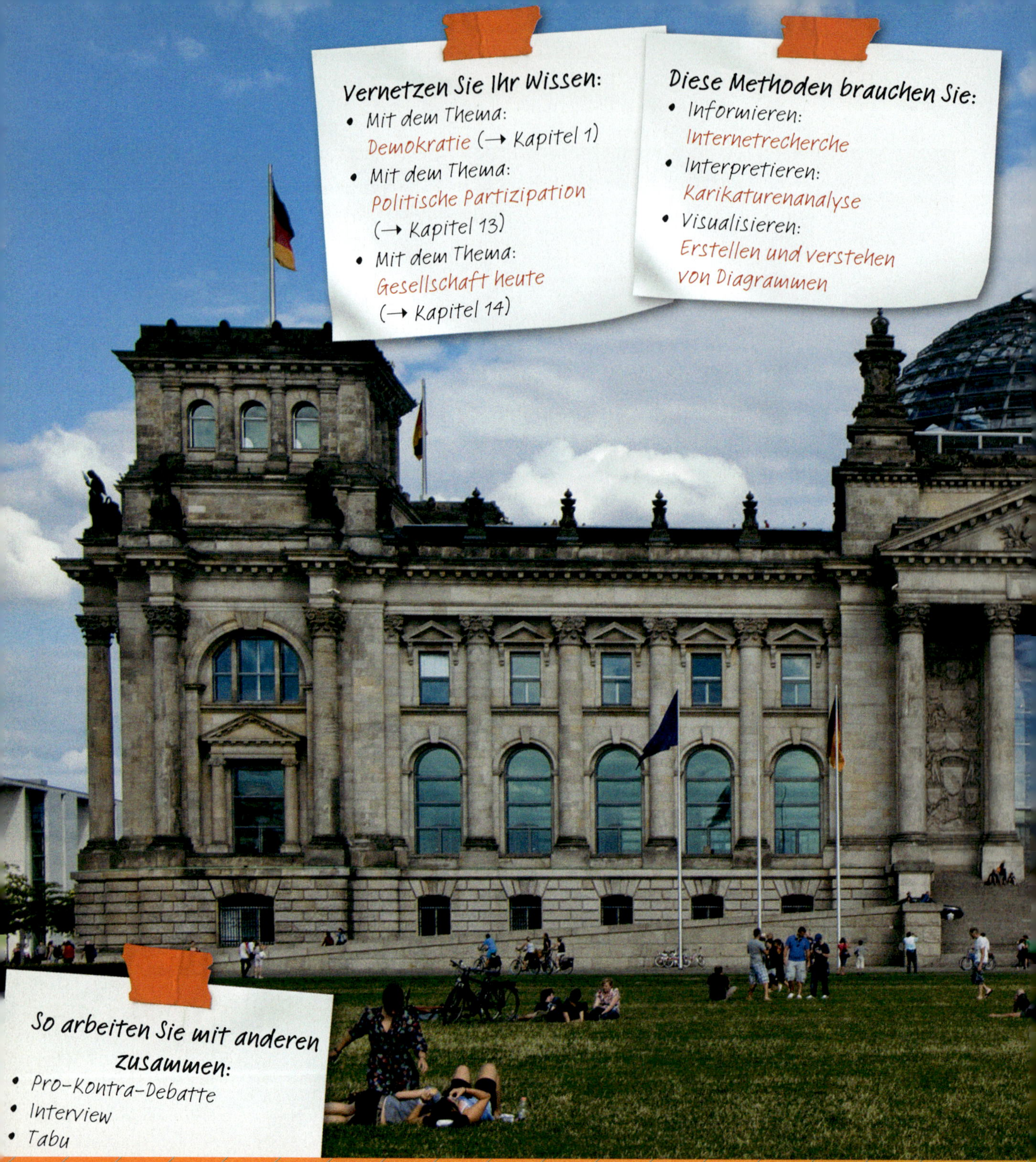

Vernetzen Sie Ihr Wissen:
- Mit dem Thema: Demokratie (→ Kapitel 1)
- Mit dem Thema: Politische Partizipation (→ Kapitel 13)
- Mit dem Thema: Gesellschaft heute (→ Kapitel 14)

Diese Methoden brauchen Sie:
- Informieren: Internetrecherche
- Interpretieren: Karikaturenanalyse
- Visualisieren: Erstellen und verstehen von Diagrammen

So arbeiten Sie mit anderen zusammen:
- Pro-Kontra-Debatte
- Interview
- Tabu

Sie alle leben in der Bundesrepublik Deutschland, in einer repräsentativen Demokratie. Doch was heißt das genau? Wer entscheidet eigentlich, was in diesem Land passiert? Und wie werden diese Entscheidungen getroffen? Können die Bürger nach der Wahl noch Einfluss auf die Politik nehmen?

In diesem Kapitel werden Sie einen Einblick in die Vielfalt der Akteure und die Funktionen des politischen Systems der Bundesrepublik Deutschland bekommen.

2 Das politische System der Bundesrepublik Deutschland

2.1 Deutschland – eine repräsentative Demokratie

Deutschland ist eine repräsentative Demokratie. Alle vier Jahre wählen die Bürger der Bundesrepublik Deutschland ihre Vertreter, die Abgeordneten, in das Parlament, den Bundestag. Neben den Wahlen zum Bundestag gibt es noch Landtags- und Kommunalwahlen, bei denen die Bürger ebenfalls ihre Vertreter wählen können.

In Deutschland ist das Partizipationsrecht, d.h. das Recht, an politischen Entscheidungen teilzunehmen, nicht nur auf Wahlen beschränkt. Durch Volksentscheide und Volksinitiativen üben die Menschen direkten Einfluss auf die Politik aus. Aber auch durch Demonstrationen, in Blogs im Internet oder durch die Gründung von Interessengruppen können die Bürger ihre Meinung zum Ausdruck bringen.

Jetzt sind Sie dran ...

1. Lesen Sie den Einführungstext und schauen Sie sich die Bilder an. Finden Sie passende Bildunterschriften.

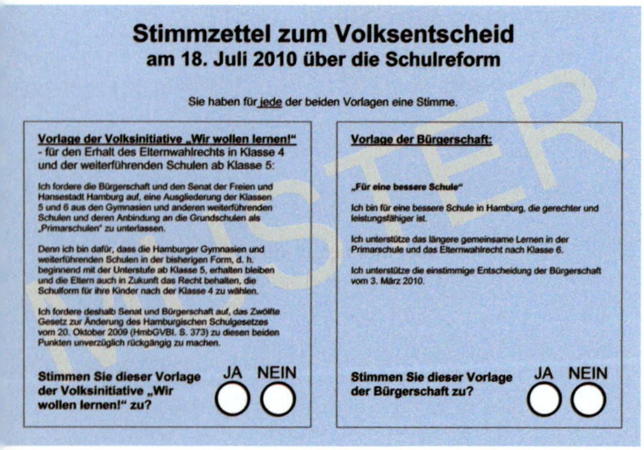

Stimmzettel zum Volksentscheid am 18. Juli 2010 über die Schulreform

Sie haben für jede der beiden Vorlagen eine Stimme.

Vorlage der Volksinitiative „Wir wollen lernen!"
- für den Erhalt des Elternwahlrechts in Klasse 4 und der weiterführenden Schulen ab Klasse 5:

Ich fordere die Bürgerschaft und den Senat der Freien und Hansestadt Hamburg auf, eine Ausgliederung der Klassen 5 und 6 aus den Gymnasien und anderen weiterführenden Schulen und deren Anbindung an die Grundschulen als „Primarschulen" zu unterlassen.

Denn ich bin dafür, dass die Hamburger Gymnasien und weiterführenden Schulen in der bisherigen Form, d. h. beginnend mit der Unterstufe ab Klasse 5, erhalten bleiben und die Eltern auch in Zukunft das Recht behalten, die Schulform für ihre Kinder nach der Klasse 4 zu wählen.

Ich fordere deshalb Senat und Bürgerschaft auf, das Zwölfte Gesetz zur Änderung des Hamburgischen Schulgesetzes vom 20. Oktober 2009 (HmbGVBl. S. 373) zu diesen beiden Punkten unverzüglich rückgängig zu machen.

Stimmen Sie dieser Vorlage der Volksinitiative „Wir wollen lernen!" zu? JA ○ NEIN ○

Vorlage der Bürgerschaft:

„Für eine bessere Schule"

Ich bin für eine bessere Schule in Hamburg, die gerechter und leistungsfähiger ist.

Ich unterstütze das längere gemeinsame Lernen in der Primarschule und das Elternwahlrecht nach Klasse 6.

Ich unterstütze die einstimmige Entscheidung der Bürgerschaft vom 3. März 2010.

Stimmen Sie dieser Vorlage der Bürgerschaft zu? JA ○ NEIN ○

MUSTER

2. Sammeln Sie im Plenum Möglichkeiten unter dem Motto *„Ich kann Politik mitgestalten, indem ich ..."* und halten Sie diese an der Tafel fest. Erstellen Sie anschließend eine Rangliste, welche dieser Möglichkeiten für Sie am erfolgversprechensten ist.
3. Welchen Weg würden Sie persönlich wählen, wenn Sie ein politisches Anliegen hätten? Stellen Sie Ihre Wahl mit Ihrer Begründung der Klasse vor.
4. Sammeln Sie mit einem Partner Argumente, die für und gegen die direkte Demokratie sprechen. Einigen Sie sich auf zwei Pro- und zwei Kontra-Darlegungen, die Sie auf Karten schreiben. Stellen Sie dem Plenum Ihre Karten vor (➲ Präsentieren).
5. Anschließend heften Sie diese an ein großes Pro- und Kontra-Plakat, das Sie im Klassenraum aufhängen können. Betrachten Sie das fertige Plakat. Sie können von der Anzahl der Karten auf den beiden Seiten ablesen, ob Ihre Klasse eher für eine direkte oder für repräsentative Demokratie ist.

In einer **direkten Demokratie** entscheidet das Volk direkt über politische Aufgaben.
In einer **repräsentativen Demokratie** wählt das Volk Volksvertreter, die in seinem Namen die Entscheidungsfindung übernehmen.

Volksentscheid „Pro Reli" ist gescheitert

An Berliner Schulen ist der Religionsunterricht kein ordentliches Lehrfach, alle Schüler besuchen den Ethikunterricht. Religion kann als Zusatzfach gewählt werden. Die Volksinitiative Pro Reli hat sich dafür eingesetzt, Religion als ordentliches Lehrfach an den Schulen zu etablieren und die Schüler im Rahmen einer Fächergruppe Ethik/Religion zwischen dem Ethik- und dem Religionsunterricht als Pflichtfach wählen zu lassen – wie es in den meisten Bundesländern der Fall ist.

Für Pro Reli hat es nicht gereicht. Nach Auszählung aller abgegebenen Stimmen votierten laut Landeswahlleiter Andreas Schmidt von Puskás 51,3 Prozent der Teilnehmer am Volksentscheid mit „Nein" und damit gegen ein Wahlpflichtfach Religion. 48,5 Prozent stimmten mit „Ja", 0,2 Prozent der Stimmen waren ungültig. Damit bleibt es beim bisherigen Berliner Modell, wonach der vor drei Jahren eingeführte Ethikunterricht Pflichtfach und Religionsunterricht ein freiwilliges Angebot ist.
Die Wahlbeteiligung lag bei 29,2 Prozent. Die meisten Abstimmungsberechtigten beteiligten sich in Steglitz-Zehlendorf (41,4 Prozent), die wenigsten in Marzahn-Hellersdorf (21,6 Prozent). ...

Quelle: Kumm W./dpa. Zeit online. Abgerufen unter: www.zeit.de/online/2009/18/volksentscheid-pro-reli-berlin-gescheitert

Jetzt sind Sie dran ...

6. Recherchieren Sie im Internet (➲ Internetrecherche) die Hintergründe des Volksentscheids „Pro Reli" und gehen Sie dabei der Frage nach, warum der Religionsunterricht als Pflichtfach eingeführt werden sollte. Tauschen Sie sich anschließend im Plenum aus, um den Fall zu analysieren.
7. Finden Sie es richtig, ein Plebiszit über dieses Thema abzuhalten? Diskutieren Sie im Plenum (➲ Diskussion).
8. Die Bürgerinitiative „Pro Reli" hatte die nötigen 170 000 Unterschriften gesammelt, um diesen Volksentscheid zu beantragen und durchführen zu lassen. Fallen Ihnen andere Themen ein, bei denen Sie sich vorstellen könnten, Bürger zu mobilisieren? Sammeln Sie Ihre Vorschläge und diskutieren Sie diese im Plenum.
9. Gibt es Themen, die sich nicht für Plebiszite eignen? Überlegen Sie in Partnerarbeit, welche das sein könnten und warum diese Themen nicht vom Volk direkt entschieden werden sollten.
10. In Ihrer Stadt, Ihrer Kommune oder in Ihrem Bundesland gab es sicher auch schon Plebiszite. Recherchieren Sie im Internet und stellen Sie der Klasse Ihre Ergebnisse vor (➲ Präsentieren, Internetrecherche).

Plebiszite
Mit einer bestimmten Anzahl von Unterschriften kann das Parlament dazu aufgefordert werden, sich mit einem gewissen Gegenstand zu beschäftigen oder einen Gesetzesentwurf zu einem bestimmten Sachverhalt zu entwerfen.
Dies nennt man Volksbegehren oder Volksinitiative. Bei einem Volksentscheid wird das Volk aufgerufen, direkt über ein bestimmtes Gesetz mit Ja oder Nein abzustimmen.
In Deutschland sind diese Form der Plebiszite nur auf Landes- und kommunaler Ebene möglich.

2.2 Wahlrecht in Deutschland

Jugendliche haben unterschiedliche Meinungen, wer wählen darf und ob man von seinem Wahlrecht Gebrauch machen soll.

Wählen dürfen alle deutschen Staatsbürger mit einem Wohnsitz in Deutschland. Jeder sollte wählen gehen, um etwas zu verändern! Außerdem kann man die Partei wählen, die man bevorzugt!

Jeder ab 18 Jahren darf wählen gehen – außer er sitzt im Gefängnis! Aber es macht keinen Sinn, wählen zu gehen, da unsere Stimme keinen Einfluss auf die Politik hat.

Wählen dürfen alle Deutschen. Mit seiner Wählerstimme kann man indirekt das Ergebnis beeinflussen. Aber wir wählen ja nicht die wirklich wichtigen Personen, wie den Kanzler.

Wahlberechtigt ist, wer bei gesundem Verstand ist. Das Volk hat selber die Entscheidungsgewalt, wer das Land führt. Von dieser Macht sollte es auch Gebrauch machen!

Jeder darf wählen, der die deutsche Staatsangehörigkeit hat. Aber es macht keinen Sinn wählen zu gehen, weil man als Einzelner sowie nichts an der Wahlentscheidung ändern kann!

Jeder Bürger in Deutschland darf wählen. Das sollte man auch tun, weil die Bürger dadurch mitentscheiden können. Wenn keiner wählen gehen würde, wäre die Mehrheit sehr klein und keine Mehrheit mehr.

Art 116 Abs. 1 GG:
Deutscher im Sinne des Grundgesetzes ist ... wer die deutsche Staatsangehörigkeit besitzt ...

Bundeswahlgesetz

§ 12 Wahlrecht
(1) Wahlberechtigt sind alle Deutschen im Sinne des Artikels 116 Abs. 1 des Grundgesetzes, die am Wahltage
1. das achtzehnte Lebensjahr vollendet haben,
2. seit mindestens drei Monaten in der Bundesrepublik Deutschland eine Wohnung innehaben oder sich sonst gewöhnlich aufhalten,
3. nicht nach § 13 vom Wahlrecht ausgeschlossen sind.
...

§ 14 Ausübung des Wahlrechts
(1) Wählen kann nur, wer in ein Wählerverzeichnis eingetragen ist oder einen Wahlschein hat.
(2) Wer im Wählerverzeichnis eingetragen ist, kann nur in dem Wahlbezirk wählen, in dessen Wählerverzeichnis er geführt wird.
(3) Wer einen Wahlschein hat, kann an der Wahl des Wahlkreises, in dem der Wahlschein ausgestellt ist,
a) durch Stimmabgabe in einem beliebigen Wahlbezirk dieses Wahlkreises oder
b) durch Briefwahl teilnehmen.
(4) Jeder Wahlberechtigte kann sein Wahlrecht nur einmal und nur persönlich ausüben.

Kommunales Ausländerwahlrecht
Personen, die die Staatsangehörigkeit eines Mitgliedstaates der Europäischen Union besitzen, sind in der Bundesrepublik Deutschland gemäß Art. 28 Abs. 1 Satz 3 GG bei Wahlen in Kreisen und Gemeinden ... wahlberechtigt und wählbar.

Jetzt sind Sie dran ...

1. Lesen Sie die Meinungen der Jugendlichen über die Frage, wer wählen darf. Vergleichen Sie die Aussagen mit den nebenstehenden Gesetzesauszügen. Arbeiten Sie heraus, ob die Aussagen der Schüler richtig sind.
2. Lesen Sie die Aussagen zum Thema, ob es sinnvoll ist, wählen zu gehen. Bewerten Sie die Aussagen und machen Sie eine Rangliste. Oben sollten die Meinungen stehen, denen Sie zustimmen, unten solche, die Sie am wenigsten teilen.
3. Ergänzen Sie die Meinungen der Jugendlichen um weitere Argumente.
4. In Europa gibt es Staaten, die eine Wahlplicht haben. Dazu zählen u.a. Belgien, Griechenland, Luxemburg und Zypern. Bei einer Nichteinhaltung der Wahlpflicht wird meistens eine Geldstrafe verhängt. Diskutieren Sie im Klassenplenum die Vor- und Nachteile einer Wahlpflicht (➲ Diskussion).
5. Würden Sie eine Wahlpflicht für Deutschland begrüßen? Führen Sie eine Abstimmung in Ihrer Klasse durch. Anschließend soll jeder seine Wahl mit einem kurzen Statement begründen.

Warum das Wahlalter bei 18 Jahren bleiben sollte

... Warum will man Leuten das wichtigste demokratische Recht gewähren, denen man ohne Einwilligung der Eltern nicht mal den Abschluss eines Handy-Vertrags zutraut? Die Befürworter eines niedrigeren Wahlalters nennen im Wesentlichen zwei Argumente: Auch 16-Jährige könnten vernünftige Wahlentscheidungen treffen. Und wenn man Jugendliche als politische Akteure ernst nimmt, bekämpft man die Politikverdrossenheit.

... Das klingt plausibel, ist es aber nicht. Mit Sicherheit gibt es eine Reihe von 16-Jährigen, die klüger und vernünftiger sind als mancher 40-Jährige. Es gibt auch Jugendliche, die mit ihrem Geld verantwortungsbewusster umgehen als viele Erwachsene. Trotzdem sind sie erst mit 18 Jahren uneingeschränkt geschäftsfähig, sie sind dann volljährig und dürfen harten Alkohol trinken und schwere Motorräder fahren. Daran will die Politik aus guten Gründen nichts ändern.

Dann aber soll sie auch vom Wahlalter die Finger lassen. Zwischen Wahlalter und Volljährigkeit gibt es einen inneren Zusammenhang. Warum soll jemand über die Geschicke des Staates mitentscheiden dürfen, den man noch nicht für reif genug hält, seine privaten Lebensverhältnisse zu regeln?

... Um die politische Mündigkeit der 16-Jährigen ist es ohnehin nicht sonderlich gut bestellt. Eine Studie der Universität Hohenheim kam im vergangenen Jahr zu dem Ergebnis, dass viele Jugendliche in dem Alter gar nicht wissen, worum es bei einer Wahl eigentlich geht. Sie verstehen Politikerreden nicht und stehen ratlos vor dem Begriff „Opposition". Vor dem Wahlrecht müsste erst einmal die politische Bildung reformiert werden.

... Politikverdrossenheit hat viele Gründe. Ein zu hohes Wahlalter gehört nicht dazu. Es gibt seit Jahrzehnten eine konstante Beziehung zwischen Alter und Wahlbeteiligung: Je älter die Bürger, desto eher gehen sie zur Wahl. Erst im hohen Alter dreht sich dieser Trend. Daran würde sich nichts ändern, wenn 16-Jährige wählen dürften ... Statistisch würde die Politikverdrossenheit sogar steigen, da diese an der Wahlbeteiligung gemessen wird. Weil junge Leute seltener zur Wahl gehen als ältere, würde die Wahlbeteiligung insgesamt sinken. Das gäbe dann wieder reichlich Anlass zur Klage.

... Die SPD sollte sich die Erfahrung ihrer österreichischen Schwesterpartei zu Herzen nehmen. Die setzte vor der jüngsten Nationalratswahl das Wahlrecht ab 16 Jahren durch, weil sie glaubte, sie könne so ihren Wähleranteil erhöhen. Am Ende verlor die SPÖ sechs Prozentpunkte. Dafür wählten 44 Prozent der 16- bis 19-Jährigen die rechte FPÖ.

Quelle:
Ralf Neukirch, Spiegel online (19.04.2009), abgerufen unter:
www.spiegel.de/politik/debatte/0,1518,619686,00.html

Jetzt sind Sie dran ...

6. Lesen Sie den Text nach der Methode ➲ reziprokes Lesen.
7. Es werden verschiedene Argumente für und gegen die Senkung des Wahlalters genannt. Arbeiten Sie diese heraus und ordnen Sie sie auf einer Pro- und Kontra-Liste.
8. Nehmen Sie anschließend Stellung zu den gesammelten Argumenten.

2.3 Die Rolle der Parteien

Art 21 (1) GG

Die Parteien wirken bei der politischen Willensbildung des Volkes mit. Ihre Gründung ist frei. Ihre innere Ordnung muss demokratischen Grundsätzen entsprechen. Sie müssen über die Herkunft und Verwendung ihrer Mittel sowie über ihr Vermögen öffentlich Rechenschaft geben.

Wichtige politische Akteure in der Bundesrepublik Deutschland sind die Parteien.

Ihre Existenz ist für das politische System unerlässlich, da sie eine wichtige Verbindung zwischen Volk und Politik sind. Parteien spielen eine zentrale Rolle im Willensbildungs- und Entscheidungsprozess und sie rekrutieren und stellen das politische Personal.

Deswegen ist unsere Demokratie davon geprägt, dass die Parteien in ständigem Wettbewerb miteinander stehen und versuchen, Wähler zu gewinnen und in möglichst vielen Bereichen Einfluss zu nehmen.

Infobox

Parteiengesetz

§ 1 Verfassungsrechtliche Stellung und Aufgaben der Parteien

(1) Die Parteien sind ein verfassungsrechtlich notwendiger Bestandteil der freiheitlichen demokratischen Grundordnung. Sie erfüllen mit ihrer freien, dauernden Mitwirkung an der politischen Willensbildung des Volkes eine ihnen nach dem Grundgesetz obliegende und von ihm verbürgte öffentliche Aufgabe.

(2) Die Parteien wirken an der Bildung des politischen Willens des Volkes auf allen Gebieten des öffentlichen Lebens mit, indem sie insbesondere auf die Gestaltung der öffentlichen Meinung Einfluss nehmen, die politische Bildung anregen und vertiefen, die aktive Teilnahme der Bürger am politischen Leben fördern, zur Übernahme öffentlicher Verantwortung befähigte Bürger heranbilden, sich durch Aufstellung von Bewerbern an den Wahlen in Bund, Ländern und Gemeinden beteiligen, auf die politische Entwicklung in Parlament und Regierung Einfluß nehmen, die von ihnen erarbeiteten politischen Ziele in den Prozess der staatlichen Willensbildung einführen und für eine ständige lebendige Verbindung zwischen dem Volk und den Staatsorganen sorgen.

(3) Die Parteien legen ihre Ziele in politischen Programmen nieder.

(4) Die Parteien verwenden ihre Mittel ausschließlich für die ihnen nach dem Grundgesetz und diesem Gesetz obliegenden Aufgaben.

Jetzt sind Sie dran ...

1. Lesen Sie die Gesetzesartikel über die Rolle der Parteien. Arbeiten Sie in Partnerarbeit die Aufgaben der Parteien heraus und fassen Sie diese mit Ihren eigenen Worten zusammen.
2. Drehen Sie die Sache doch einmal um: Was wäre, wenn es keine Parteien gäbe? Wie würden die Politik und das politische System in Deutschland dann aussehen? Wer würde die Aufgaben übernehmen, die den Parteien zugeschrieben werden? Mit Hilfe der ➲ Kopfstandmethode können Sie in Partnerarbeit einen Vorschlag erarbeiten und ihn anschließen Ihren Mitschülern vorstellen.

Zur Bundestagswahl 2009 wurden 29 Parteien zugelassen. Um in den Bundestag einzuziehen, müssen die Parteien mindestens 5 % der Wählerstimmen erreichen. Dies haben nur fünf von ihnen geschafft: die CDU/CSU, die SPD, die FDP, Bündnis 90/die Grünen und die Linke.

Jetzt sind Sie dran ...

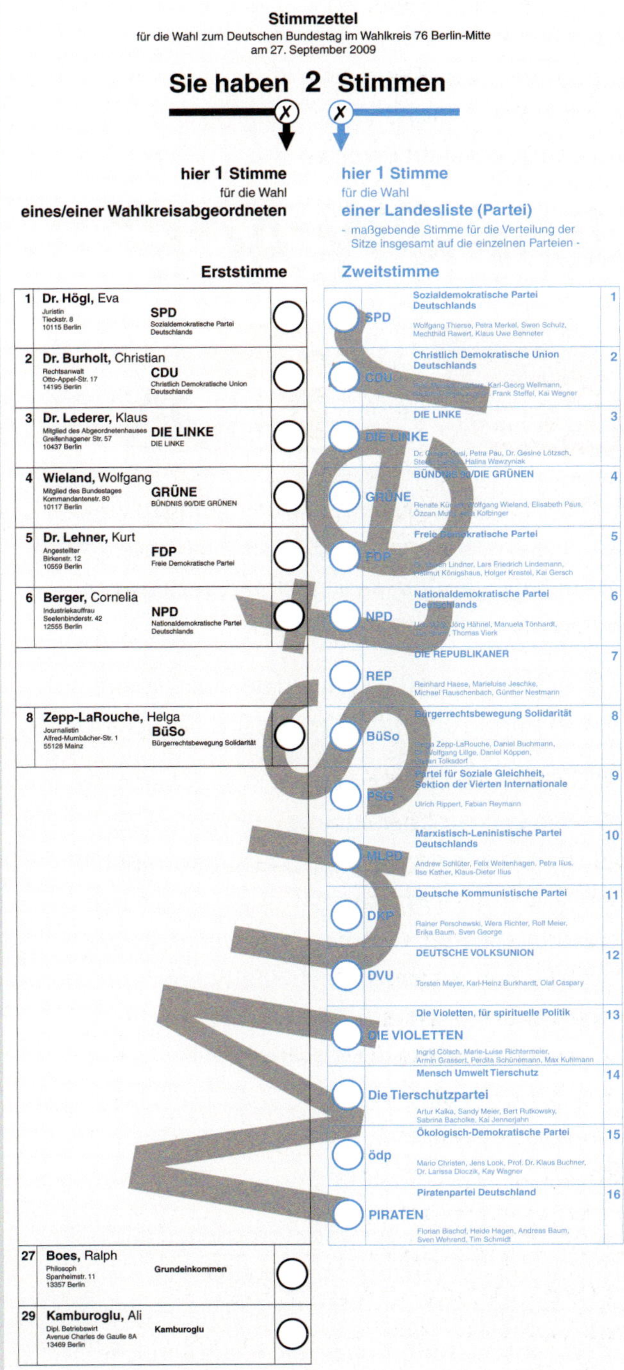
Stimmzettel
für die Wahl zum Deutschen Bundestag im Wahlkreis 76 Berlin-Mitte
am 27. September 2009

Sie haben 2 Stimmen

hier 1 Stimme
für die Wahl
eines/einer Wahlkreisabgeordneten

hier 1 Stimme
für die Wahl
einer Landesliste (Partei)
- maßgebende Stimme für die Verteilung der Sitze insgesamt auf die einzelnen Parteien -

Erststimme		Zweitstimme	
1	Dr. Högl, Eva – SPD Sozialdemokratische Partei Deutschlands	SPD – Sozialdemokratische Partei Deutschlands	1
2	Dr. Burholt, Christian – CDU Christlich Demokratische Union Deutschlands	CDU – Christlich Demokratische Union Deutschlands	2
3	Dr. Lederer, Klaus – DIE LINKE	DIE LINKE	3
4	Wieland, Wolfgang – GRÜNE BÜNDNIS 90/DIE GRÜNEN	GRÜNE – BÜNDNIS 90/DIE GRÜNEN	4
5	Dr. Lehner, Kurt – FDP Freie Demokratische Partei	FDP – Freie Demokratische Partei	5
6	Berger, Cornelia – NPD Nationaldemokratische Partei Deutschlands	NPD – Nationaldemokratische Partei Deutschlands	6
		REP – DIE REPUBLIKANER	7
8	Zepp-LaRouche, Helga – BüSo Bürgerrechtsbewegung Solidarität	BüSo – Bürgerrechtsbewegung Solidarität	8
		PSG – Partei für Soziale Gleichheit, Sektion der Vierten Internationale	9
		MLPD – Marxistisch-Leninistische Partei Deutschlands	10
		DKP – Deutsche Kommunistische Partei	11
		DVU – DEUTSCHE VOLKSUNION	12
		DIE VIOLETTEN – Die Violetten, für spirituelle Politik	13
		Die Tierschutzpartei – Mensch Umwelt Tierschutz	14
		ödp – Ökologisch-Demokratische Partei	15
		PIRATEN – Piratenpartei Deutschland	16
27	Boes, Ralph – Grundeinkommen		
29	Kamburoglu, Ali – Kamburoglu		

Muster

3. Suchen Sie sich eine Partei auf dem Stimmzettel aus, die Sie nicht kennen. Jede Partei hat einen Internetauftritt. Schauen Sie sich diesen an und fassen Sie die Ziele dieser Partei kurz zusammen. Anschließend präsentieren Sie die Partei mit deren Grundsätzen Ihren Mitschülern (➲ Präsentieren).
4. Überlegen Sie, welchen Zweck die so genannte Fünf-Prozent-Hürde für den Einzug in den deutschen Bundestag haben könnte.
5. Welche Positionen vertreten die fünf Bundestagsparteien? Bilden Sie fünf Gruppen, wobei jede eine Bundestagspartei untersucht. Welche Aussagen A)–D) treffen auf die Parteien zu, welche nicht? Erstellen Sie zunächst eine Liste in der Gruppe, anschließend können Sie ein ➲ Gruppenpuzzle machen.
   A) Die Laufzeit der Atomkraftwerke soll verlängert werden.
   B) Einführung eines flächendeckenden gesetzlichen Mindestlohnes.
   C) Ausnahmsloses Verbot von Tierversuchen.
   D) Die Türkei soll die Vollmitgliedschaft in der EU erhalten.
6. Wissen Sie, wen Sie wählen wollen? Falls Sie noch unentschlossen sind oder nicht wissen, zu welcher Partei Ihre Meinung passt, können Sie den Wahl-O-Mat im Internet befragen!
7. Erstellen Sie einen Wahlzettel mit den fünf größten Parteien und führen Sie eine Wahl in Ihrer Klasse durch.

2.4 Vereinigungen in Deutschland

Bürger, die gemeinsame Ziele verfolgen, können sich zusammentun, um für ihr Anliegen einzutreten. Solche Vereinigungen oder Interessengruppen können sich z.B. als Vereine, Verbände, Bürgerinitiativen, Gewerkschaften oder Organisationen aufstellen. Interessengruppen lassen sich entlang fünf politischer Handlungsfelder gruppieren:

- im Wirtschaftsbereich und in der Arbeitswelt;
- im sozialen und karitativen Bereich;
- im Bereich Freizeit, Sport und Erholung;
- im Bereich Religion, Kultur, Bildung und Wissenschaft;
- im gesellschaftlichen und politischen Bereich.

Art 9 GG – Vereinigungs-, Koalitionsfreiheit

(1) Alle Deutschen haben das Recht, Vereine und Gesellschaften zu bilden.
(2) Vereinigungen, deren Zwecke oder Tätigkeiten den Strafgesetzen zuwiderlaufen oder die sich gegen die verfassungsmäßige Ordnung oder gegen den Gedanken der Völkerverständigung richten, sind verboten.
(3) Das Recht, zur Wahrung und Förderung der Arbeits- und Wirtschaftsbedingungen Vereinigungen zu bilden, ist für jedermann und für alle Berufe gewährleistet. ...

Artikel 9 des Grundgesetzes schützt die Freiheit, Vereinigungen zu bilden. Diese Freiheit ist ein substanzielles demokratisches Bürgerrecht. Es bedeutet aber auch gleichzeitig, dass niemand gezwungen werden darf, einer Vereinigung beizutreten.

Dies ist eine Lehre aus dem Nationalsozialismus, in dem die Vereinigungsfreiheit verboten war und so der Pluralismus der Gesellschaft unterdrückt wurde.

Der Artikel 9 schützt die Gesellschaft aber auch vor gefährlichen Vereinigungen. Als „wehrhafte Demokratie" kann die Bundesrepublik Vereinigungen verbieten lassen, die verfassungswidrig sind, die sich strafrechtlich etwas zuschulden haben kommen lassen oder die gegen die Völkerverständigung agitieren. Als Koalitionsfreiheit bezeichnet der Artikel 9 die Freiheit, Zusammenschlüsse im Bereich der Arbeitswelt zu bilden, wie z.B. Gewerkschaften oder Arbeitgebervereinigungen.

Jetzt sind Sie dran ...

1. Informieren Sie sich über die in den Logos angesprochenen Interessengruppen. Welche Interessen vertreten sie jeweils?
2. Ordnen Sie diese Interessen den aufgelisteten Handlungsfeldern zu.
3. Suchen Sie nach weiteren Interessengruppen, die in die Bereiche passen. Sie können dazu auch das Internet zu Hilfe nehmen.

Die Rolle der Verbände im parlamentarischen System

Verbände wirken im Besonderen bei politischen Entscheidungen mit. Parlamentarier können bei der Vorbereitung von Gesetzen die Sachkenntnis von Verbänden einzuholen. Der Deutsche Bundestag führt eine öffentliche Liste, in der Verbände, die Interessen gegenüber dem Bundestag oder der Bundesregierung vertreten, eingetragen werden können. Seit Erscheinen der ersten Verbandsliste 1974 ist die Zahl der verzeichneten Vereinigungen kontinuierlich angestiegen: von 635 im Jahr 1974 auf 2150 im Jahr 2010. Darüber hinaus machen Verbände ihren Einfluss durch Eigenwerbung geltend. Sie nutzen die Medien, um ihre Haltung in bestimmten Fragen öffentlich zu machen und sorgen dafür, dass ihre Mitglieder in nahestehenden Parteien oder politischen Ämtern Einfluss nehmen können.

Verband
Während ein Verein in erster Linie Leistungen für seine Mitglieder erbringt, versucht ein Verband nach außen zu wirken und die Interessen seiner Mitglieder in den politischen Prozess einzuspeisen.

Meldungen von Verbänden

„Der DGB fordert massive Staatshilfen für die Industrie und neue Arbeitsmarktgesetze im Kampf gegen die Wirtschaftskrise."

„Da Sportverbände versäumt hatten, Wettkampfkontrollen und somit Dopingtest durchzuführen, müssen diese jetzt als Strafe ihre staatlichen Fördermittel zurückerstatten."

„Der Deutsche Journalistenverband (DJV) ist nach Durchsuchungen der Redaktionsräume des Magazins „Cicero" um die Pressefreiheit besorgt. Er fordert einen stärkeren Schutz für Journalisten und die Garantie der Anonymität von Informanten."

„Der Bundesverband deutscher Milchviehhalter fordert einen höheren Milch-Mindestpreis von 40 Cent."

Jetzt sind Sie dran ...

4. Lesen Sie den Text über die Rolle der Verbände im parlamentarischen System. Stellen Sie Vermutungen darüber an, wieso die Anzahl der Verbände zugenommen hat.
5. Der Bundestag veröffentlicht die Verbandsliste im Internet. Recherchieren Sie diese Liste (➲ Internetrecherche) und suchen sich einen Verband aus, der Sie besonders interessiert. Erkundigen Sie sich, welche Interessen er vertritt. Stellen Sie anschließend das Ergebnis Ihrer Klasse vor (➲ Präsentieren).
6. Lesen Sie die Nachrichten über die verschiedenen Verbände. Welche vier Gruppen werden hier vorgestellt und für welche Ziele stehen Sie? Machen Sie ein ➲ Gruppenpuzzle. Zunächst informiert sich jeweils eine Gruppe über die Hintergründe eines Artikels, hierzu können Sie das Internet zu Rate ziehen (➲ Internetrecherche).
7. Überlegen Sie in der Gruppe: Welche Rolle kommt den Verbänden zu und wie können Sie Einfluss auf den politischen Entscheidungsprozess nehmen? Ziehen Sie Artikel 9 GG zu Rate und orientieren Sie sich an den Meldungen von Verbänden.

Zusammenarbeit bei politischen Entscheidungen

Herr Kowalski ist als Abgeordneter Mitglied des Bundestags. In den nächsten Wochen soll eine Verschärfung des Gesetzes zur Tierquälerei verabschiedet werden. Alle Gesetze werden vorher in sogenannten Ausschüssen debattiert, an denen eine kleine Anzahl von Abgeordneten proportional zur Sitzverteilung im Bundestag teilnimmt.
Herr Kowalski ist Mitglied in dem entsprechenden Ausschuss, in dem über das Tierschutzgesetz beraten wird. Seit einigen Wochen schon arbeitet er sich in dieses Themengebiet ein, informiert sich dabei möglichst umfassend und lernt die verschieden Standpunkte der Akteure, die in diesem Gebiet tätig sind, kennen.
Dabei ist er auf das Expertenwissen der Interessengruppen angewiesen. Diese wiederum haben ein Interesse, dass das Gesetz in ihrem Sinne geändert wird.

Jetzt sind Sie dran ...

7. Überlegen Sie, welche Akteure im Bereich Tierschutz agieren könnten und tragen Sie anschließend Ihre Ideen in der Klasse vor.
8. Erstellen Sie eine Rangliste: welche Akteure könnten den größten Einfluss haben?
9. Recherchieren Sie im Internet (➲ Internetrecherche), wie das derzeitige Gesetz zum Tierschutz aussieht. Haben Sie Vorschläge, wo im Bereich des Tierschutzes Handlungsbedarf besteht?
10. Schreiben Sie Ihr eigenes Tierschutzgesetz, wie es nach Ihren Vorstellungen aussehen sollte.
    Stellen Sie es im Plenum vor und begründen Sie Ihren Entwurf!

So sieht der Terminplan von Herrn Kowalski für die erste Hälfte der kommenden Woche aus:

	Montag	Dienstag	Mittwoch
8–10	Teambesprechung	Koordinierungstreffen Parteimitglieder	Vorbereitung Unterlagen für Ausschuss
10–12	Vortrag „Europäischer Tierschutz“ Uni Berlin	Bürgersprechstunde	Ausschusssitzung Tierschutz
12–14	Sitzung Fraktionsvorstand	Besuchergruppe	Interview mit Regionalfernsehen
14–16	Festakt: 20 Jahre Tierschutzheim Berlin	Rede bei Kundgebung zum Tierschutz	Plenarsitzung des Bundestags
16–18	Arbeitskreis Schächten Jüdischer Verein	Sitzung Kreisvorstand Berlin	Plenarsitzung des Bundestags
18–20	Abendessen mit Deutschem Tierschutzbund	Podiumsdiskussion Muslimischer Verein, Thema: „Schächten – ein Recht auf freie Religionsausübung“	Einladung Pharmaverband Deutschland
20–22	Ansprache bei Versammlung Bürgerverein „Tierschutz geht alle an!“	Empfang „Ärzte gegen Tierversuche“	Spendengala Promis gegen Tierversuche

Jetzt sind Sie dran ...

11. Schauen Sie sich den Wochenplan von Herrn Kowalski an. Erstellen Sie eine Liste mit den Veranstaltungen und Akteuren, die für die Gesetzesänderungen zum Tierschutz wichtig sind.
12. Als Politiker muss sich Herr Kowalski in viele Themenbereiche einarbeiten. Dazu braucht er das Wissen von Menschen, die in diesem Bereich arbeiten.
    Welches Fachwissen bringen die einzelnen Akteure mit und wie können Sie Herrn Kowalski behilflich sein?
    Erarbeiten Sie anhand Ihrer erstellten Liste eine Wissensliste der verschiedenen Akteure.
13. Herr Kowalski möchte sich viele verschiedene Sichtweisen auf das Thema Tierschutz anhören, um anschließend eine Entscheidung zu treffen, mit der alle zufrieden sind. Welche Positionen könnten die einzelnen Akteure vertreten?

Auf Herrn Kowalski wird viel Druck ausgeübt, damit er zugunsten von bestimmten Interessengruppen abstimmt.

„Herr Kowalski, Sie wissen, wie viel Geld dieser Industriezweig in die Forschung und in den Standort Deutschland investiert. Wir sind auf Tierversuche angewiesen. Bei einer Gesetzesverschärfung werden wir unsere Forschung wohl ins Ausland verlagern müssen. Übrigens ist bei uns gerade ein Posten im Aufsichtsrat freigeworden ...“

„Denken Sie an das Wohl der Tiere! Jeder fünfte Deutsche und somit 20 % der Wähler haben Haustiere – diese Menschen würden sicherlich eine Verschärfung des Gesetzes begrüßen! Sie möchten diese Wähler doch nicht verlieren?“

„Schächten ist für uns ein religiöses Kulturgut. Die Verschärfung des Tierschutzgesetzes würde uns zwingen, das Schächten aufzugeben oder es heimlich zu tun. Könnten Sie sich nicht für eine Ausnahmeregelung für das Schächten stark machen? Wissen Sie, unser Verein wird von vermögenden Geldgebern aus dem Ausland unterstützt. Gerne würden wir Ihre Partei mit einer Spende beglücken und Ihren Wahlkampf im nächsten Jahr finanziell unterstützen“.

14. Lesen Sie die Aussagen der Interessensvertreter. Wer könnte das gesagt haben? Der Terminkalender von Herrn Kowalski hilft Ihnen dabei, mögliche Akteure zu finden.
15. Interessieren Sie sich für ein bestimmtes gesellschafspolitisches Thema wie z. B. den Tierschutz und möchten gerne etwas dafür unternehmen? Recherchieren Sie doch einmal, wie Sie sich einbringen könnten!

2.5 Wie ein Gesetz entsteht

2009 erschießt ein Schüler 15 Menschen in seiner Realschule in Winnenden in der Nähe von Stuttgart, danach nimmt er sich selbst das Leben.
Der Täter benutzte die Waffe seines Vaters, die dieser in einem Schrank in seinem Schlafzimmer aufbewahrte.

Nach der Gewalttat forderten Eltern der Opfer, das „Aktionsbündnis Amoklauf Winnenden" sowie Politiker eine Änderung des Waffenrechts.

Gesetzgebungsverfahren auf Antrag der Bundesregierung
Der damals amtierende Bundesinnenminister Wolfgang Schäuble trifft mit den Innenministern der Länder zusammen, um die verschiedenen Positionen in Erfahrung zu bringen. Nach diversen Vorklärungen und Expertengesprächen veröffentlicht das Innenministerium einen Gesetzentwurf.

Gesetzentwurf → 1. Lesung

Im Bundestag gibt es drei Beratungen, Lesungen genannt. In der ersten Lesung wird der Entwurf zur Verschärfung des Waffengesetzes vorgestellt und die Parteien können ihre Positionen zu dem Gesetz in Reden darlegen.

Gesetzentwurf → Ausschuss für Inneres

Danach wird der Entwurf zur Prüfung und Bearbeitung an den Ausschuss für Inneres geleitet. Hier wird der Entwurf im Detail beraten. Es werden Experten gehört und ein Bericht über den Gang der Beratungen, Änderungsvorschläge und eine Beschlussempfehlung für den Bundestag verfasst.

Nach der Arbeit im Innenausschuss folgt die zweite Beratung im Bundestag. Hier debattieren die Abgeordneten über den Bericht und die Änderungsvorschläge des Ausschusses.

Geänderter Gesetzentwurf → 2. Lesung und 3. Lesung

Die dritte Beratung folgt wie üblich gleich im Anschluss. An ihrem Ende steht die Schlussabstimmung. Der Gesetzesentwurf wird mit 73 % der Stimmen angenommen.

3. Lesung mit Schlussabstimmung

Gewöhnlich bedarf es bei Gesetzen der einfachen Mehrheit – also mehr als 50 Prozent – der anwesenden Mitglieder. Bei Verfassungsänderungen ist eine Zweidrittelmehrheit der gesetzlichen Mitgliederzahl nötig.

Beschluss des Bundestags → Bundesrat

Der Beschluss des Bundestages wird an den Bundesrat weitergeleitet. Der Bundesrat stimmt zu.

Durch den Bundesrat wirken die Länder bei der Gesetzgebung des Bundes mit. Bei Zustimmungsgesetzen ist die Zustimmung des Bundesrates notwendig. In anderen Fällen kann ein Einspruch des Bundesrates vom Bundestag überstimmt werden. Wird ein Gesetzentwurf im Bundesrat abgelehnt, kann ein Vermittlungsausschuss angerufen werden.

Bei Ablehnung → Vermittlungsausschuss

Nach der Verabschiedung durch Bundestag und Bundesrat wird das neue Gesetz zunächst dem Bundesinnenministerium, dann der Bundeskanzlerin zur Gegenzeichnung vorgelegt. Der Bundespräsident hat anschließend das Recht zu prüfen, ob das Gesetz verfassungskonform ist, also ob es keine Bestimmung des Grundgesetzes verletzt.

Gesetz → Bundeskanzlerin

Wenn keine Bedenken bestehen, unterzeichnet der Bundespräsident das Gesetz. Der Bundespräsident hat in diesem Fall keine Einwände und unterzeichnet das Gesetz.

Bundespräsident unterzeichnet

Abschließend wird es im Bundesgesetzblatt verkündet.

Jetzt sind Sie dran ...

1. Informieren Sie sich auf der Internetseite des Bundesinnenministeriums über das Waffenrecht (➲ Internetrecherche). Was ist der Inhalt dieses Rechts und welche weiteren Neuerungen rund um den Waffenbesitz sind geplant?
2. Zur Änderung des Waffengesetzes hatten die Parteien verschiedene Meinungen, die sie in der ersten Lesung im Bundestag und dann in den Ausschüssen vorgetragen haben. Sammeln Sie zunächst in Partnerarbeit Argumente für und gegen eine Verschärfung des Gesetzes. Machen Sie dabei auch konkrete Vorschläge, wie neue Regelungen zu formulieren wären.
3. Simulieren Sie in Ihrer Klasse die erste Lesung des Bundestages oder den Ausschuss für Inneres. Ihre vorher gesammelten Argumente können Sie hier in Reden oder in der Diskussion vorbringen. Am Ende sollten Sie sich auf einen gemeinsamen Gesetzesentwurf einigen.
4. Erstellen Sie ein Schaubild, das den Verlauf dieses Gesetzgebungsverfahrens verdeutlicht – am besten auf einem großen Poster – und präsentieren Sie es der Klasse.
5. Das Initiativrecht für Gesetzesvorlagen haben auch Bundesrat und Bundestag. Informieren Sie sich auf den jeweiligen Internetseiten über aktuelle Gesetzesanträge.
6. ➲ Paar-Check: Suchen Sie sich ein aktuelles Beispiel eines Gesetzesvorschlags aus, das Sie interessiert. Erklären Sie nun Ihrem Tischnachbarn, wie der Gang der Gesetzgebung sein wird. Der Text und die erstellten Poster helfen Ihnen dabei.
7. An welcher Stelle im Gesetzgebungsprozess hätte das Gesetz scheitern können? Zur Veranschaulichung können Sie ein Flussdiagramm erstellen (➲ Diagramme erstellen).

Alles klar?

2.6 Überprüfen Sie Ihr Wissen

1. Führen Sie ein Begriffsspiel (➲ Tabu) mit den wichtigsten Begriffen aus diesem Kapitel durch.
   Schreiben Sie dazu die Begriffe, die Sie erklären wollen, auf Karteikarten. Anschließend müssen Sie sich noch fünf Wörter ausdenken, die bei der Beschreibung nicht genannt werden dürfen.
   Diese schreiben Sie unter den zu erklärenden Begriff.

   Ausschuss

   (Abgeordneter, Tierschutz, Waffenrecht, Gesetz, Bundestag)

   Hier sind einige Begriffsvorschläge für Ihre Spielkarten; Ihnen fallen aber bestimmt noch mehr ein!
   - Bundestag
   - Bundesrat
   - Zustimmungspflichtiges Gesetz
   - Direkte Demokratie
   - Repräsentative Demokratie
   - Plebiszite
   - Wahlrecht
   - Interessengruppe
   - Partei

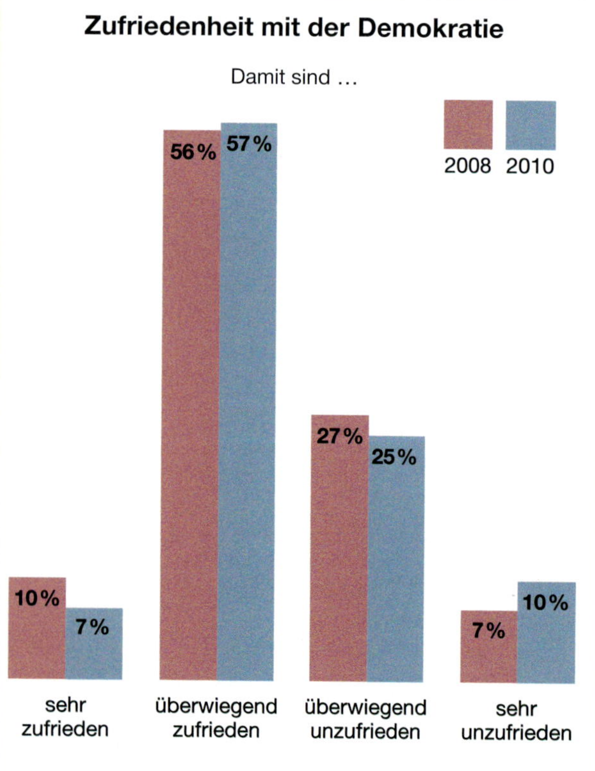

Quelle:
Friedrich Naumann-Stiftung, Deutscher Wertemonitor 2010, Abbildung 14, Seite 23

2. Analysieren Sie das dargestellte Befragungsergebnis (➲ Diagramme verstehen):
   a) Wie viel Prozent der Befragten sind insgesamt zufrieden mit der Demokratie und dem politischen System in Deutschland?
   b) Überlegen Sie in Partnerarbeit, warum es in Ost- und Westdeutschland unterschiedliche Ergebnisse geben könnte.
   c) Stellen Sie Ihre Überlegungen im Plenum vor und diskutieren Sie anschließend gemeinsam über die Gründe
3. Was hätten Sie auf diese Frage geantwortet?
   Machen Sie eine Umfrage in Ihrer Klasse (➲ Interview).
4. Sammeln Sie die Ergebnisse und erstellen Sie selbst ein Diagramm (➲ Diagramme erstellen).

Alles klar?

5. Analysieren Sie die Karikatur:
   a) Beschreiben Sie die Karikatur und die dargestellten Personen.
   b) Deuten Sie die Aussagen der Personen. Stellen Sie Vermutungen an, wieso die Personen diese Aussagen treffen.
   c) Welches Problem der Demokratie wird in der Karikatur angesprochen?

6. Analysieren Sie die Grafik (➲ Diagramme verstehen):
   a) Welche Institutionen sind der staatlichen Sphäre zuzuordnen?
   b) Erstellen Sie eine Rangliste nur mit den staatlichen Institutionen.
   c) Welche nicht-staatlichen Institutionen genießen das größte Vertrauen?
   d) Überrascht Sie das Ergebnis? Diskutieren Sie das Resultat der Umfrage in Ihrer Klasse!
   e) Machen Sie eine Umfrage in Ihrer Klasse mit dieser Fragestellung (➲ Interview).

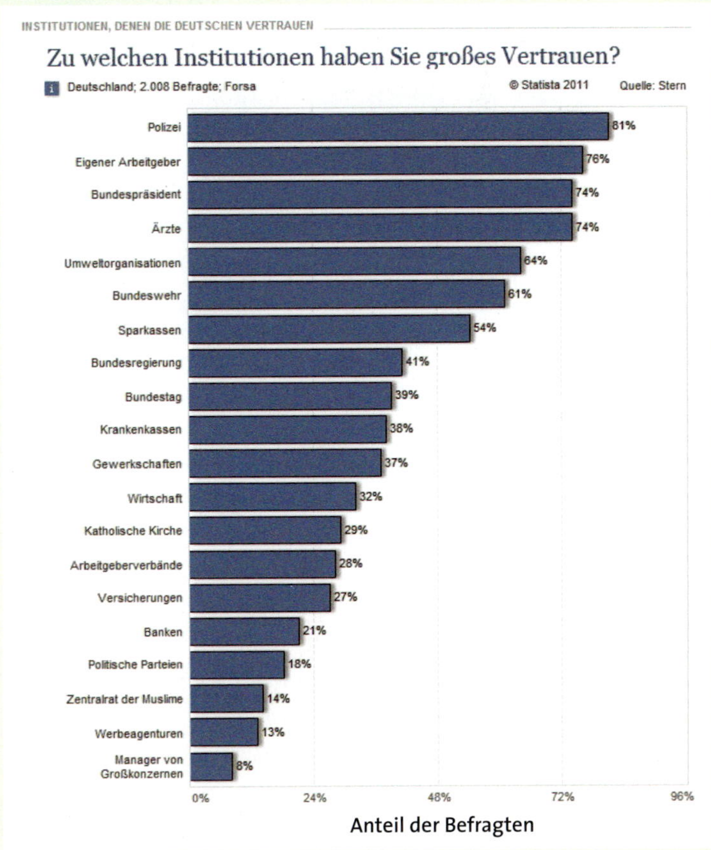

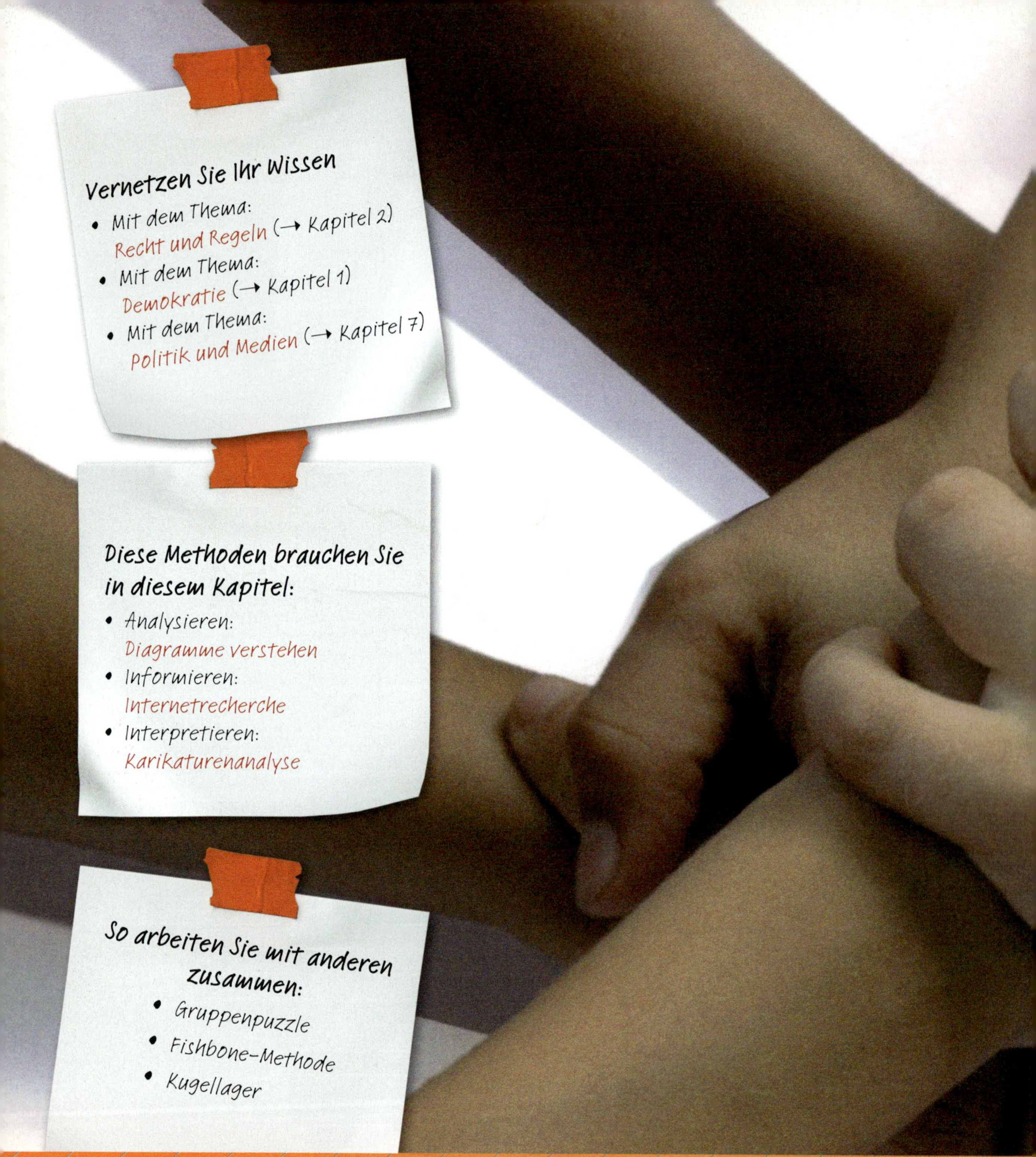

Vernetzen Sie Ihr Wissen

- Mit dem Thema: Recht und Regeln (→ Kapitel 2)
- Mit dem Thema: Demokratie (→ Kapitel 1)
- Mit dem Thema: Politik und Medien (→ Kapitel 7)

Diese Methoden brauchen Sie in diesem Kapitel:

- Analysieren: Diagramme verstehen
- Informieren: Internetrecherche
- Interpretieren: Karikaturenanalyse

So arbeiten Sie mit anderen zusammen:

- Gruppenpuzzle
- Fishbone-Methode
- Kugellager

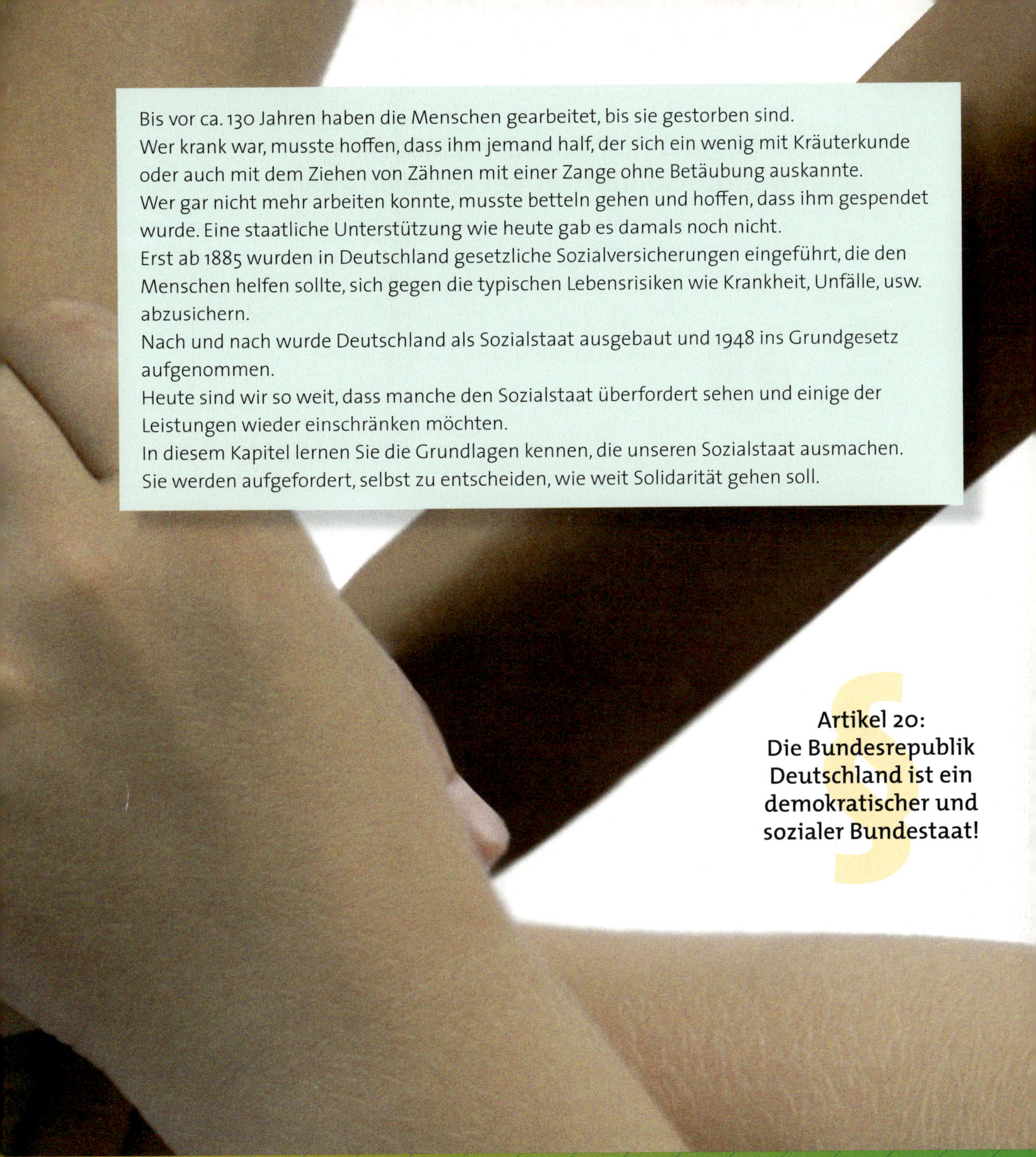

Bis vor ca. 130 Jahren haben die Menschen gearbeitet, bis sie gestorben sind.
Wer krank war, musste hoffen, dass ihm jemand half, der sich ein wenig mit Kräuterkunde oder auch mit dem Ziehen von Zähnen mit einer Zange ohne Betäubung auskannte.
Wer gar nicht mehr arbeiten konnte, musste betteln gehen und hoffen, dass ihm gespendet wurde. Eine staatliche Unterstützung wie heute gab es damals noch nicht.
Erst ab 1885 wurden in Deutschland gesetzliche Sozialversicherungen eingeführt, die den Menschen helfen sollte, sich gegen die typischen Lebensrisiken wie Krankheit, Unfälle, usw. abzusichern.
Nach und nach wurde Deutschland als Sozialstaat ausgebaut und 1948 ins Grundgesetz aufgenommen.
Heute sind wir so weit, dass manche den Sozialstaat überfordert sehen und einige der Leistungen wieder einschränken möchten.
In diesem Kapitel lernen Sie die Grundlagen kennen, die unseren Sozialstaat ausmachen. Sie werden aufgefordert, selbst zu entscheiden, wie weit Solidarität gehen soll.

**§ Artikel 20:
Die Bundesrepublik Deutschland ist ein demokratischer und sozialer Bundestaat!**

3 Leben in einer solidarischen Gesellschaft

3.1 Die fünf Säulen der Sozialversicherung – angewandte Solidarität bei Lebensrisiken

Das Leben eines Menschen ist nicht vorauszusehen. Die unterschiedlichen Alters- und Lebensphasen bergen Risiken. Versicherungen bieten den Menschen die Möglichkeit, sich gegen diese Risiken finanziell abzusichern.

Jetzt sind Sie dran ...

1. Erstellen Sie in Ihrem Heft eine Tabelle nach folgendem Muster.

Lebensphase	Lebensrisiko	Welche Versicherung?

2. Notieren Sie in der linken Spalte der Tabelle, welche Lebensphasen Sie in der Zeichnung erkennen (➔ Quellenanalyse).
3. Nennen Sie Lebensrisiken, die für die abgebildeten Lebensphasen typisch sind. Notieren Sie diese in der mittleren Spalte.
4. Halten Sie in der rechten Spalte fest, welche Versicherungen diese Risiken auffangen.
5. Nennen Sie Risiken, gegen die es keine Versicherung gibt und diskutieren Sie im Klassengespräch, warum diese Risiken nicht versichert/versicherbar sind.
6. Zeichnen Sie auf ein DIN-A4 Papier ein einfaches Modell: Wie funktionierte eine Versicherung? Erklären Sie Ihrem Banknachbarn die Funktionsweise einer Versicherung anhand dieser Zeichnung.

Infobox

Versicherungsprinzip

Versicherung bedeutet, dass viele Personen in einen Geldtopf einbezahlen, aus dem Schäden einzelner Personen bezahlt werden. Da ein Schadenfall in der Regel nur selten eintritt, braucht nicht jeder Geld aus dem gemeinsamen Topf, sodass immer mehr Geld vorhanden sein sollte, als benötigt wird.

Damit das gesichert ist, wird die Beitragshöhe von Versicherungsexperten vorher genau kalkuliert. Dabei wird das persönliche Risiko mit berücksichtigt. So muss jemand, der seinen Führerschein gerade erworben hat, eine höhere Prämie bei der Kfz-Haftpflichtversicherung zahlen als ein langjähriger Autofahrer.

Wenn eine Versicherung jedoch feststellt, dass die Beiträge (Prämien genannt) nicht mehr ausreichen, um entstehende Schäden zu begleichen, müssen sie entweder erhöht werden oder im Versicherungsfall wird weniger ausbezahlt.

Sozialversicherung steht für ein soziales Versicherungsprinzip, das jeden Menschen gegen bestimmte Lebensrisiken absichert, ohne ihn finanziell zu überfordern. Der Sozialstaat hat dafür die gesetzliche Sozialversicherung geschaffen. Dazu gehört, dass sich die Beiträge nach dem Erwerbseinkommen richten und auch die Arbeitgeber daran mit fast 50 % beteiligt sind.
Das Fundament besteht aus den fünf Säulen: Rentenversicherung, Krankenversicherung, Unfallversicherung, Pflegeversicherung und Arbeitslosenversicherung.

Rentenversicherung (RV)
Die gesetzliche Rentenversicherung wird durch das Umlageverfahren finanziert, das heißt: Die Beitrag zahlenden Jungen finanzieren durch ihre Beiträge die laufende Rente der Alten. Diese Vereinbarung wird auch Generationenvertrag genannt. Die Beitragshöhe ist abhängig vom Bruttoentgelt des Beitragszahlers.
Die Höhe der Rente richtet sich unter anderem danach, wie viele Jahre der Beschäftigte Beiträge bezahlt hat und wie hoch diese waren. Wer nicht mehr voll erwerbsfähig ist, erhält, je nach dem noch vorhandenen Leistungsvermögen, eine volle oder halbe Erwerbsminderungsrente. Die Rente wird bis zum Lebensende bezahlt.

Krankenversicherung (KV)
In Deutschland ist jeder per Gesetz verpflichtet, krankenversichert zu sein. Die meisten Personen sind Mitglied einer gesetzlichen Krankenversicherung. Die Beiträge richten sich nach dem Bruttoentgelt. Die Leistungen sind gesetzlich geregelt und für alle Versicherten gleich. Familienangehörige ohne eigenes Einkommen sind beitragsfrei mitversichert.

Unfallversicherung (UV)
Arbeitnehmer sind während ihrer Arbeitszeit und auf Arbeitswegen gegen Unfälle und Berufskrankheiten versichert. Auch Schüler sind auf dem Weg zur Schule und auf allen damit zusammenhängenden Wegen, zur Turnhalle etc., unfallversichert. Die Unfallversicherung kommt für die Folgen eines Unfalls auf. Das bedeutet, von der Rehabilitation bis zur Pflege des Arbeitnehmers werden Leistungen erbracht. Die Beitragshöhe richtet sich nach dem Gefahrenrisiko am Arbeitsplatz.

Pflegeversicherung (PV)
In Deutschland sind rund zwei Millionen Menschen auf Betreuung oder Unterstützung angewiesen, weil sie wegen einer körperlichen, geistigen oder seelischen Einschränkung ihr Leben nicht mehr selbstständig meistern können. Für sie ist die Pflegeversicherung da. Die Pflegeversicherung erbringt Leistungen als Geld- oder Sachleistungen, mit denen die nötigste Pflege und hauswirtschaftliche Versorgung finanziert wird. Pflegeleistungen, die darüber hinausgehen, müssen privat finanziert werden. Die Beitragshöhe zur PV hängt vom Bruttoentgelt und dem Status „mit oder ohne eigenes Kind ab."

Arbeitslosenversicherung (AV)
Die Arbeitslosenversicherung soll alle Arbeitnehmer davor schützen, dass sie aufgrund einer Arbeitslosigkeit in eine finanzielle Notlage geraten. Die Versicherungsbeiträge richten sich nach dem Bruttoentgelt des Arbeitnehmers. Im Falle von Arbeitslosigkeit wird das Arbeitslosengeld (ALG I) für die Dauer eines bestimmten Zeitraums gezahlt. Die Höhe ist abhängig vom letzten Bruttoentgelt.

7. Zeichnen Sie fünf Säulen auf eine Querseite in Ihrem Heft.
Bilden Sie fünf Arbeitsgruppen. Jede Gruppe bearbeitet typische Merkmale eines Versicherungstyps. Notieren Sie in einer Säule wichtige Information zu der bearbeiteten Versicherung.
Führen Sie anschließend ein (➲ Gruppenpuzzle) durch.

3.2 Leben in einer solidarischen Gesellschaft

In unserem Sozialstaat sind die einzelnen Bürger gegen grundlegende Lebensrisiken abgesichert. Das funktioniert, weil wir uns als eine „solidarische Gemeinschaft" verstehen. Strittig ist, in welchem Maße die Gemeinschaft für die Probleme eines Einzelnen gerade stehen muss.

Schülerzitate zu Solidarität

„Solidarität ist für mich, wenn mehrere, die sich nicht kennen, ein Gemeinschaftsgefühl entwickeln."

„Wir wollen nicht, wir müssen solidarisch sein!"

„Solidarität bedeutet für mich, dass eine Gruppe, eine Mannschaft, oder der Staat zusammenhält, auch wenn einer Fehler macht."

„Solidarität bedeutet helfen, wenn man es sich leisten kann."

„Solidarität bedeutet für mich Zusammenhalt mit Menschen, denen ich vertrauen kann."

„Solidarität ist, wenn jeder jedem hilft."

Jetzt sind Sie dran ...

1. Bewerten Sie die Aussagen und verdeutlichen Sie in einer Rangliste, welcher dieser Aussagen Sie besonders zustimmen.
2. Entscheiden Sie, welche der einzelnen Sozialversicherungen besonders solidarisch sind und begründen Sie Ihre Meinung in einem Satz.

Auch der folgende Text verdeutlicht das Prinzip solidarischen Handelns:

„Einst kam ein Mann zum Propheten Elias. Ihn bewegte die Frage nach Himmel und Hölle, wollte er doch seinen Lebensweg bewusst gestalten. Da nahm ihn der Prophet bei der Hand und führte ihn durch dunkle Gassen in einen großen Saal, wo sich viele ausgemergelte Gestalten um die Feuerstelle drängten. Dort brodelte in einem großen Kessel eine köstlich duftende Suppe. Jeder der Leute besaß einen gusseisernen Löffel, der so lang war wie er selbst. Der Löffel war aufgrund seiner Größe zu schwer, um allein damit die Suppe zu schöpfen, und zu lang, um damit Nahrung zum Mund führen zu können. So waren die Menschen halb wahnsinnig vor Hunger und schlugen aufeinander ein vor Wut. Da fasste Elias seinen Begleiter am Arm und sagte: ‚Siehst du, das ist die Hölle!' Sie verließen den Saal und traten bald in einen anderen. Auch hier viele Menschen. Auch hier wieder ein Kessel Suppe. Auch hier die riesigen Löffel. Aber die Menschen waren wohlgenährt, und man hörte in dem Saal nur das zufriedene Summen angeregter Unterhaltung. Männer und Frauen hatten sich zusammengetan. Einige tauchten gemeinsam die schweren Löffel ein und fütterten die Gegenübersitzenden. Umgekehrt geschah es ebenso. Auf diese Weise wurden alle satt. Und der Prophet Elias sagte zu seinem Begleiter: ‚Siehst du, das ist der Himmel!"

Quelle:
Nosraf Peseschkian: www.redenwelt.de/rede-ideen/anekdoten/von-september-bis-staatshaushalt.html, Okt. 2010

Jetzt sind Sie dran ...

3. Erläutern Sie in eigenen Worten, wieso Elias vom „Himmel" spricht. Verwenden Sie dabei das Wort „Solidarität".
4. Der „Himmel" funktioniert nicht mehr, wenn die satten Menschen sich weigern, anschließend den Hungrigen zu helfen.
   a) Listen Sie auf, was dann mit den Menschen passiert.
   b) Spekulieren Sie, was passiert, wenn man einigen Menschen im „Himmel" / in der „Hölle" kleinere Löffel bringt.
   c) Übertragen Sie Ihre Ergebnisse auf das Solidarsystem der Sozialversicherungen in Deutschland.
5. Beurteilen Sie Ihre Gruppenarbeit zu den Sozialversicherungen.
   a) Waren Sie im „Himmel" oder in der „Hölle"?
   b) Gab es Gruppenmitglieder mit „eigenen kleinen Löffeln"?
   c) Verfassen Sie einen Leitfaden für gelungene Gruppenarbeit!

So sieht Solidarität in der Praxis aus

6. Berechnen Sie mit Hilfe der Infobox, welche Kosten jede Person bei einer Behandlung zu tragen hätte. Recherchieren Sie im Internet die Höhe Ihrer monatlichen Krankenversicherungsbeiträge. Wie lange müssten sie für die notwendige Behandlungen in die Krankenkassen einzahlen?
7. Entscheiden Sie in Ihrer Klasse: Finden Sie es richtig, dass die Krankenversicherung in Deutschland verpflichtend ist? Bereiten Sie sich mithilfe einer Pro- und Kontra-Liste in Partnerarbeit vor. Führen Sie anschließend eine ➲ Fishbowl-Diskussion durch.

Infobox

Fallpauschalen im Krankenhaus (Operation und stationäre Betreuung

Die Kosten in Krankenhäusern schwanken nach Angaben der Deutschen Krankenhausgesellschaft je nach Bundesland und Operationstechnik:

Blinddarmoperation:	1700 bis 2300 Euro
Herausnahme der Mandeln:	1200 bis 1800 Euro
Normale Entbindung:	1300 bis 1800 Euro
Kaiserschnitt ohne Komplikationen:	2200 bis 3000 Euro
Herz-OP (z.B. Bypässe setzen):	10000 bis 15000 Euro
Herztransplantation:	30000 bis 40000 Euro

Fall 1

Sofia, 21 Jahre, Verkäuferin, 1200 € pro Monat, schwanger.

Fall 2

Johannes, 60 Jahre, Bürokaufmann, 3500 € pro Monat, schwer herzkrank

3.3 Die Bevölkerungsentwicklung – ein Problem des Sozialstaats

Die Bedingungen für unser Sozialsystem werden sich in den nächsten 50 Jahren entscheidend verändern. Dafür ist besonders die Bevölkerungsentwicklung in Deutschland verantwortlich.

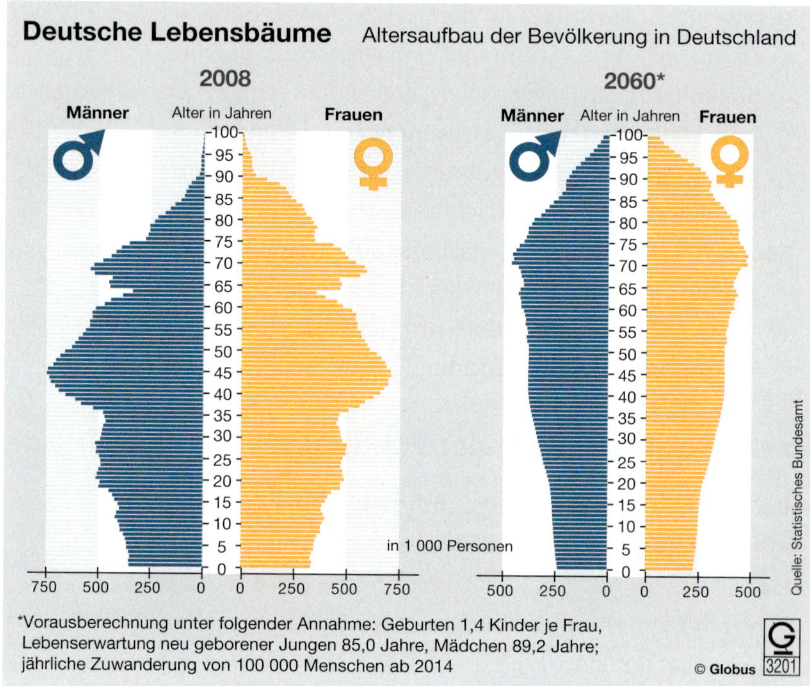

Jetzt sind Sie dran ...

1. Betrachten Sie die beiden Diagramme (➲ Diagramme verstehen). Beschreiben Sie die Bevölkerungsentwicklung, indem Sie
   a) die Zahl der über 90-jährigen Frauen und Männer 2008 der im Jahr 2060 gegenüberstellen;
   b) die Zahl der Kinder im Alter von 0–12 Jahren 2008 der im Jahr 2060 gegenüberstellen;
   c) die Zahl der 20–50-jährigen 2008der im Jahr 2060 gegenüberstellen.
2. Erstellen sie einen Tagebucheintrag, wie Ihr Leben im Jahr 2060 aussehen könnte. Stellen Sie ihn der Klasse vor und begründen Sie Ihre Überlegungen.
3. Wer in Ihrer Klasse kennt sich mit Bildbearbeitung aus? Versuchen Sie doch mal, sich digital altern zu lassen, damit Sie wissen, über wen Sie nachdenken!
4. Überlegend Sie in Partnerarbeit, welche Probleme für die einzelnen Säulen der Sozialversicherung entstehen.
5. Nennen Sie mögliche Gründe, die für die veränderte Bevölkerungsstruktur verantwortlich sein können (Beispiel: neue Medikamente).

Mehr raus als rein: das Problem Auswanderung

Einige Wissenschaftler meinen, der Zuzug von Migranten könne das Problem sinkender Bevölkerungszahlen lösen. Die folgende Graphik zeigt aber, dass das nicht so einfach werden wird.

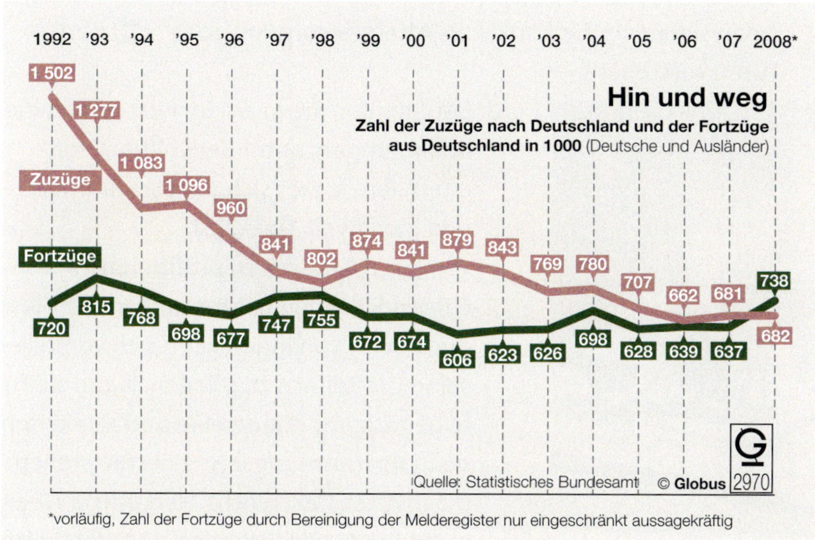

Mit der Auswanderung gehen Millionen verloren ... "

ifo Institut für Wirtschaftsforschung: Studie über „Fiskalische Wirkungen der Auswanderung ausgewählter Berufsgruppen", in: ifoschnelldienst 17/2009

Jetzt sind Sie dran ...

6. Beschreiben Sie die Grafik „Hin und weg":
   (➲ Diagramme verstehen)
   a) Wie haben sich die Zuzüge nach Deutschland verändert?
   b) Welche Veränderungen können sie bei den Fortzügen feststellen?
   c) Gibt es mehr Fort- oder mehr Zuzüge?
7. Teilen Sie die Klasse:
   Die eine Hälfte listet Gründe für einen Fortzug aus Deutschland auf und clustert diese (➲ Clustern).
   Die zweite Hälfte sucht nach Gründen, die gegen einen Zuzug nach Deutschland sprechen und clustert diese.
8. Führen Sie ein ➲ „One-Minute-Writing" zu der Frage durch, ob ein Fortzug aus Deutschland für Sie persönlich in Frage käme.
   Sammeln Sie in der Klasse verschiedene Ansichten.
9. Entscheiden Sie: Könnte der Fortzug qualifizierter Arbeitnehmer durch eine „Auswanderungsgebühr" verhindert werden?
   Diskutieren Sie im Plenum. Stimmen Sie in der Klasse ab:
   „Wer befürwortet eine solche Gebühr?"

Folgen im Alter

Gerade für die kommenden Generationen wirkt sich die prognostizierte Altersstruktur der Bevölkerung negativ aus.

Jetzt sind Sie dran ...

10. Analysieren sie die Karikatur „Altersversorgung 2024“ (➲ Karikaturen verstehen).

11. Beschreiben Sie in einem kurzen Text die Bedingungen, unter denen Ihre Großeltern leben, wer sich um sie kümmert und inwieweit Sie selbst von Ihren Großeltern profitieren.
12. Führen Sie eine Abstimmung in der Klasse durch. Wer von Ihnen kann sich vorstellen, seine Großeltern zu pflegen, wenn sie Hilfe benötigen? Können Sie Auffälligkeiten beim Abstimmungsergebnis feststellen (nach Alter, Geschlecht, Herkunft)? Wenn ja, finden Sie Erklärungen und sammeln Sie diese an der Tafel.
13. Untersuchen Sie die Graphik und die Tabelle (➲ Diagramme verstehen).
    a) Beschreiben Sie die Entwicklung des Renteneintrittsalters.
    b) Errechnen Sie die Lebenserwartung für die Altersstufen.
    c) Bestimmen Sie, wie lange Sie voraussichtlich Rentenversicherungsbeiträge bezahlen werden und wie lange Sie Rente beziehen werden. Recherchieren Sie dazu im Internet das aktuelle Renteneintrittsalter.

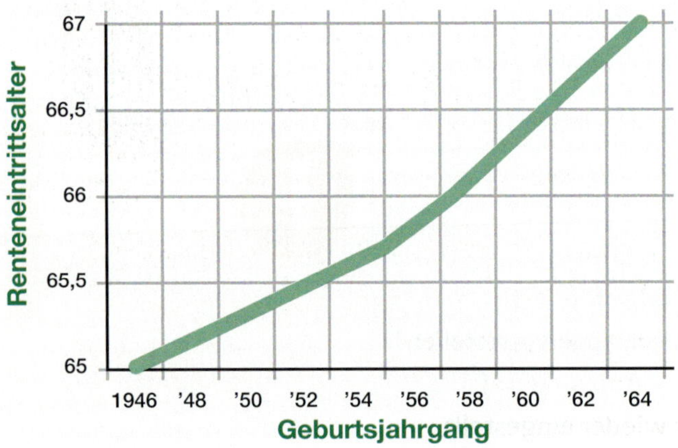

Durchschnittliche Lebenserwartung nach ausgewählten Altersstufen für die Jahre 2006/08

Lebensalter in Jahren **(Männer)**	Restliche Lebenserwartung in Jahren	Lebensalter in Jahren **(Frauen)**	Restliche Lebenserwartung in Jahren
0	77,17	0	82,40
20	57,74	20	65,85
40	38,44	40	43,20
60	20,93	60	24,71
65	17,11	65	20,41
80	7,65	80	8,97

Quelle: Statistisches Bundesamt: Alterstufen im Zeitraum2006-2008, abgerufen von www.destatis.de

Eine mögliche Lösung: Familienförderung stärken

Es wird nach Lösungen gesucht, um den demografischen Wandel aufzuhalten. Eine Maßnahme der Regierung könnte es sein, durch eine Förderung der Familien die Geburtenrate zu erhöhen.

Jetzt sind Sie dran ...

14. Bilden Sie nach Geschlechtern getrennte Arbeitsgruppen.
    a) Analysieren Sie die Karikatur (➲ Karikaturen verstehen).
    b) Nennen Sie Gründe, warum Sie eine Familie gründen würden.
    c) Vergleichen Sie Ihre Ergebnisse mit einer Gruppe des anderen Geschlechts – worin unterscheiden sie sich?
15. Erstellen Sie eine ➲ Mindmap. Halten Sie fest, welche Gründe es gibt, warum sich viele Menschen gegen Kinder entscheiden.
16. Bewerten Sie folgende Maßnahmen zur Familienförderung auf einer Skala von 1–6. Einigen Sie sich mit Ihrem Banknachbarn über die geeignetste? Diskutieren Sie Ihr Ergebnis anschließend im Plenum.
    - Erhöhung des Kindergelds für jedes weitere Kind um jeweils 100 % im Vergleich zum vorherigen.
    - Einführung einer Elternzeit.
      Ein Elternteil, das nach der Geburt eines Kindes zuhause bleibt, bekommt 60 % seines Arbeitsentgelts vom Staat und muss nach 12 Monaten von seinem Arbeitgeber wieder eingestellt werden.
    - Ein Elternteil, das wegen der Kinder nicht mehr erwerbsfähig ist, bekommt solange Geld vom Staat (Betreuungsgeld), bis es wieder arbeiten geht – zusätzlich zum Arbeitslosengeld.
    - Der Staat bezuschusst jedes Neugeborenen bis zum 18. Geburtstag mit einer Ausbildungsversicherung.
    - Jedes Kind hat das Recht auf eine Ganztagesbetreuung.
    - Erhöhung der Rentenansprüche für jedes Elternteil um 10 % pro Kind.

3.4 Grenzen der Solidarität

Sie wissen nun, wie das Solidarsystem in Deutschland grundsätzlich funktioniert, welche Probleme es hat und wie man versucht, diese zu lösen. Aber wie steht es eigentlich mit Ihnen persönlich? Wie weit soll Solidarität in Ihren Augen gehen? Wie viel können und wollen Sie zu unserem Solidarsystem beitragen? Die folgenden Fälle werden Ihnen helfen, Ihre eigene Position zu überprüfen.

Fall 1

Peter B.,
40 Jahre, gelernter Verkäufer, ist seit 9 Jahren arbeitslos. Da er mit dem Geld nicht hinkommt, geht er seit 2 Jahren ab und zu in einer Gärtnerei für 5 Euro/Stunde arbeiten. Diese Beschäftigung ist nicht angemeldet. Er sagt: „Es ist mein gutes Recht, mir was nebenbei zu verdienen."

Fall 2

Rudolf O.,
55 Jahre alt, Versicherungskaufmann, raucht seit seinem 14. Lebensjahr 2 Schachteln Zigaretten am Tag. Sport hält er für Mord! Er sagt: „Mein Körper, mein Leben. Wozu bezahle ich seit 37 Jahren Krankenversicherungsbeiträge?"

Fall 3

Alexandra S.,
33 Jahre alt, Buchhalterin, treibt in ihrer Freizeit regelmäßig Sport. Sie achtet darauf, sich stets gesund zu ernähren. Alkohol und Nikotin lehnt sie ab. Sie sagt: „Wer ungesund lebt, soll entweder mehr bezahlen oder weniger bekommen!"

Fall 4

Eva D.,
89 Jahre alt, 5 Kinder und 12 Enkelkinder, hat seit einem Jahr starke Probleme mit der Hüfte. Sie muss operiert werden und braucht ein neues Hüftgelenk. Sie sagt: „Ich habe genug für die Gesellschaft getan, jetzt ist sie dran, was für mich zu tun."

Fall 5

Oliver R.,
42 Jahre alt, Lehrer, ist in seiner Freizeit in zahlreichen Vereinen ehrenamtlich tätig. Er sagt: „Der Sozialstaat kann nicht nur etwas für uns tun. Wir müssen auch was für den Staat tun."

Jetzt sind Sie dran ...

1. Bereiten Sie eine ➲ Talkshow vor. Thema der Diskussion ist: „Du schadest unserem Solidarsystem." Bilden Sie sechs Gruppen. Fünf Gruppen bereiten jeweils die Redebeiträge einer Person vor. Die sechste Gruppe stellt den Talkmaster. Alle Gruppenteilnehmer dürfen sich während der Diskussion auch zu Wort melden!
2. Verteilen Sie im Anschluss an die Diskussion Karteikarten in der Klasse. Vervollständigen Sie in Einzelarbeit folgenden Satz: „Solidarität endet für mich, wenn ..."
3. Legen Sie die Karten alle auf einen großen Tisch. Versuchen Sie nun diese innerhalb der Klasse zu ordnen. Jeder darf einmal an den Tisch treten, eine Karte nehmen und sie verschieben. Links soll am Schluss die Karte liegen, die Sie als noch nicht besonders unsolidarisch empfinden, rechts die unsolidarischste.
4. Versuchen Sie, sich innerhalb der Klasse auf eine Grenze zu einigen!

Auch der folgende Bericht über einen Unternehmer aus Dortmund beleuchtet das Thema Solidarität.

Dieser Chef zahlt jedem 1000 Euro, der nicht krank macht

Wer bei Firmenchef Jörg Hübner ... gesund bleibt, kann sich über bis zu 1000 Euro freuen! Der Unternehmer belohnt jeden der 240 Mitarbeiter ... mit einer Prämie, wenn der sich ein Jahr lang nicht krank meldet. Zusätzlich zu den Tarifbezügen!

Wird ein Beschäftigter doch mal krank, werden ihm für jeden Fehltag 100 Euro abgezogen. Wer zehn Tage oder mehr fehlt, erhält also keinen „Gesundheitsbonus".

Hübner zu BILD: „Damit will ich Mitarbeiter, die gesund leben, belohnen und Blaumacher eindämmen."

UND DIE PRÄMIE WIRKT! Seit Jahresbeginn liegt der Krankenstand der Firma bei 1,12 %, das heißt: Im Schnitt fehlen jeden Tag 2,7 Mitarbeiter. Zum Vergleich: Deutschlandweit liegt der Krankenstand ... bei 3,25 %. Das ist das drittniedrigste Niveau seit 1970.

Die Gewerkschaft kritisiert die Prämie. Klaus Pickshaus von der IG Metall sagt: „Das ist der falsche Ansatz! Betriebe sollten viel eher dafür sorgen, dass die Leute gesund bleiben und nicht Mitarbeiter belohnen, die sich krank zur Arbeit schleppen."

Das Problem kennt auch Nicole Holländer (30), Montiererin bei GfG: „Manche Mitarbeiter sind auf die Prämie angewiesen. Die kommen dann todkrank zur Arbeit und stecken andere an." Sie selber hat im vergangenen Jahr aber nicht gefehlt und die vollen 1000 Euro bekommen. „Da habe ich mich schon sehr gefreut."

Von anderen Chefs bekommt Hübner Lob für seine Idee. Bettina Mützel, Vorsitzende der Arbeitsgemeinschaft selbständiger Unternehmer: ... „Wenn man sich die Krankheitskosten anschaut, ist das wirklich eine gute Idee. Schade, dass so etwas nötig ist."

Für Jörg Hübner gibt es deshalb auch keinen Grund, die Belohnung wieder abzuschaffen: „Meine Mitarbeiter wollen, dass die Prämie weiterhin gezahlt wird. Wer verzichtet schon gerne auf 1000 Euro?"

www.bild.de/BILD/politik/wirtschaft/2009/10/17/dieser-chef/zahlt-praemie-fuer-nicht-krank-sein.html

Jetzt sind Sie dran ...

5. Bearbeiten Sie mit Ihrem Nachbar den Text unter folgenden Fragestellungen:
   a) Welches Bild von Krankheit liegt der Idee zugrunde?
   b) Wie beurteilen Sie das Vorgehen des Unternehmers?
   c) Würden Sie krank zur Schule gehen, anstatt zum Arzt, wenn Sie dafür eine Bonuszahlung bekämen? Stimmen Sie in der Klasse ab!
6. Schreiben Sie auf Basis des Artikels einen ➲ Leserbrief, in dem sie Ihre Meinung zu dem Thema „Belohnung für Gesundheit" darlegen. Beziehen Sie Ihr Wissen aus dem gesamten Kapitel mit ein.

Alles klar?

3.5 Überprüfen Sie Ihr Wissen

Solidarität ist ein Thema, dass alle Menschen in Deutschland angeht. Es ist ein beliebtes Thema für Karikaturisten.

Gesetzliche Krankenversicherung - eine für alle!

1. Welches Problem des Sozialstaats wird in der Karikatur oben angesprochen?
2. Auf welche Eigenschaft der gesetzlichen Krankenversicherung geht der Zeichner der unteren Karikatur ein?

Alles klar?

Stellen Sie sich vor, es gäbe keinen Sozialstaat mehr. Wie sähe unser Leben dann aus?

3. Beantworten Sie die Frage zunächst in kleinen Gruppen. Anschließend stellen Sie Ihren Mitschülern die Konsequenzen vor.
Dabei werden Sie feststellen: „Was Sie selbst erklären können, haben Sie auch wirklich verstanden."
Gehen Sie in vier Schritten vor:

Schritt 1: Sie bilden Vierergruppen und zeichnen das unten abgebildete Fischgerippe auf ein großes Plakat. Auf den oberen Gräten ergänzen Sie die Merkmale des Sozialstaates, die in Ihren Augen noch fehlen. Auf den unteren Gräten notieren Sie die Auswirkungen für unser Zusammenleben, wenn der Staat diese Leistungen nicht mehr gibt.

Schritt 2: Erklären Sie Ihre Ergebnisse den Mitschülern. Führen Sie ein ➡ Kugellager durch. Achten Sie darauf, dass die Arbeitsgruppen möglichst jeweils zusammen in einem Ring stehen. Stellen Sie sich in jeweils drei Minuten gegenseitig Ihre Ergebnisse zu einem Aspekt vor und rücken Sie dann eine Position weiter.

Schritt 3: Hängen Sie die Plakate in der Klasse auf. Schauen Sie sich alle genau an: Wo gibt es noch Unklarheiten? Notieren Sie diese und stellen Sie sie im Plenum zur Diskussion.

Schritt 4: Ergänzen Sie den Satz vom Anfang des Kapitels für sich allein: „Solidarität bedeutet für mich, wenn ..."

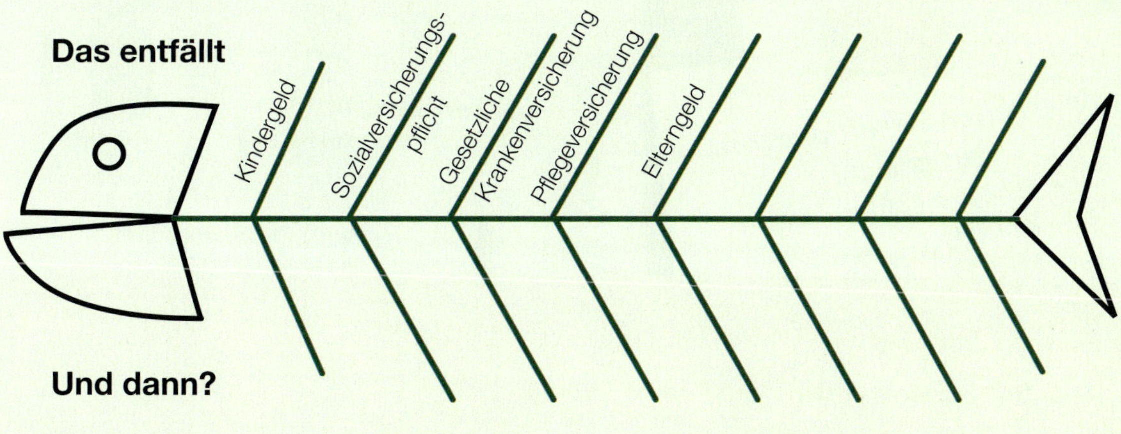

Vernetzen Sie Ihr Wissen:

- Mit dem Thema: Gesellschaft heute (→ Kapitel 14)
- Mit dem Thema: Wirtschaft (→ Kapitel 5)
- Mit dem Thema: Globalisierung (→ Kapitel 8)

Diese Methoden brauchen Sie:

- Analysieren: Grafiken analysieren, Reziprokes Lesen
- Informieren: Internetrecherche
- Organisieren: Mind Map, Fischbone-Methode
- Kreativ sein: Brief aus der Zukunft

So arbeiten Sie mit anderen zusammen:

- Pro- und Kontra-Debatte
- Kugellager

Haben Sie sich schon einmal gefragt, wie Ihre Arbeitswelt wohl in ein paar Jahren aussehen wird? In den letzten Jahren haben grundlegende Änderungen statt gefunden – und es ist absehbar, dass die Geschwindigkeit der Veränderungen in Zukunft nicht abnehmen wird. Dabei gibt es Aspekte, die zu Ängsten und Befürchtungen Anlass geben – andere wiederum versprechen Chancen, die es so bisher nicht gab.
In diesem Kapitel lernen Sie einige dieser Entwicklungen kennen und können so selbst zu einer Haltung zu diesem wichtigen Thema kommen.

4 Zukunft der Arbeit

4.1 Was bedeutet Arbeit für mich und die Gesellschaft?

Aus Sicht der Betriebswirtschaftslehre ist Arbeit ein Teil der Produktherstellung, aus Sicht der Volkswirtschaftslehre einer der Produktionsfakoren. Die Philosophie bezeichnet Arbeit als „bewusstes schöpferisches Handeln" und die meisten Menschen meinen mit Arbeit bezahlte Erwerbstätigkeit. Mit weiteren Bedeutungen von Arbeit für Sie persönlich und für die Gesellschaft können Sie sich in diesem Abschnitt des Kapitels beschäftigen.

„Seit ich keine Arbeit mehr habe, weiß ich nicht, was ich mit meinem Tag anfangen soll."

„Für mich als Rentner bedeutet Arbeit etwas, dass einen großen Teil meines Lebens mit Sinn gefüllt hat"

„Mit Arbeit kann man sich ganz einfach Konsumwünsche erfüllen"

„Arbeit bedeutet für mich, meine Familie ernähren zu können!"

„Wenn ich mal im Lotto gewinne, knalle ich sofort am nächsten Tag meinem Chef die Kündigung vor die Füße"

Jetzt sind Sie dran ...

1. Welchen Aussagen stimmen Sie zu?
2. Ergänzen Sie eigene Äußerungen an der Tafel.
3. Spekulieren Sie: Wovon hängt es ab, wie ein Mensch zur Arbeit steht?
4. Stellen Sie sich vor: Sie gewinnen wie der Mensch oben tatsächlich eine große Summe in einer Lotterie und könnten auf Erwerbsarbeit verzichten. Was sind die guten Seiten einer solchen Situation, welches die schlechten. Fertigen Sie dazu eine Tabelle an.
5. Sie kennen alle das "Schlaraffenland". Beschreiben Sie ein solches Schlaraffenland aus heutiger Sicht entweder als glücklichen Traum oder als Albtraum. Stellen Sie sich Ihre Texte gegenseitig vor.

Der Gründer einer erfolgreichen Drogeriemarktkette, Götz Werner, erklärt im Interview mit einem Journalisten seinen Standpunkt zu den Motiven für Arbeit.

„1 000 Euro für jeden machen die Menschen frei“

Journalist: Herr Werner, ... Ihr erstes Buch provozierte großes Aufsehen, jetzt legen Sie nach und verlangen 1 000 Euro vom Staat für jeden, vom Baby bis zum Greis.

Werner: Die 1 000 Euro im Monat sind eine Größenordnung, um menschenwürdig in der Gesellschaft leben zu können – eine Art soziale Flatrate, das würde die Sozialbürokratie dramatisch entlasten ...

Journalist: Ihre Widersacher führen dagegen Apostel Paulus ins Feld: Wer nicht arbeitet, soll auch nicht essen.

Werner: Der Bibelspruch wird missbraucht. Paulus meinte: Wer sein Stück Grund und Boden nicht bearbeitet, soll nicht essen. Die Zeit der Selbstversorgung aber ist vorbei. Übertragen auf heute müsste es heißen: Wenn du dein Grundeinkommen nicht ausgibst, wirst du verhungern.

Journalist: Die Arbeit auf der Scholle erforderte Muskelkraft und Schweiß, das Grundeinkommen verlangt gar nichts – man muss nur zum nächsten Discounter laufen und konsumieren.

Werner: Richtig ...

Journalist: Dank der 1000 Euro vom Staat macht jeder nur noch, worauf er Lust hat?

Werner: Ja. „Freiheit ist, nicht tun zu müssen, was man soll.“ ... Das eigentlich Revolutionäre besteht im Wandel des gesellschaftlichen Klimas: Mit 1 000 Euro im Monat ist der Mensch von niemandem mehr abhängig, nicht von Familie, Kunde oder Arbeitgeber. Wer die Arbeit nur macht, weil er das Geld braucht, findet jeden Morgen fünf Gründe, nicht aufzustehen. Die habe ich auch, nur fällt mir noch ein sechstes Argument ein, warum ich trotzdem aufstehe: „Das ist notwendig, was ich heute mache, das ist sinnvoll für die Welt, das will ich.“

Journalist: Nicht jeder hat so hehre Ziele.

Werner: Die sind gar nicht nötig. Die Menschen können skurrile Motive haben, und sei es nur, zu den 1 000 Euro etwas dazuzuverdienen, um sich eines Tages den Ferrari leisten zu können. ...

Quelle:
Georg Meck im Interview mit Götz Werner (gekürzt): FAZ.Net, abgerufen unter: www.faz.net/s/Rub0B44038177824280BB9F799B-C91030B0/Doc~E508A466D05324C1081CC0E7B0D8885E2~ATpl~Ecommon~Scontent.html

Jetzt sind Sie dran ...

6. Was halten Sie von der Idee eines bedingungslosen Grundeinkommens? Führen Sie eine ➲ Pro-Kontra-Debatte.
7. Befürworter des bedingungslosen Grundeinkommens argumentieren, dass mit Hilfe ihres Modells jeder Bürger in der Lage wäre, gesellschaftlich sinnvolle Dinge zu tun.
   Was würden Sie tun, wenn Sie durch ein bedingungsloses Grundeinkommen nicht arbeiten müssten? Entwickeln Sie in Gruppenarbeit Ideen dazu.
8. Überlegen Sie: Was wird heute schon von Menschen in unserer Gesellschaft und für sie getan, was nicht unmittelbar mit Gehalt entlohnt wird.

4.2 Arbeit früher und heute

Die Arbeitswelt, in die Sie eintreten werden, unterscheidet sich vermutlich von der Ihrer Eltern und Großeltern. Lernen Sie in den Berichten aus zwei Generationen einige Gründe kennen.

Fallbeispiel

Der Großvater: Peter Schmitz (geboren 1948):

„Nach der achtjährigen Volksschule in einem kleinen Dorf am Niederrhein ermöglichten es mir meine Eltern, die Handelsschule in der nächstgelegenen Kreisstadt zu besuchen. Das war für sie nicht einfach zu finanzieren, alleine das Fahrgeld

war schon ein großer Posten. Ich blieb so auch der Einzige unter meinen Geschwistern, der noch weiter die Schule besuchen durfte. Für mich war die Zeit sehr anstrengend – die fremde Umgebung, die erste Fremdsprache und der Druck, es tatsächlich auch schaffen zu müssen. Aber es hat geklappt. Danach begann ich eine Lehre als Bankkaufmann in der Genossenschaftsbank im Nachbarort. Dort blieb ich bis zu meiner Pensionierung.

Nach und nach wurde ich Sachbearbeiter, Filialleiter und schließlich Geschäftsstellenleiter. Auf die Idee, die Arbeitsstelle zu wechseln, bin ich eigentlich nie gekommen. Es gab mal ein interessantes Angebot der größeren Bank in der Kreisstadt, aber dafür hätte ich ja jeden Tag 30 Kilometer fahren müssen.

Fallbeispiel

Der Vater: Frank Schmitz (geboren 1968)

„Nach meinem Fachabitur habe ich Betriebswirtschaft in Köln studiert. Danach habe ich lange nach einer Stelle gesucht. Erst als ich mich deutschlandweit umsah, fand ich schließlich in Ulm etwas Passendes. Meine damalige Freundin

sah ich nur am Wochenende. Nach zwei Jahren bin ich zu einem Unternehmen in der Nähe meines Heimatortes gewechselt. Wir heirateten, bekamen zwei Kinder und kauften ein Haus. Dann wurde mein Unternehmen im Rahmen einer Fusion umstrukturiert, und meine gesamte Abteilung aufgelöst. Ich bekam eine hübsche Abfindung und glaubte mir in Ruhe eine neue Stelle suchen zu können. Doch mit jedem Monat Arbeitslosigkeit wurde das schwieriger.

Letztlich musste ich dann einen Job annehmen, der unter meiner Qualifikation war und auch schlechter bezahlt. Vor allem bin ich viel unterwegs, was natürlich zu Lasten von Familie und Freunden geht. Neuerdings kann ich auch über Tele-Arbeit einen Teil meiner Arbeit von zu Hause erledigen."

Jetzt sind Sie dran ...

1. Erarbeiten Sie aus den Texten die Bereiche, die durch die Arbeitswelt beeinflusst werden. Überlegen Sie, wie diese Bereiche zusammenhängen.
2. Was sind die möglichen Ursachen für die Veränderung, die zwischen Großvater und Sohn liegen? Nutzen Sie ein ➲ Fischgrät-Diagramm, indem die oberen Hauptgräten die Ursachen darstellen und die unteren Gräten die Auswirkungen für Großvater und Vater.
3. Werfen Sie einen Blick in die Zukunft: Auf welche Veränderungen wird sich wohl der Sohn von Frank Schmitz einstellen müssen?

Seit den 70er Jahren hat sich die Arbeitswelt in einem Maße verändert, dass sich jahrhundertealte Muster aufgelöst haben. Wie sieht aber Ihre Arbeitswelt in der Zukunft aus? Welche Trends könnten sich verstärken? Gibt es in Zukunft vielleicht ganz andere Vorstellungen von Arbeit?

Erwerbsarbeit in der Statistik

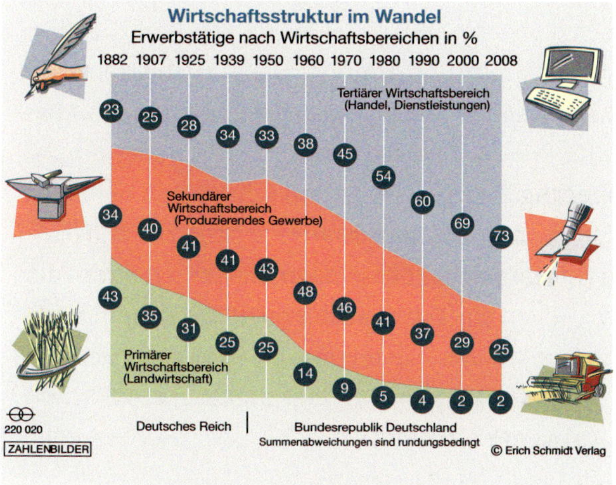

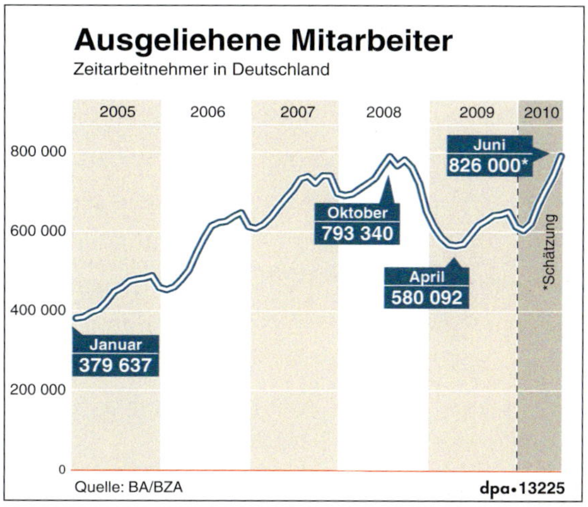

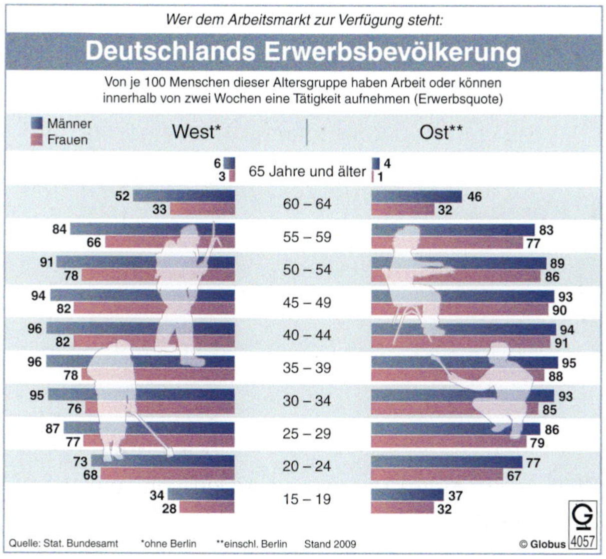

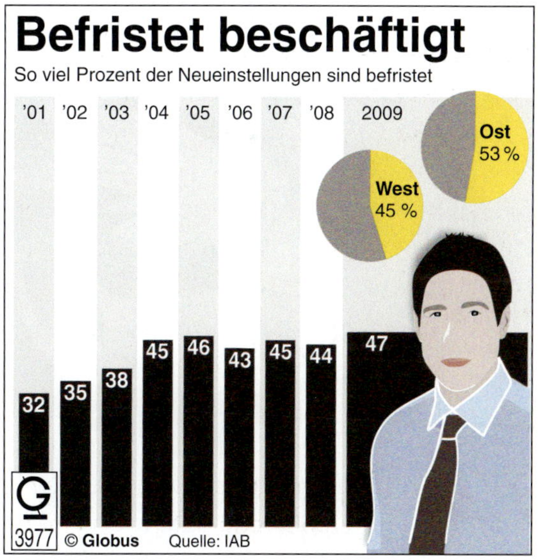

Jetzt sind Sie dran ...

1. Bilden Sie Vierergruppen und analysieren Sie jeweils eines der vier Diagramme (➲ Diagramme verstehen). Berichten Sie in der Gruppe über ihre Ergebnisse und prüfen Sie, welche Aussagen zur Zukunft der Arbeit sich aus den Grafiken ableiten lassen.
2. Berichten Sie in der Klasse über Ihre Ergebnisse und halten Sie Ihre Prognosen an der Tafel fest.
3. Reisen Sie in die Zukunft und schreiben Sie aus der Sicht des dann 70-jährigen Frank Schmitz einen Rückblick auf sein berufliches Leben.

4.3 Arbeit morgen

„Wir nennen es Arbeit – und lieben es sogar“

Der Berliner Autor Sascha Lobo erklärt, wie intelligentes Leben auch ohne Festanstellung möglich ist – mit Internet und selbstgewählter Arbeit.

Ich habe natürlich überhaupt keine Ahnung, wie es ist, heute 19 Jahre alt zu sein. Ich habe ja schon Schwierigkeiten, zeitgemäß 31 Jahre alt zu sein. Ich könnte mir aber vorstellen, dass man heute am Anfang seines Berufslebens überlegt, wie man so schnell und sicher wie möglich Geld verdienen kann, mit dem man sich dann ein angenehmes Leben machen will. Dabei neigt man dazu, die Zeit zwischen den angenehmen Freizeit-Teilen einfach auszublenden: Die Arbeit. In vielen Köpfen herrscht eine diffuse Vorstellung im Sinne von: „Ich mache von Montag bis Freitag was mein Chef mir sagt und am Wochenende verprasse ich das verdiente Geld.“

Dabei nützt das schönste oder teuerste Freizeitvergnügen nichts, wenn man einen Horror-Job hat (oder gar keinen, aber dazu später). Es haben sich viele Rahmenbedingungen geändert, was den Komplex Karriere, Arbeit und damit auch Leben angeht.

Früher wurde gesagt, „Kind, mach' was Vernünftiges, mach' eine Banklehre“. Heute ist eine Banklehre, wenn man sie überhaupt noch bekommt, mehr oder weniger die Garantie, nach der Ausbildung nicht übernommen zu werden. Wofür braucht man Schalterpersonal, wenn in der Filiale alles automatisch funktioniert oder es irgendwann nur noch Banking-Websites kombiniert mit der Privatkundenberatung in der durchdesignten Banklounge gibt? ...

Mir sagt es vor allem, dass es wichtig ist, die Alternativen dazu bekannt zu machen. Deshalb haben Holm Friebe und ich das Buch „Wir nennen es Arbeit“ geschrieben, mit dem Untertitel „Die digitale Bohème oder Intelligentes Leben jenseits der Festanstellung“. Darin erklären wir verschiedene Alternativen zum Angestelltendasein, nicht für alle Menschen, aber für viele, die es noch nicht wissen.

Digitale Bohème ist ein Begriff, den man erklären muss. So bezeichnen wir Menschen, die sich das Arbeitsfeld ausgesucht haben, das sie lieben. Trotzdem kann man, so behaupten wir jedenfalls, inzwischen damit Geld verdienen und zwar mithilfe digitaler Mittel wie dem Internet.

Moment, Arbeit lieben? Ja, Arbeit lieben. Das geht sogar ganz gut, wenn man sich aussuchen kann, was, wann und wo man arbeitet. Auch früher konnte man schon so arbeiten, die analoge Bohème hat das getan. Nur war es bedeutend schwerer Geld zu verdienen, wenn man etwa seinen Lebenszweck darin gesehen hat Puppenkleider zu nähen. Inzwischen kann man einen Online-Shop eröffnen, ein Blog über Puppenkleider führen und hat eine gute Chance, ein wenig Geld damit zu verdienen. Natürlich wird das am Anfang allein kaum zum Leben reichen, aber früher oder später wird man Aufträge aus angrenzenden Bereichen bekommen. Und zwar umso früher, je besser man vernetzt ist – was über das Internet sehr viel besser oder überhaupt erst richtig funktioniert. Ebenfalls wichtig ist es, sich mit gleichgesinnten Freunden zusammenzutun und an Projekten zu arbeiten, die man gerne mag. Selbst, wenn sie am Anfang aus finanzieller Sicht sinnlos scheinen. Oft genug entwickelt sich aus solchen Unternehmungen heraus – oder aus ihrer fruchtbaren Asche – ein Geschäftsmodell, von dem man vorher nichts ahnte. ...

Quelle:
Sascha Lobo (2006): jetzt.de/süddeutsche Zeitung, abgerufen unter:
http://jetzt.sueddeutsche.de/texte/anzeigen/343447

Jetzt sind Sie dran ...

1. Bearbeiten Sie den Text durch ➲ Reziprokes Lesen.
2. Bilden Sie zwei Gruppen: Stellen Sie in einer Tabelle die Vor- und Nachteile des Angestelltendaseins, in einer anderen die der Selbstständigkeit gegenüber. Tragen Sie Ihre Ergebnisse in Form eines ➲ Kugellagers weiter.
3. Bilden Sie Kleingruppen und entwickeln Sie eigene Ideen, wie Sie mithilfe digitaler Mittel eigenständig Geld verdienen könnten. Stellen Sie Ihre Ideen mit Hilfe von Wandplakaten (➲ Präsentieren) vor.

4.4 Neue Beschäftigungsverhältnisse

Sie haben schon gelernt, dass das „klassische" Arbeitsverhältnis wie aus dem Beispiel von Großvater Schmitz (S. 60) nicht mehr typisch für die heutige Arbeitswelt ist. Andere, „unsichere", „unstete", „atypische" oder auch „prekäre" Arbeitsverhältnisse gewinnen an Raum.
Wie ist hier die Entwicklung und wie kann man diese unsicheren Beschäftigungsverhältnisse beurteilen?

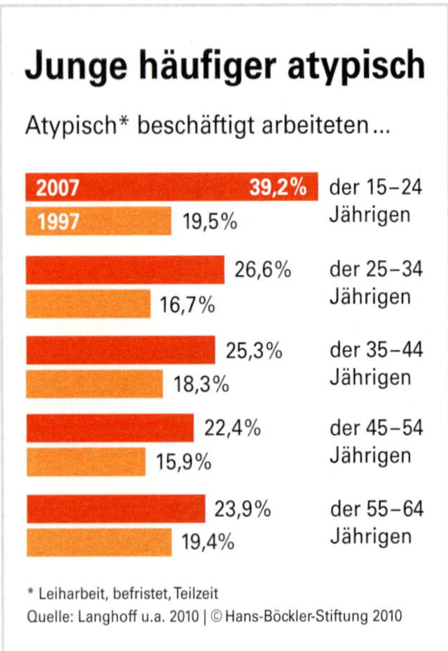

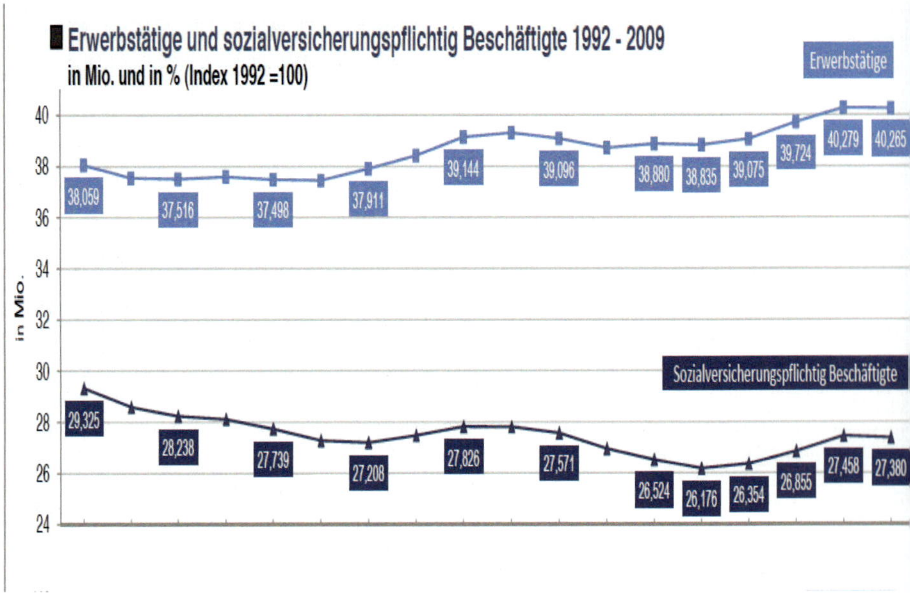

Jetzt sind Sie dran ...

1. Beschreiben Sie die Entwicklung von Erwerbstätigkeit und sozialversicherungspflichtiger Beschäftigung in Deutschland von 2000 bis 2009.
2. Stellen Sie das Verhältnis in Balkendiagrammen auf Wandplakaten dar (➲ Diagramme erstellen).
3. Spekulieren Sie: Welche Folgen hat ein Absinken der Zahl der sozialversicherungspflichtig Versicherten langfristig?
4. Welche der atypischen Beschäftigungsverhältnisse kennen Sie? Bestimmen Sie die Merkmale dieser Beschäftigungsverhältnisse durch Ihr Vorwissen.
5. Bilden Sie für die Ihnen nicht bekannten Beschäftigungsverhältnisse Arbeitsgruppen, die dazu recherchieren (➲ Internetrecherche) und die Ergebnisse ➲ Präsentieren.
6. Führen Sie eine ➲ Pro- Kontra-Debatte mit der These „Unstete Beschäftigungsverhältnisse sind eine Chance für Geringqualifizierte" durch.

Zu atypischen Beschäftigungsverhältnissen zählen:

- befristete Arbeit
- Minijobs
- Midijobs
- Leiharbeit
- Teilzeitarbeit
- Kurzarbeit

Viele Hürden vor dem ersten sicheren Job

Nach dem Praktikum geht es oft in Leiharbeit weiter: Junge Erwachsene haben es unvermindert schwer, in der Arbeitswelt Fuß zu fassen. Die Startprobleme wirken noch lange nach.

Etliche hangeln sich von Praktikum zu Praktikum, andere finden nach der Ausbildung keine feste Stelle, viele kommen nur bei einer Zeitarbeitsfirma unter – junge Erwachsene müssen auf dem Weg ins Erwerbsleben große Hindernisse überwinden.
...

Arbeitslosigkeit. Junge Leute zählen zu den Krisenverlierern: Der Anteil der Arbeitslosen unter den 15- bis 25-Jährigen ist seit Beginn der Finanz- und Wirtschaftskrise dreimal so stark gestiegen wie in allen anderen Altersgruppen, ... Dabei erfasst die Statistik nicht einmal alle Jungen ohne Job – wer einen Ausbildungsplatz sucht oder eine berufsfördernde Maßnahme durchläuft, gilt formal nicht als arbeitslos. ... Das Risiko von Beschäftigten unter 35, den Arbeitsplatz zu verlieren, ist sechsmal größer als das älterer Kollegen. Zwar durchlaufen Jüngere auch nur kürzere Phasen der Arbeitslosigkeit, doch Wissenschaftler warnen vor den langfristigen Folgen: „Die Erfahrung, nicht gebraucht zu werden, kann zu vermindertem Selbstvertrauen, zum Verlust sozialer Kontakte, zur psychischen Destabilisierung und zu sogar Depression führen."
...

Praktika. 2007 haben insgesamt 600 000 Berufsanfänger mindestens ein Praktikum absolviert. Der Großteil der Praktikumsplätze muss als prekär bezeichnet werden, es gibt keine oder nur eine geringe Vergütung. Zudem bieten nicht viele Firmen verantwortungsvolle oder qualifizierende Tätigkeiten an. ... Erwachsene in prekären Arbeitsverhältnissen sehen sich oft nicht in der Lage eine Familie zu gründen.

Ausbildungsplätze. ... nach der Ausbildung wartet die nächste heikle Schwelle: 2007 wurden 40 Prozent der Ausgebildeten nicht übernommen – ... Auf die Nicht-Übernahme folgt sehr häufig Arbeitslosigkeit oder eine atypische, prekäre Beschäftigung.

Befristete Beschäftigung. Der Anteil der Unter-25-Jährigen in atypischer Beschäftigung hat sich binnen zehn Jahren verdoppelt ... vor allem in großen Unternehmen ist es zum Standard geworden, neue Verträge zeitlich zu begrenzen. ... Lediglich 23 Prozent der qualifizierten Jugendlichen landen nach einer befristeten in einer stabilen Beschäftigung.

Leiharbeit. Hier spitzen sich die Probleme der jungen Erwachsenen zu: Mehr als die Hälfte der Leiharbeiter ist jünger als 36 Jahre. Fast 40 Prozent der Unter-30-Jährigen mit einer Vollzeit-Tätigkeit hatten 2007 keinen festen Arbeitsplatz, sondern bekamen ihr Geld von einer Zeitarbeitfirma. Damit sind erhebliche Probleme verbunden. Leiharbeiter fühlen sich „aufgrund ihres Beschäftigungsverhältnisses strukturell in den Entleihunternehmen ausgegrenzt". Leiharbeiter sind unzufriedener mit ihren Arbeitsumständen und stehen unter besonderem Druck, belegen Studien. Psychische Erkrankungen sind der häufigste Grund für eine Krankschreibung von Leiharbeitern – obwohl man davon ausgehen muss, dass sie in der Hoffnung auf eine mögliche Übernahme oft trotz gesundheitlicher Probleme zur Arbeit gehen.
...

Quelle:
Thomas Langhoff, Ina Krietsch, Christina Starke:
Der Erwerbseinstieg junger Erwachsener, in:
WSI-Mitteilungen 7/2010, abgerufen unter:
www.boeckler.de/32014_108684.html

4.5 Was bedeutet Arbeitslosigkeit?

Wenn man sich mit der Zukunft der Arbeit beschäftigt, kann man natürlich das Thema Arbeitslosigkeit nicht ausblenden.

Arbeitslosigkeit ist ein volkswirtschaftliches Problem, mit dem sich die Politik auseinandersetzen muss. Es ist aber auch ein Schicksal, das für den einzelnen Betroffenen einen wesentlichen Einschnitt in der eigenen Lebensgestaltung darstellt.

Über die Bedeutung von Arbeit haben Sie am Anfang des Kapitels etwas kennen gelernt – hier gehen Sie der Frage nach, was Arbeitslosigkeit für einzelne Betroffene bedeutet.

Fallbeispiele

Franziska B. (35 Jahre): Frau B. hat kurz nach ihrer Ausbildung zur Reiseverkehrskauffrau geheiratet und drei Kinder bekommen. In dieser Zeit hat sie sich um den Haushalt gekümmert und die Kinder aufgezogen. Als sie sich von ihrem Mann trennte und die Kinder übernahm, war ihr noch nicht klar, dass es in ihrer Branche schwierig werden würde, wieder einen Job zu bekommen.
Die Arbeitszeiten passten nicht zu ihren Erziehungsaufgaben und irgendwann hieß es immer häufiger, dass sich in ihrem Beruf so viel geändert habe, dass sie fast als Ungelernte gelte.
So wurde Frau B. zur Langzeitarbeitslosen.

Peter S. (56 Jahre): Herr S. hat 30 Jahre für eine Werft in Rostock als Schlosser gearbeitet. Als die Werft durch die Werftenkrise in Schwierigkeiten geriet und mehrmals verkauft wurde, akzeptierte er irgendwann eine Abfindung und verließ die Firma in der Hoffnung bald einen neuen Job zu finden.
Doch die Hoffnung trog – seine Fähigkeiten sind nicht mehr gefragt und für eine Umschulung fühlt er sich zu alt.
So überbrückt er die Zeit bis zur Rente ohne Hoffnung auf eine erneute Anstellung.

Ute M. (32 Jahre): Frau M. hat während ihres Studiums als Skilehrerin gearbeitet. Nachdem sie ihr Studium abgebrochen hat, konzentriert sie sich ganz auf den Job als Skilehrerin. Im Sommer verdient sie ihr Geld als Sportanimateurin. Die Zeit dazwischen ist sie arbeitslos.

Kai M. (24 Jahre): Herr M. hat nie eine Ausbildung gemacht. Er hangelt sich von Job zu Job, findet aber nie etwas Langfristiges.
So ist er immer wieder ein paar Wochen arbeitslos.

Jetzt sind Sie dran ...

1. Suchen Sie sich eine der vier Personen aus und schreiben Sie aus deren Sicht einen Leserbrief an eine Zeitung, die einen Artikel mit dem Titel „Viele Arbeitslose fügen sich einfach in ihr Schicksal" veröffentlicht hat.
2. Fertigen Sie eine Übersicht mit den Gemeinsamkeiten und Unterschieden zwischen den Personen an.
3. Stellen Sie sich vor, in der Arbeitsagentur zu arbeiten und diese vier Menschen als Klienten zu haben. Entwerfen Sie in Kleingruppen jeweils eine Strategie für diese Menschen, dauerhaft Arbeit zu bekommen und stellen Sie diese in der Klasse vor.

Ursachen von Arbeitslosigkeit

Jetzt sind Sie dran ...

4. Erstellen Sie eine Concept-Map zu Ursachen von Arbeitslosigkeit. Nutzen Sie dazu die oben aufgelisteten Informationen und versehen Sie diese mit den passenden Erklärungen.
5. Überlegen Sie sich zu jeder Art von Arbeitslosigkeit eine fiktive (ausgedachte) Situation, bei der diese Art zutrifft.
6. Stellen Sie Ihre Situationen in Form eines Kugellagers vor. Ihr Gegenüber sagt, um welche Form von Arbeitslosigkeit es sich handelt.
7. Klären Sie im Klassengespräch, welche Ursachen von Arbeitslosigkeit wohl am meisten zur Arbeitslosigkeit in der Bundesrepublik beitragen.

Alles klar?

4.6 Überprüfen Sie Ihr Wissen

1. Führen Sie in Ihrer Straße eine Befragung zum Thema „Die Bedeutung von Arbeit“ durch. Versuchen Sie dabei Stimmen aus unterschiedlichen Generationen einzufangen. Wenn Sie die Möglichkeit haben, können Sie die Interviews bearbeiten und eine kleine Hörfunksendung dazu gestalten.
2. **Paar-Check:** Hier liegen Ihnen zwei Listen mit jeweils vier Fragen und Problemen zu Arbeit und Arbeitslosigkeit vor.
   Suchen Sie sich einen Arbeitspartner und gehen Sie wie folgt vor:
   Person A beantwortet das erste Problem und Person B hilft.
   Wenn Person B mit der Antwort zufrieden ist, lobt sie Person A.
   Person B beantwortet dann das zweite Problem und bekommt die Unterstützung von Person A.

Probleme für Person A

1. Welche Ursachen von Arbeitslosigkeit unterscheidet man?
2. Warum sind die atypischen Beschäftigungsverhältnisse ein Problem für die Volkswirtschaft?
3. Worin besteht der Wert der Arbeit?
4. Welche Vorteile hat das Angestelltendasein?

Probleme für Person B

1. Welche Ursache von Arbeitslosigkeit ist die langwierigste?
2. Warum sind die sogenannten atypischen Beschäftigungsverhältnisse ein Problem für den Einzelnen?
3. Welche Nachteile hat das Angestelltendasein?
4. Was halten Sie von einem bedingungslosen Grundeinkommen?

3. **Szenario Sozialstaat Deutschland:** Entwickeln Sie aus der folgenden Darstellung ein Szenario (Szenariotechnik) zum künftigen Sozialstaat Deutschland (→ Kapitel 3).

Bevölkerung nach Quellen des überwiegenden Lebensunterhalts 1991 und 2007

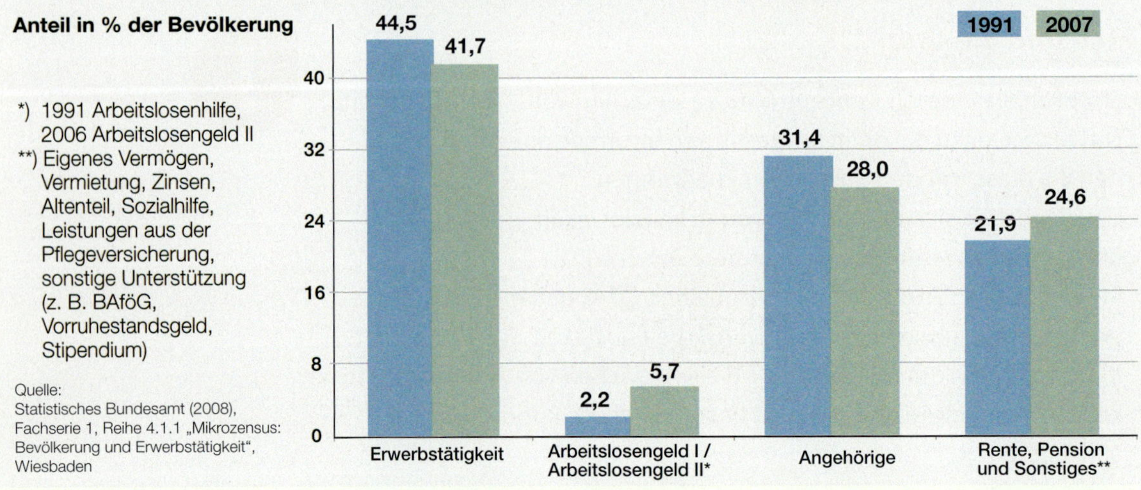

Alles klar?

4. Diagrammanalyse: Analysieren Sie die beiden Grafiken und erstellen Sie eine Liste von Ausbildungsberufen, die in Zukunft an Bedeutung gewinnen werden und solche, die eher an Bedeutung verlieren werden.

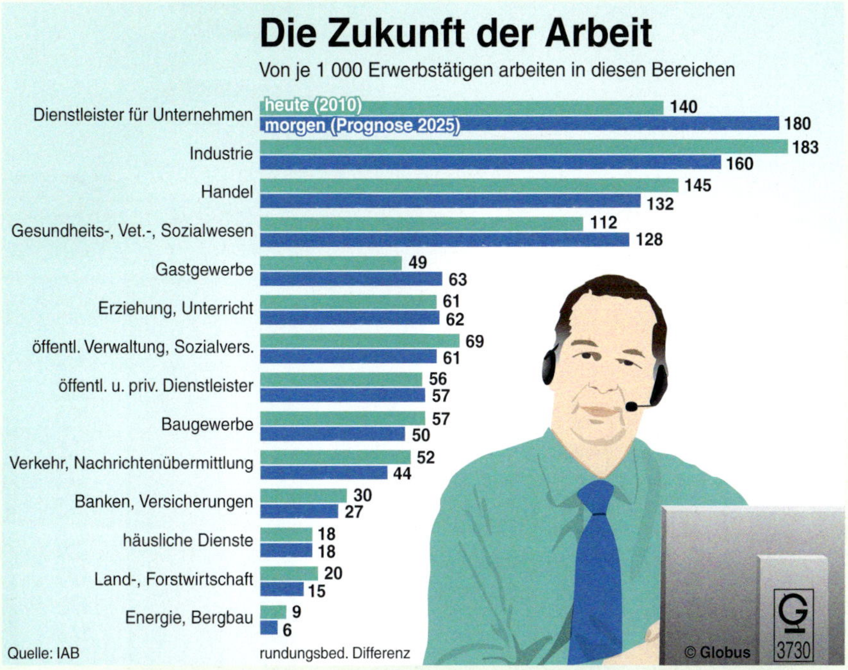

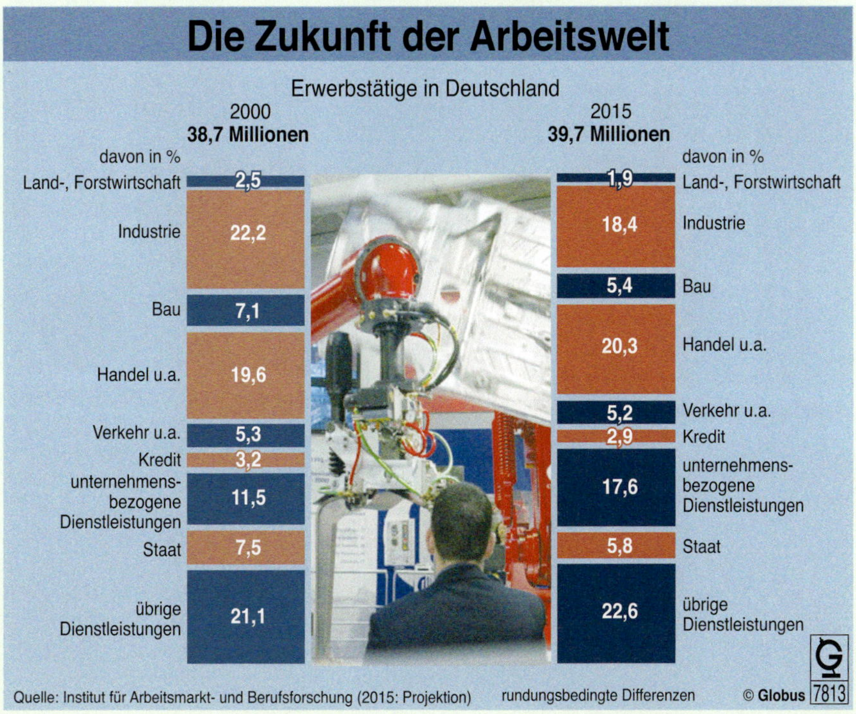

Vernetzen Sie Ihr Wissen

- Mit dem Thema: Sozialstaat (→ Kapitel 3)
- Mit dem Thema: Arbeit (→ Kapitel 4)
- Mit dem Thema: Jugend (→ Kapitel 12)

Diese Methoden brauchen Sie:

- Analysieren: Diagramme lesen
- Strukturieren: Concept-Map, Mind-Map
- Informieren: Internetrecherche, Expertenbefragung
- Kreativ sein: Kopfstandmethode, One-Minute-Writing

So arbeiten Sie mit anderen zusammen

- Pro-Kontra-Debatte
- Tabu
- Gruppenpuzzle

Geld ist offenbar lebensnotwendig und ein ständiges Thema. Es kann Freude bereiten, aber auch alte Freundschaften entzweien. Und die meisten Menschen glauben, zu wenig davon zu haben.
Jeden Tag hat man Münzen, Scheine, Bankkarten oder Kreditkarten in der Hand, unterschreibt Verträge oder erledigt seine Geldgeschäfte per Online-Banking.
So sind viele Entscheidungen, die mit Geld zu tun haben, wichtige Entscheidungen.
In diesem Kapitel können Sie sich damit auseinandersetzen.

5 Geld und Wirtschaft

5.1 Was für ein Geldtyp sind Sie?

Der Umgang mit Geld ist bei Jugendlichen sehr unterschiedlich ausgeprägt – das hängt auch davon ab, wie viel Geld zur Verfügung steht. Aber auch der vorgelebte Umgang mit Geld in der Familie und bei Freunden, die Frage, ob man selber Geld verdienen muss und vieles mehr, spielt bei der eigenen Haltung zum Geld ein Rolle.

Neben der Antwort auf die Frage, was für ein Geldtyp Sie sind, erfahren Sie im „Risiko-Check" einer Schuldnerberatung, welche Themen im Verlauf des Kapitels noch eine Rolle spielen werden.

Risiko-Check zum Umgang mit dem eigenen Geld

1. Wie oft holen Sie sich Ihre Kontoauszüge und schauen sich diese genau durch?

☹ halbjährlich
😐 monatlich
☺ wöchentlich bis 14-tägig

2. Wo steht Ihr Konto?

☹ immer im Minus
😐 bevor neues Geld kommt bin ich im Minus
☺ immer im Plus

3. Wie viel Prozent betragen die Sollzinsen auf Ihrem Konto?

☺ Ja, ich kenne meine Sollzinsen.
😐 Ich kann die Frage nicht ganz beantworten.
☹ Ich kenne diese überhaupt nicht.

4. Wie hoch ist Ihre monatliche Handyrechnung?

☺ bis zu 8 % von meinem Monatseinkommen
😐 8–15 % von meinem Monatseinkommen
☹ über 15 % von meinem Monatseinkommen

5. Wie viel haben Sie zurzeit gespart?

☹ Ich habe keine Ersparnisse.
☺ Ich habe Ersparnisse, zu denen ich schnellen Zugriff habe (z. B. ein täglich fälliges Sparbuch).
☺ Ich spare für längerfristige Anschaffungen (z. B. gebundene Sparformen).

6. Wie viel haben Sie in diesem Jahr gespart?

☹ nichts
😐 ein Monatseinkommen
☺ mehr als ein Monatseinkommen

7. Wie gehen Sie mit Ihren Versicherungen um?

☹ Ich verlasse mich da ganz auf meinen Versicherungsvertreter – der sagt mir, welche Versicherung ich brauche.
Mehr als 10 % meines Monatseinkommens gehen für Versicherungen (z. B. Rechtsschutz-, Unfall-, Krankenversicherung) drauf.
☺ Ich überlege mir, welche Versicherungen für mich sinnvoll sind und vergleiche die Angebote.

8. Wie gehen Sie mit FinanzberaterInnen um?

☹ Ich vertraue auf meinen „Finanzberater".
☺ Ich hole, bevor ich mir ein Finanzprodukt „zulege", verschiedenste Angebote ein und informiere mich.

Quelle:
Österreichische Kinder- und Jugendvertretung (ÖJV) (modifiziert und gekürzt), abgerufen unter
www.jugendvertretung.at/site/article.siteswift?so=all&do=all&c...d

Jetzt sind Sie dran ...

1. Kennen Sie solche Tests? Dann wissen Sie, dass, je nach gesammelten Smileys, am Ende eine Auswertung steht. Formulieren Sie selbst solche Auswertungen für folgende Möglichkeiten:
   a) weniger als die Hälfte der Smileys sind positiv
   b) ungefähr die Hälfte der Smileys sind positiv
   c) mehr als die Hälfte der Smileys sind positiv
   Ihre Frage dabei soll lauten; „Was für ein Geldtyp bin ich?"
2. Führen Sie den Test selbst durch.
   Lassen Sie sich das Ergebnis Ihres Nachbarn geben und geben Sie ihm ein Feedback auf der Basis von Aufgabe 1.
3. Erweitern Sie in Kleingruppenarbeit durch neue Fragen den Risiko-Check.
4. Dieser Test soll natürlich einen Weg zum guten Umgang mit Geld und Finanzen führen. Drehen Sie die Sache doch einmal um. Schreiben Sie eine Anleitung, was zu tun ist, um möglichst schlecht mit seinem Geld auszukommen (➲ Kopfstandmethode).

5.2 Geldgeschäfte und Geschäfte für Geld

Infobox

Aufgaben von Geld

- **Tausch- und Zahlungsmittel:** Güter können gekauft werden.
- **Wertmaßstab:** Über den Preis lassen sich Güter vergleichen.
- **Wertaufbewahrungsmittel:** Man kann es sparen.

Das Bezahlen mit Bargeld, die bargeldlose Überweisung oder der Online-Einkauf mit der Kreditkarte – dies alles ist in Deutschland Alltag. Der Weg dahin war ein sehr langer – das Geld hat sein Gesicht im Laufe der Geschichte mehrmals geändert. Diese Stationen sollen Sie in diesem Unterkapitel kennen lernen.

Vom Tauschhandel zum Buchgeld

D

Anfangs lebten die Menschen in kleinen Dorfgemeinschaften zusammen und tauschten untereinander. Probleme entstanden, wenn zum Beispiel der Jäger Fleisch anbietet, aber alle, die Fleisch wollten, nichts anbieten konnten, was der Jäger gerade benötigte.

B

Man benutzte ein Zwischentauschmittel. Hier bei uns war das vor allem Salz. Als Zwischentauschmittel konnten aber alle Gegenstände dienen, deren Wert von allen anerkannt wurde.

F

Es wurden einheitlich große Metallstücke hergestellt und mit dem Wappen des Herrschers versehen, womit Gewicht und Wert garantiert wurde.

E

Ein Großteil des Geldes, das heute von uns genutzt wird, bleibt unsichtbar. Wir bekommen es auf ein Konto überwiesen, nehmen es nie in die Hand und geben es wieder mit Hilfe von Überweisungen, Bankkarten oder Kreditkarten aus.

C

Papiergeld wurde hergestellt, um das Begleichen größerer Summen zu ermöglichen. Eigentlich war auf diesen Scheinen nur angegeben, dass sie jederzeit gegen eine entsprechende Menge Münzgeld eingetauscht werden konnten. Heute garantiert der Staat den Wert der ausgegebenen Geldscheine.

A

Man benutzte das erste Metall (Kupfer, Silber, Gold) als Zwischentauschmittel und hackte bei Bedarf ein Stück davon ab. Deshalb musste man es natürlich immer wiegen.

Jetzt sind Sie dran ...

1. Ordnen Sie die Kurztexte den Begriffen in der Tabelle zu:

Naturaltausch	Naturalgeld	Häck- und Wägegeld	Münzen	Papiergeld	Buchgeld

2. Entwerfen Sie in Partnerarbeit ein Fischgrät-Diagramm, das die Entwicklung zum Buchgeld zeigt. Listen Sie oben die jeweiligen Stationen auf und unten die Probleme, die zur Weiterentwicklung ins nächste Stadium beigetragen hat.
3. Führen Sie ein One-Minute-Writing durch:
   Was würde passieren, wenn niemand an die Vereinbarung, den Wert unseres Geldes anzuerkennen, glauben würde?

Und was machen die Geldinstitute?

Geldinstitute (Banken und Sparkassen) regeln alles rund um das Geld. Das Gehalt geht auf ein Konto, die Kosten für die Miete werden von diesem abgebucht und die Handyrechnung bezahlt.
Diese Dienstleistungen übernehmen Geldinstitute. Was sie sonst noch machen, zeigen die folgenden Beispiele:

Beispiele für Geldgeschäfte

1. Theresas Freund Martin hat zum 18. Geburtstag 3 000 Euro geschenkt bekommen. Er möchte sein Geld gewinnbringend anlegen.
2. Die Bank kauft Aktien und will sie am Markt weiter geben.
3. Für eine Reise nach Großbritannien kauft Sonia bei der Bank Reiseschecks.
4. Olivers Eltern haben von der Bank einen Kredit bekommen, um ein Haus zu bauen.
5. Die Bank hat der Exsoft AG einen Kredit von über 750 000 Euro gewährt.
6. Annas Vater kauft über die Bank Bundesschatzbriefe im Wert von 10 000 Euro.
7. Die Exsoft AG, das Unternehmen, in dem Theresas Vater arbeitet, will an die Börse gehen.

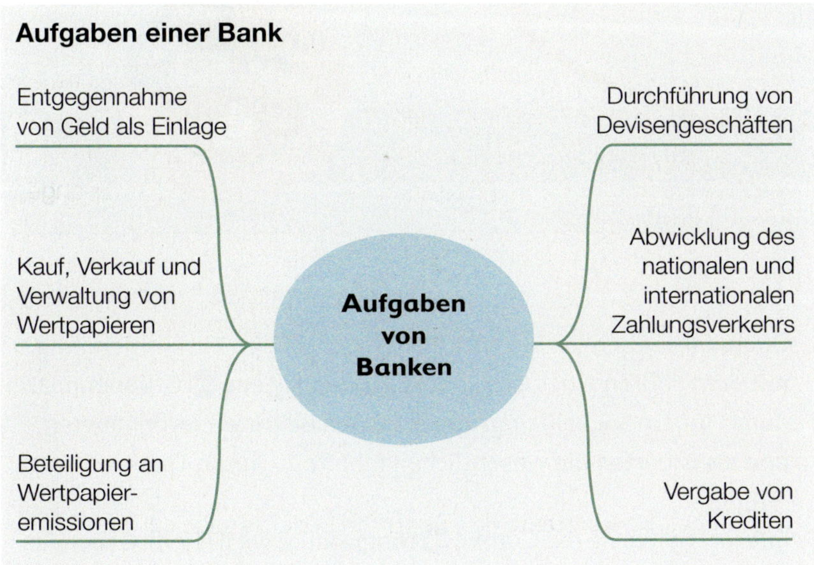

Jetzt sind Sie dran ...

4. Ordnen Sie die Geldgeschäfte den Aufgabenbereichen einer Bank zu.
5. Versuchen Sie in Partnerarbeit für die Aufgaben einer Bank eigene Definitionen zu erstellen.
6. Vergleichen Sie die Definitionen in der Klasse.
7. Führen Sie zu den Aufgabenbereichen einer Bank ein Begriffsspiel durch (Tabu).
8. Laden Sie den Vertreter einer Bank als Experten zu sich in die Klasse ein. Bereiten Sie sich auf das Gespräch vor (Expertenbefragung).

5.3 Der Umgang mit dem Girokonto

Der erste Schritt zur Teilnahme am bargeldlosen Zahlungsverkehr ist die Eröffnung eines Girokontos. Heute kommt man kaum noch ohne ein Girokonto aus. Da es immer mehr Geldinstitute gibt, die im Einzelfall ein Girokonto verweigern, diskutieren Verbraucherverbände darüber, ob es ein Recht auf ein Girokonto in Deutschland geben muss. Wenn man dies Konto hat, gibt es viele verschieden Wege, damit Tauschgeschäfte auszuführen.

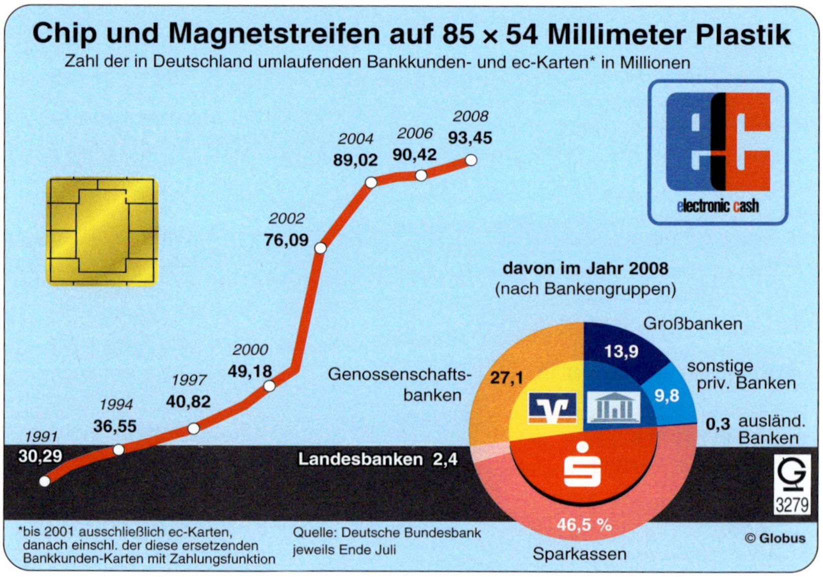

Jetzt sind Sie dran ...

1. Oben links sehen Sie die wichtigsten Begriffe im Zusammenhang mit dem Führen eines Girokontos. Führen Sie ein ➲ Gruppenpuzzle durch, indem Sie in Kleingruppen zu den Begriffen recherchieren und als Experten die wesentlichen Inhalte zu Ihrem Thema referieren.
2. Interpretieren Sie die Grafik (➲ Diagramme verstehen). Gehen Sie insbesondere auf den starken Anstieg der Bankkunden- und ec-Karten seit dem Jahr 2000 ein. Suchen Sie dafür Erklärungen.
3. Die Konditionen für das Führen eines Girokontos unterscheiden sich je nach Geldinstitut. Für Schüler und Auszubildende gibt es besondere Konditionen. Besuchen Sie Geldinstitute in Ihrer Nähe und sammeln Sie Informationen über die jeweiligen Konditionen.
4. Erstellen Sie eine Rangliste der für Sie günstigsten Geldinstitute beim Führen eines Girokontos.
5. Recherchieren Sie im Internet nach Direktbanken. Worin unterscheiden sich ihre Dienstleistungen von denen niedergelassener Geldinstitute?

Geld anlegen

Fallbeispiel

Martin, der 3000 Euro überraschend bekommen hat, möchte sein Geld anlegen. Doch das ist gar nicht so einfach, denn Martin möchte natürlich möglichst viel Zinsen bekommen.
Von den vielen Möglichkeiten ist er ganz irritiert. Spareinlagen, Sparbriefe, Termineinlagen, Bausparen, Wertpapiere und Investmentfonds sind nur einige Beispiele für Geldanlageformen. Doch wofür soll er sich entscheiden?

Sicherheit:
Was passiert im schlimmsten Fall mit meiner Geldanlage?

Rendite:
Welchen Ertrag kann ich von meiner Geldanlage erwarten?

Liquidität:
Wann ist meine Geldanlage für mich wieder verfügbar?

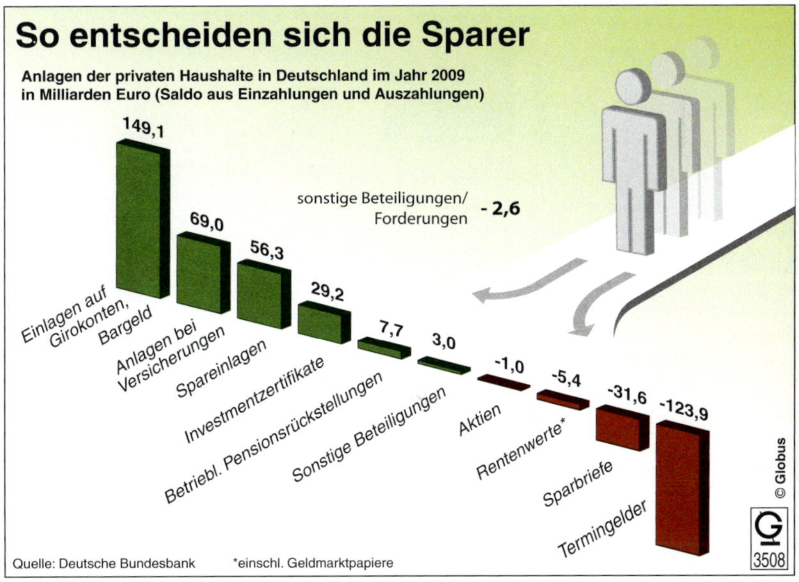

Jetzt sind Sie dran ...

6. Rendite, Sicherheit und Liquidität sind die Eckpunkte des obigen „magischen Dreiecks“. Es sind wünschenswerte Ziele bei Geldanlagen. Doch gleichzeitig können sie nie maximal erreicht werden. Warum nicht? Suchen Sie sich in einer Kleingruppe eine Geldanlageform heraus und informieren sich darüber.
7. Gestalten Sie ein Plakat über Ihre Geldanlageform, bei der Sie insbesondere die Eckpunkte des „magischen Dreiecks“ berücksichtigen.
8. Erläutern Sie die Aussage: „Eine optimale Anlageform für jedermann, die gibt es nicht.“
9. Interpretieren Sie die Grafik und versuchen Sie für die Entscheidungen der Sparer Erklärungen zu finden.
   Nutzen Sie dafür das „magische Dreieck“.

5.4 Geld und Banken im Wirtschaftskreislauf

Im Wirtschaftskreislauf (dem Modell einer Volkswirtschaft) ist das Geld – neben den Gütern – einer der Ströme, die sich zwischen den Wirtschaftssubjekten bewegen und diesen in Bewegung halten. Hierin kann man sehen, dass das Geld nicht nur bei den Tauschgeschäften von einzelnen Menschen eine Rolle spielt, sondern für das gesamte System wichtig ist. Eine besondere Bedeutung kommt dabei dem Vermögensänderungskonto zu. Es ist ein Hilfskonstrukt, das die Ersparnisse der anderen Sektoren aufnimmt und zeigt, wie hoch die Investitionen sind. Akteure dieses Kontos sind die Geldinstitute (Banken und Sparkassen).

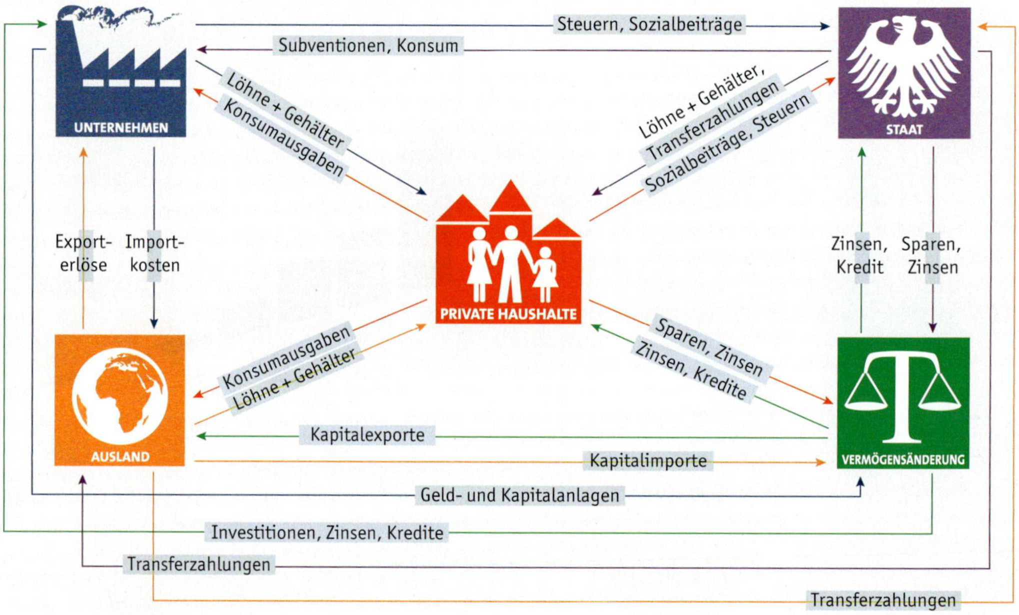

Jetzt sind Sie dran ...

1. Neben den Geld- und Güterströmen zwischen den privaten Haushalten und den Unternehmen gibt es auch Geldbewegungen, die sich zwischen den beiden Wirtschaftssubjekten abspielen und über die sogenannten Kapitalsammelstellen laufen. Systematisieren Sie diese in einer Tabelle.

Haushalt zu Bank	Vermögensänderung zu Haushalt	Unternehmen zu Vermögensänderung	Vermögensänderung zu Unternehmen

2. Ordnen Sie die Beispiele von Seite 75 den Geldbewegungen zu. Nutzen Sie dazu ebenfalls eine Tabelle.
3. Verfassen Sie eine kleine Geschichte, bei der alle im Wirtschaftskreislauf dargestellten Geldbewegungen eine Rolle spielen.

Und was macht die Bank mit dem Geld?

A

Letztlich kümmern sich Banken natürlich um die Frage, wem man einen Kredit geben sollte.
Sie bewerten zum Beispiel die Kreditwürdigkeit eines Unternehmens, eine Aufgabe, die ein einzelner Sparer sicher nicht leisten könnte.

E

Für diese Funktionen wollen die Banken natürlich bezahlt werden.
Dies geschieht im Wesentlichen dadurch, dass zwischen den Guthabenzinsen und den Kreditzinsen ein – je nach Risiko – mehr oder minder hoher Unterschied besteht.

D

Darüber hinaus machen Banken es überhaupt erst möglich, große Kredite an Unternehmen zu vergeben, indem sie das Geld der Sparer bündeln.

C

Sie verringern zum Beispiel das Risiko für den Sparer, indem dieser sein Geld risikolos beim Kreditinstitut anlegen kann. Die Gefahr, dass der Kredit, den die Bank mit dem gesammelten Geld vergeben hat, nicht zurückgezahlt wird, trägt die Bank.

B

Eine weitere Funktion der Banken liegt darin, dass sie gewährleistet, den Sparern ihr Geld jederzeit zurückzahlen zu können.
Auf der anderen Seite vergeben sie ihre Kredite für eine festgelegte, längere Zeit.

F

Die Banken sammeln Geld von Sparern ein und leiten es weiter, so zum Beispiel als Kredite an private Haushalte und Unternehmen. Dabei erfüllen sie mehrere wichtige Funktionen.

Jetzt sind Sie dran ...

4. Bringen Sie den Text in die richtige Reihenfolge.
5. Entwerfen Sie eine ➲ Mind-Map zum Thema: „Wozu brauchen wir Banken?"
6. Bilden Sie Kleingruppen und wählen Sie eine Bank, die sie näher untersuchen wollen.

Wie hoch sind die Zinssätze, die sie für einzelne Sparmöglichkeiten (Tagesgeld, Sparbuch, Festgeld usw.) anbieten? Welche Zinsen verlangen Sie für unterschiedliche Kredite (Dispositionskredit, Überziehungskredit, Konsumkredit, Hypothekenkredit usw.)? Präsentieren Sie Ihre Ergebnisse und vergleichen Sie.

5.5 Sich versichern

Neben dem Thema Geld kommt auf jeden Jugendlichen irgendwann das Thema Versicherungen zu. Es gibt Pflichtversicherungen, z.B. die gesetzlichen Sozialversicherungen (→ Kapitel 3) oder die Kfz-Haftpflichtversicherung (→ Kapitel 6). Aber wie ist das mit den vielen anderen Versicherungen, die Ihnen Ihr Leben risikoärmer machen wollen? Was brauchen Sie davon wirklich und was ist überflüssig?

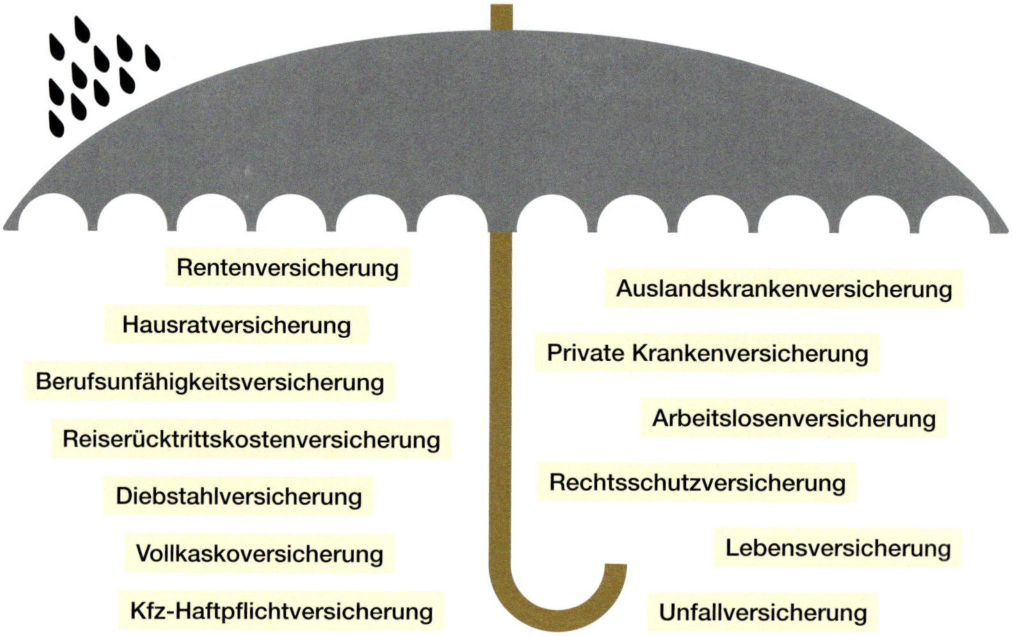

Jetzt sind Sie dran ...

1. Oben sehen Sie einige Beispiele für Versicherungen. Welche dieser Versicherungen sind Ihnen bekannt? Vielleicht haben Sie sogar schon eine abgeschlossen? Berichten Sie in der Klasse.
2. Welche weiteren Versicherungen kennen Sie? Erstellen Sie eine gemeinsame Liste und ordnen Sie die gesammelten Versicherungen nach folgendem Schema:

Gesetzliche Sozialversicherung	Vorgeschriebene private Versicherungen	Freiwillige private Versicherungen

3. Warum schreibt der Staat einzelne Versicherungen vor? Suchen Sie für verschiedene Beispiele Begründungen.
4. Führen Sie eine ➲ Pro-Kontra-Debatte durch zum Thema: „Sollten bestimmte Versicherungen vorgeschrieben werden?“.

Der Versicherungsmarkt

Das empfiehlt die Verbraucherzentrale zu versichern

	Single	Ehe/eheähnliche Gemeinschaft	Allein Erziehende	Jungen Familie mit kleinen Kindern	Junge Familie mit größeren Kindern
Private Haftpflichtversicherung	Sehr wichtig	Sehr wichtig	Sehr wichtig	Sehr wichtig	Sehr wichtig
Berufsunfähigkeitsversicherung	Sehr wichtig	Sehr wichtig	Sehr wichtig	Sehr wichtig	Sehr wichtig
Risikolebensversicherung			Sehr wichtig	Sehr wichtig	Sehr wichtig
Kinderunfallversicherung			Sehr wichtig	Sehr wichtig	Sehr wichtig
Unfallversicherung für Hausfrau/Hausmann			Sehr wichtig	Sehr wichtig	Sehr wichtig
Gebäudeversicherung	Wenn eigene Immobilie im Besitz ist				
Hausratversicherung	Wenn Wiederkauf des Hausrats nennenswert viel kosten würde				
Reisekrankenversicherung	Bei Auslandsreisen (insbesondere außerhalb der EU)				
Kfz-Kaskoversicherung	Wenn Wiederkauf der Kfz nennenswert viel kosten würde				

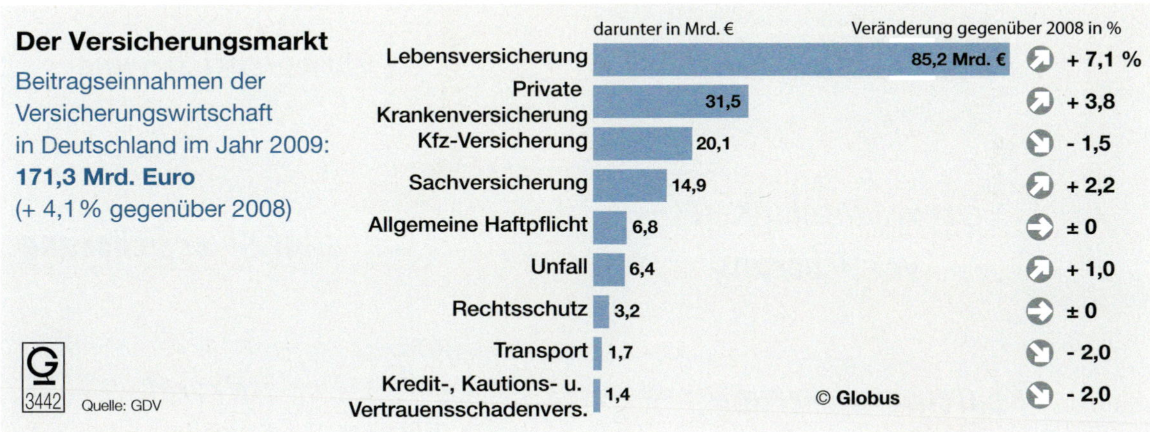

Jetzt sind Sie dran ...

5. Vergleichen Sie die Grafik mit den Empfehlungen der Verbraucherzentrale. Entspricht das Versicherungsverhalten der Deutschen den Empfehlungen?
6. Für welche Versicherungszweige lohnt sich das Geschäft besonders und warum?
7. Erstellen Sie in Gruppenarbeit einen Zeitstrahl mit dem Lebensweg eines Menschen und zeichnen Sie ein, welche Versicherung in welchem Lebensabschnitt wichtig wird (➲ Präsentieren/Visualisieren).
8. Erstellen Sie eine persönliche Liste: Welche Versicherungen werde ich auf jeden Fall abschließen, auf welche könnte ich verzichten?

Alles klar?

5.6 Überprüfen Sie Ihr Wissen

1. Erstellen Sie einen Ratgeber (Flyer → Kapitel 7) mit dem Thema: „Vom richtigen Umgang mit dem Geld“.
   Geben Sie Jugendlichen Tipps, was beim Umgang mit Geld zu beachten ist und welche Fehler man vermeiden sollte.
2. Vergleichen Sie für eine Kontoeröffnung verschiedene Angebote der Banken (Soll- und Haben-Zinsen, Kontoführungsgebühren, Kontoauflösungsspesen, ...).
3. Führen Sie ein Begriffsspiel (Tabu) mit folgenden Begriffen durch. Erstellen Sie dazu zunächst die Spielkarten.

- Reiserücktritts-kostenversicherung
- Kfz-Haftpflicht-versicherung
- Hausratsversicherung
- Berufsunfähigkeits-versicherung
- Rentenversicherung
- Diebstahlversicherung
- Gebäudeversicherung
- Vollkaskoversicherung
- Auslandskranken-versicherung
- Lebensversicherung
- Unfallversicherung
- Private Krankenversicherung
- Arbeitslosenversicherung
- Haftpflichtversicherung

Alles klar?

4. Interpretieren Sie die beiden Grafiken. Welche Zusammenhänge lassen sich herstellen?

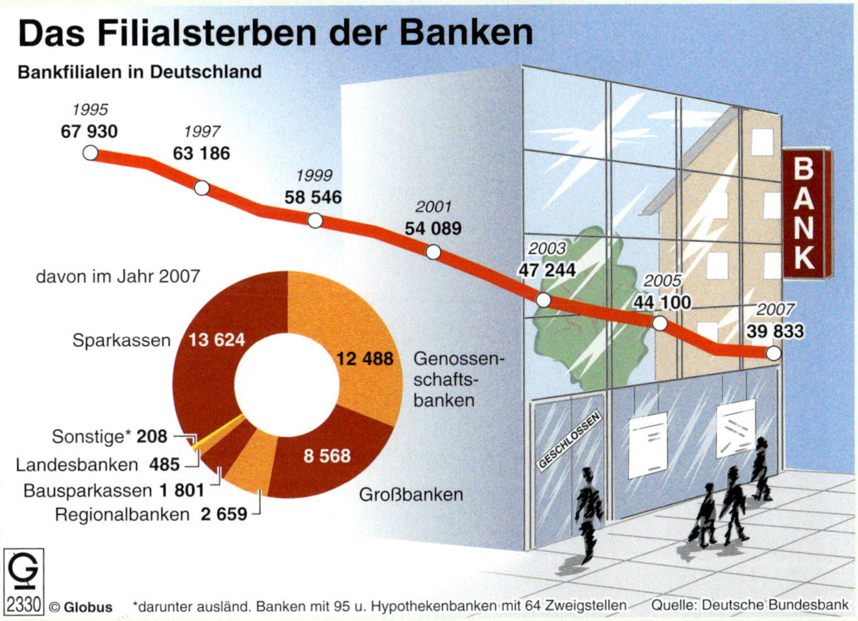

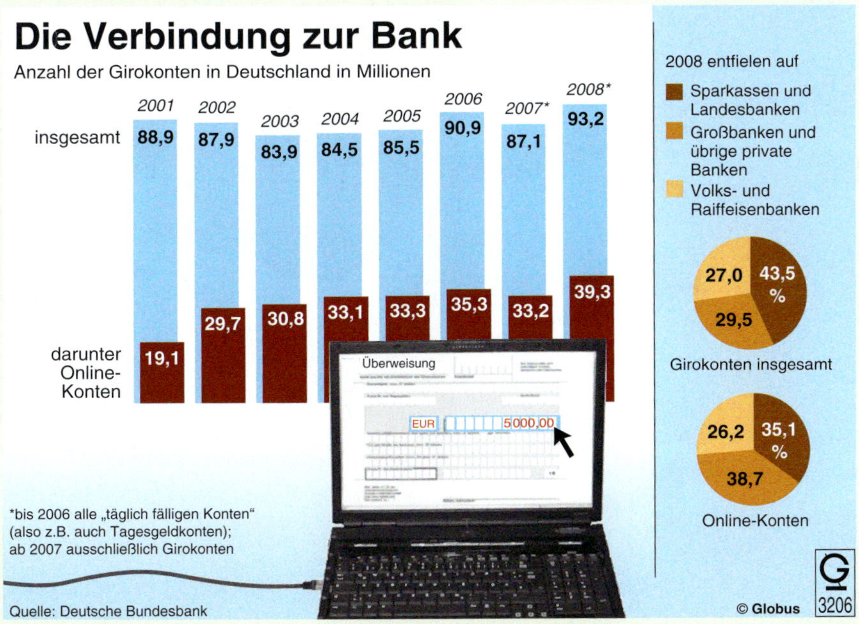

Vernetzen Sie Ihr Wissen:

- Mit dem Thema: Medien (→ Kapitel 7)
- Mit dem Thema: Wirtschaft (→ Kapitel 5)
- Mit dem Thema: Jugendkulturen (→ Kapitel 12)

Diese Methoden brauchen Sie:

- Analysieren: Kosten berechnen, Diagramme lesen
- Informieren: Internetrecherche
- Organisieren: MindMap
- Kreativ sein: Kopfstandmethode

So arbeiten Sie mit anderen zusammen

- Placemat
- Think-Pair-Share
- Pro-Kontradebatte

Spätestens mit dem Beginn der Volljährigkeit stehen Ihnen alle Möglichkeiten des Konsums offen. Ermöglicht wird das teils durch ein höheres Einkommen und durch die Änderung der Rechtsstellung.
Doch wie geht man sinnvoll mit seinem Geld um? Welche Belange gilt es zu beachten?
Was muss man als mündiger Konsument wissen?
Dazu kann Ihnen Ihr Wissen über Konsum und Verbraucher weiter helfen.

6 Jugendliche und Konsum

6.1 Kauf' dich glücklich?

Stellen Sie sich vor, Sie haben an einem Gewinnspiel teilgenommen. Klar, die Chancen sind dabei nicht hoch, aber ausgerechnet Sie haben 10 000 Euro gewonnen.

Was machen Sie mit diesem Geld? Sie könnten es natürlich sparen. Sie können es aber auch einfach ausgeben.

Zitate zum Konsum

„Eine Frau kauft immer irgendetwas."

Publius Ovidius Naso (Ovid; 43 v. Chr.–18 n. Chr.), römischer Dichter

„Die Dinge, auf die es im Leben wirklich ankommt, kann man nicht kaufen."

William Faulkner (1897–1962), US-amerikanischer Romanschriftsteller, Essayist und Lyriker

„kaufen macht soviel spaß ich könnte ständig kaufen gehn"

Herbert Grönemeyer, Text im Song „Kaufrausch"

„Mit Geld kann man sein Glück nicht kaufen – aber man kann Anderen Glück schenken."

unbekannt

Jetzt sind Sie dran ...

1. Denken Sie darüber nach, was Sie für Ihren Gewinn kaufen würden. Welche Wünsche würden an erster Stelle stehen, welche sind Ihnen weniger wichtig? Fertigen Sie eine Liste an!
2. Recherchieren Sie die Preise für Ihre Wünsche. Was würden Sie tatsächlich kaufen?
3. Tauschen Sie Ihre Ergebnisse mit einem Arbeitspartner aus und begründen Sie, warum Ihnen die gewählten Konsumwünsche wichtig sind.
4. Sammeln Sie an der Tafel die häufigst genannten Konsumwünsche und vergleichen Sie die Motive für diesen Wunsch.
5. Lesen Sie die Zitate zum Thema Konsum. Mit welchem Zitat können Sie sich am ehesten identifizieren? Tauschen Sie sich darüber in der Klasse aus. Welche Dimensionen des Kaufens werden hier angesprochen. Entwickeln Sie eine ➲ Mindmap.

Konsumgesellschaft

Konsumiert wurde schon immer – aber erst als es möglich wurde, mehr zu erwerben, als für die Deckung der unmittelbaren Grundbedürfnisse nötig wurde, konnte sich unsere Konsumgesellschaft entwickeln. Damit entwickelte sich der Bedarf zum Wunsch und Werbung wurde als Motor für Konsumentscheidungen wichtig.
Der Psychologe A.H. Maslow (1908–1970) unterscheidet fünf Bedürfnisebenen des Menschen. Er entwickelte die nebenstehende Bedürfnispyramide.
Heute wird über die Bedeutung der "Konsumbereitschaft" für die wirtschaftliche Entwicklung eines Landes gesprochen und die Bedeutung des weltweiten Konsums für den Klimawandel diskutiert.

Kaufentscheidungen

Kauf einer Flasche Cola

Kauf eines Wurstbrötchens am Schulkiosk

Autokauf

Kauf eines neuen Kleidungsstücks des gerade angesagten Modelabels

Kauf eines Bio-Joghurts

Abschluss einer Berufsunfähigkeitsversicherung

Buchung einer Pauschalreise nach Spanien

Kauf eines Smartphones

Kauf eines neuen Heftes für die Schule

Jetzt sind Sie dran ...

6. Ordnen Sie die oben genannten Kaufentscheidungen den Ebenen der Bedürfnispyramide zu, indem sie eine entsprechende Tabelle anfertigen.
7. Welche Kaufentscheidungen haben Sie in letzter Zeit getroffen? Ordnen Sie auch diese der Tabelle zu.
8. Nicht immer lassen sich Kaufentscheidungen eindeutig einer Ebene zuordnen. Stellen Sie Vermutungen an, woran dies liegen könnte.
9. Stellen Sie sich einmal eine Gesellschaft vor, in der Geld für die Erfüllung von Konsumwünschen keine Rolle spielen würde.
Was wäre in diesem „Schlaraffenland" anders als in unserer Gesellschaft? Verfassen Sie einen Tagebucheintrag eines Menschen im „Schlaraffenland" (Kopfstandmethode).

6.2 Endlich 18!

Der 18. Geburtstag ist für alle Jugendlichen etwas Besonderes: Sie sind endlich volljährig! Beschränkungen, die für Minderjährige galten,fallen nun weg. Sie haben aber nicht nur neue Rechte, sondern auch neue Pflichten wie Erwachsene. Wer 18 ist, kann solange ausgehen wie er will, er kann heiraten, für den Bundestag wählen und Verträge unterschreiben. Lernen Sie, wie diese Veränderungen im Einzelnen aussehen und was Sie für Ihren Status als Konsument bedeuten.

Was ändert sich mit 18?

- Geschäftsfähigkeit
- volle Deliktfähigkeit
- Heiraten
- Erziehungsrecht und die gesetzliche Verantwortung der Eltern endet
- uneingeschänkte Fahrerlaubnis
- Schadensersatzpflicht
- Ausgehzeiten
- Bestimmung des Wohnsitzes
- Unterhalt von den Eltern
- Arbeitszeiten
- volle Strafmündigkeit
- keine Altersbeschränkung im Kino
- Prozessfähigkeit
- Wählen und gewählt werden
- Schule
- Geld
- volle Testierfähigkeit

Jetzt sind Sie dran ...

1. Werden Sie bald 18 oder sind Sie schon volljährig? Berichten Sie über Ihre Erwartungen und Erfahrungen. Versuchen Sie, auf dieser Grundlage einen Satz zu formulieren, was für Sie Erwachsensein bedeutet („Erwachsensein ist für mich ...“) und stellen Sie Ihre Definition im Klassenplenum vor.
2. Oben finden Sie wesentliche Änderungen in der Rechtsstellung, die mit Vollendung des 18. Lebensjahres beginnen. Erläutern Sie die Bedeutung der Begriffe, indem Sie diese in eine ➲ Mindmap übertragen und mit Erläuterungen versehen.
3. Arbeiten Sie zu viert an einem ➲ Placemat. Notieren Sie in die vier äußeren Felder des Placemats, welche Aspekte Sie für die wichtigsten Änderungen mit dem Beginn der Volljährigkeit halten. Einigen Sie sich dann auf ein Gruppenergebnis und tragen Sie das Ergebnis im zentralen Feld des Placemats ein.

Um in der Clique gut anzukommen, brauche ich …	Wenn ich 18 Jahre alt bin, kann ich …	Ohne Handy …	Für eine eigene Wohnung brauche ich als erstes …	Ich kaufe mir etwas, weil …	Was in Werbeprospekten steht …
Wenn ich einen Wunsch frei hätte …	Ein Überziehungskredit auf dem Konto ermöglicht mir …	Wer bei Freunden Geld leiht …	Geld zu sparen ist …	Etwas auf Raten zu kaufen …	Wer spart, …
Markenklamotten sind …	Ein eigenes Auto zu haben, bedeutet für mich …	Im Geschäft würde ich mit Kreditkarte bezahlen, wenn …	Wenn ich 50 000 € gewinne, mache ich mit dem Geld Folgendes: …	Der Führerschein ist …	Wenn ich mir etwas nicht leisten kann, …

Quelle: Kemper, M. (2008): Umgang mit Geld – Analyse von Werbestrategien, Kreditaufnahme, Kontoüberziehung, Überschuldungsvermeidung Unterrichtsmaterial, Hrsg. Verbraucherzentrale Bundesverband, abgerufen unter: www.verbraucherbildung.de/projekt01/media/pdf/UE_Umgang_mit_Geld_Kemper_0608.pdf

Infobox

Verbraucherzentralen

Die Verbraucherzentralen in den 16 Bundesländern bieten Beratung und Information zu Fragen des Verbraucherschutzes, helfen bei Rechtsproblemen und vertreten die Interessen der Verbraucher auf Landesebene. Für Information und Beratung können Sie sich an die Verbraucherzentrale in Ihrem Bundesland wenden.

Die Dachorganisation, der Verbraucherzentrale Bundesverband, vertritt die Interessen der Verbraucher gegenüber Politik, Wirtschaft und Gesellschaft auf Bundesebene.

Jetzt sind Sie dran …

4. Suchen Sie sich einen Satzanfang auf den oben abgebildeten Karteikarten heraus und bitten einen Mitschüler diesen zu beenden. Dieser sucht sich einen weiteren Satzanfang heraus, den ein anderer Mitschüler beendet.

6.2 Wie kommt man mit seinem Geld aus?

Die Verschuldung Jugendlicher ist ein Problem, das in den Medien mittlerweile eine große Rolle spielt. Aber wo liegen die Ursachen? Lernen Sie mögliche Gründe für die Verschuldung kennen und denken Sie über Lösungsmöglichkeiten nach.

Peter Zwegat warnt vor der Konsumfalle.

Peter Zwegat ist 58 und berät Menschen, die mit ihrem Geld nicht auskommen – und deshalb in die Schuldenfalle tappen. Seine Fernsehsendung heißt „Raus aus den Schulden". ...

SZ: Ist die Gefahr abzustürzen für Jugendliche heute höher?

Zwegat: Die Ansprüche sind heute viel größer. Die jungen Menschen möchten eine Stereoanlage, mit der man den Dom beschallen kann. Außerdem Urlaubsreisen – man muss sich ja was gönnen, man arbeitet ja so fleißig das ganze Jahr.

SZ: Nicht zu vergessen: ein schickes Handy ...

Zwegat: Bevor ich die Sendung hatte, bin ich ein Mal im Monat in Berufsschulen gegangen. Da saßen 20 kaugummikauende, baseballbecapte 18-Jährige vor mir, die die Hälfte ihres Lehrlingsgehaltes vertelefonierten. Die Telefongewohnheiten von den jungen Menschen sind anders als meine.

SZ: Das müssen Sie erklären.

Zwegat: Wenn wir beide uns zum Kino verabreden, dann läuft das so. Ich ruf an: Haste Lust, heute Abend ins Kino zu gehen? Sie: Was wollen wir denn sehen? Ich: Troja. Dann Sie: Och ne, nüscht mit Fechten, lieber was mit Liebe. Ich: Okay, treffen wir uns um 20 Uhr am Bahnhof Zoo. Das dauert fünf Minuten und wir sind verabredet. Ein 18-Jähriger dagegen schickt eine SMS: Bock auf Kino? SMS zurück: Welcher Film? Das geht hin und her und nachher gehen die gar nicht ins Kino. Das kostet alles Zeit und Geld.

SZ: Andere Zeiten.

Zwegat: Ja sicher, zu meiner Jugendzeit gab es ja auch noch keine Handys.

SZ: Noch nie waren die Deutschen so verschuldet wie heute. Woran liegt das?

Zwegat: Schuldenmachen ist heute leicht und locker. Und genau das ist die Gefahr. Viele Leute können nicht mit Geld umgehen und sie schätzen Risiken falsch ein.

SZ: Ein Beispiel bitte.

Zwegat: Ein 20-jähriger Kfz-Mechaniker hat 1300 Euro netto im Monat. Damit ist er für das Zwanzig- bis Vierzigfache seines Nettoeinkommens kreditfähig. Das Zwanzigfache bekommt er bei der Sparkasse, das Vierzigfache bei der Citibank. Er kriegt ganz locker bis zu 40 000 Euro – und er wird das Geld in der Regel auch nehmen.

SZ: Banken verdienen gut daran.

Zwegat: Klar. Der Junge wird den Kredit nehmen, sich eine Wohnungseinrichtung und ein Auto kaufen und mit seiner Freundin in Urlaub fahren. ...

Quelle:
sueddeutsche.de, 12. 09. 2008, abgerufen unter:
www.sueddeutsche.de/geld/2.220/
reden-wir-ueber-geld-peter-zwegat-ich-habe-mich-fuer
-eine-fototapete-verschuldet-1.701512

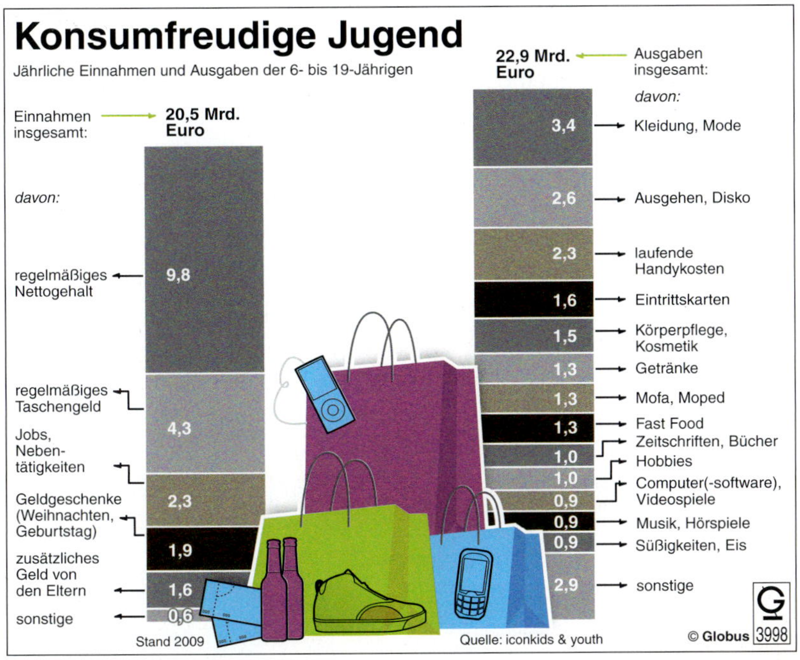

Infobox

Schuldnerberatung

Für Menschen mit Schuldenproblemen oder gar Überschuldung gibt es zahlreiche Angebote der Schuldnerberatung, die meist über die Kommunen vermittelt werden. Die Bundesarbeitsgemeinschaft Schuldnerberatung bietet dies sogar online an.

Jetzt sind Sie dran ...

1. Lesen Sie das Interview mit Peter Zwegat.
   a) Bilden Sie Gruppen von vier Personen und berichten Sie sich gegenseitig, welche Probleme Zwegat bei jugendlichen Konsumenten sieht.
   b) Teilen Sie seine Auffassung? Berichten Sie von eigenen Erfahrungen.
2. In der Grafik „Konsumfreudige Jugend“ sind die jährlichen Einnahmen und Ausgaben von Jugendlichen aufgeführt. Wofür geben Sie Ihr Geld aus? Vergleichen Sie die Reihenfolge der Ausgaben.
3. Nennen Sie drei Gründe, die Sie für die zunehmende Verschuldung von Jugendlichen für wesentlich halten. Vergleichen Sie Ihre Liste mit der Liste eines Arbeitspartners. Entscheiden Sie sich gemeinsam für drei Gründe und bringen Sie diese in eine Rangliste.
   Erklären Sie dem Klassenplenum, warum Sie sich ausgerechnet für diese drei Gründe entschieden haben.
4. In der öffentlichen Diskussion gibt es die Forderung, für alle Schüler ein Fach „Umgang mit Geld“ einzurichten. Was halten Sie davon? Führen Sie eine ➲ Pro- Kontra-Debatte zum Thema.

6.4 Wie kaufe ich?

Oft ist die Anschaffung eines Autos die erste wichtige Kaufentscheidung im Leben eines Heranwachsenden.
Nehmen wir an, Sie verdienen im Monat 1300 Euro netto. Sie brauchen für den Weg zu Ihrer neuen Arbeitsstelle endlich ein eigenes Auto. Gespart haben Sie bisher nicht viel, aber von Ihrer Tante und Ihrem Onkel haben Sie einen höheren Geldbetrag geschenkt bekommen. Insgesamt haben Sie damit in den letzten Jahren 4000 Euro gespart. Wenn Sie beim Autokauf bar bezahlen können, können Sie in der Regel auch noch einen Rabatt aushandeln.

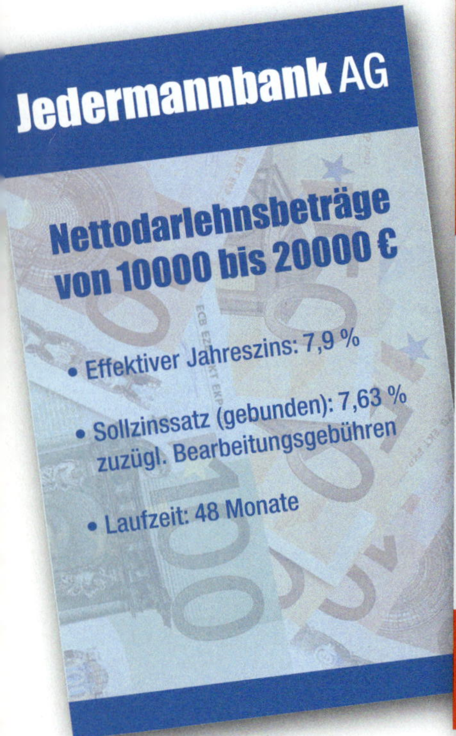

Jetzt sind Sie dran ...

1. Einigen Sie sich im Klassenplenum auf eine Automarke und ein Modell. Recherchieren Sie (➲ Internetrecherche) zu diesem Modell den Neuwagenpreis, das Baujahr, die PS-Leistung und den Hubraum.
2. Bilden Sie dann drei Kleingruppen und bearbeiten Sie in ihrer Gruppe eine der drei Finanzierungsmöglichkeiten (siehe Aufgaben der nächsten Seite). Nutzen Sie dazu die Informationen aus den obenstehenden Anzeigen.
   ➲ Präsentieren Sie Ihre Ergebnisse.

Aufgaben für die „Gruppe Ratenkredit bei der Hausbank“

a) Sehen Sie sich die Anzeige der Jedermanbank AG an. Klären Sie zunächst was unter den verschiedenen Begriffen, z. B. effektiver Jahreszins, zu verstehen ist.

b) Berechnen Sie die Höhe der monatlich zu zahlenden Raten.

c) Wie viel Euro müssen Sie insgesamt für dieses Auto ausgeben?

Ratenkredite werden in einer Summe von der Hausbank bereitgestellt. Sie müssen in festen monatlichen Raten zurückgezahlt werden. Häufig sind Laufzeiten von 12 Monaten bis zu 6 Jahren üblich.

Aufgaben für die „Gruppe Finanzierung über die Autobank“

a) Sehen Sie sich die Anzeige der Carbank AG an. Klären Sie zunächst, was unter den verschiedenen Begriffen, z. B. effektiver Jahreszins, zu verstehen ist.

b) Berechnen Sie die Höhe der monatlich zu zahlenden Raten.

c) Wie viel Euro müssen Sie insgesamt für dieses Auto ausgeben?

Aufgaben für die „Gruppe Leasing“

a) Sehen Sie sich die Anzeige zum Leasing an. Klären Sie zunächst, was unter den verschiedenen Begriffen, z. B. effektiver Jahreszins, zu verstehen ist. Welche Bedeutung hat die Gesamtlaufleistung?

b) Recherchieren Sie für Ihr ausgesuchtes Auto ein Leasingangebot.

c) Wem gehört das Auto nach Bezahlung dieser Summe eigentlich?

Beim **Leasing** werden Wirtschaftsgüter durch den Hersteller oder eine Leasing-Gesellschaft vermietet.

Jetzt sind Sie dran ...

3. Entscheiden Sie im Klassenplenum für welche Möglichkeit der Autofinanzierung Sie sich entscheiden sollten.
   Überlegen Sie dabei auch, ob Sie sich bei Ihrem Gehalt die monatlichen Raten auch leisten können.
4. Da Sie 4 000 Euro gespart haben, überlegen Sie, ob Sie sich einen älteren Gebrauchtwagen für dieses Geld kaufen sollten.
   a) Welche Risiken sind mit dem Kauf eines Gebrauchtwagens verbunden?
   b) Würden Sie sich für einen älteren Gebrauchtwagen entscheiden? Begründen Sie!
5. Warum wird bei Barzahlung ein Rabatt gewährt. Spekulieren Sie!

Laufenden Kosten ...

Dirk möchte ein Auto kaufen. Vor der Anschaffung gibt sein Vater aber noch zu bedenken, dass es mit den Anschaffungskosten für ein Auto leider nicht getan sei. Man müsse zusätzlich noch die laufenden Kosten für Benzin, Versicherung, Steuer und Reparaturen/Wartung berücksichtigen.

Treibstoffkosten
Ausgehen müssen Sie hier von den Angaben der Autohersteller. Der Verbrauch für jedes Auto wird nach einem festgelegten Testschema ermittelt und der Autohersteller muss diese Angabe im Angebot angeben. Da der Treibstoffverbrauch auch von der Fahrweise abhängt, sollten Sie einen halben Liter auf hundert Kilometer hinzu addieren. Die durchschnittliche Fahrleistung im Jahr beträgt in Deutschland etwa 15 000 Kilometer.

Versicherung
Eine Versicherung braucht jeder Halter eines Kraftfahrzeuges, ohne Versicherungsnachweis wird das Auto bei der Zulassungsstelle nicht zugelassen. Man unterscheidet bei einer Kfz-Versicherung zwischen den Möglichkeiten Haftpflicht-, Teilkasko- und Vollkaskoversicherung. Die Haftpflichtversicherung ist vorgeschrieben und deckt Sach-, Personen- und Vermögensschäden ab.
Eine Teilkaskoversicherung deckt darüber hinaus Schäden wie Diebstahl, Brand und Glasbruch ab. Wer eine Vollkaskoversicherung wählt, erhält auch Erstattung bei selbst verschuldeten Blechschäden oder Vandalismus. Auch die Höhe der Selbstbeteiligung und die Deckungssumme spielen eine Rolle, da sie die Erstattung begrenzen oder den Versicherten mit einer festgelegten Summe am Schaden beteiligen. Keine Wahl in dieser Hinsicht haben Käufer von finanzierten oder geleasten Fahrzeugen. Hier schreiben die Vertragspartner die Versicherungsart vor.

Steuern
Der Staat verlangt eine sogenannte Kfz-Steuer für jedes Fahrzeug. Ihre Höhe hängt grundsätzlich vom Hubraum des Fahrzeugs ab. Seit einiger Zeit werden zusätzlich Schadstoffemissionen und Kohlendioxidemissionen zur Bemessung hinzugezogen. Ein Fahrzeug mit weniger Emissionen kostet also weniger.

Reparaturen und Verschleißteile
Dieser Kostenpunkt ist der am wenigsten kalkulierbare. Je nach Wagentyp und Alter fallen unterschiedliche Kosten an. Bei Neuwagen hat man oft noch eine Garantie in unterschiedlicher Dauer.
Diese Kosten werden bei der Ermittlung laufender Kosten oft unterschätzt, weil sie unregelmäßig anfallen.

Jetzt sind Sie dran ...

6. Setzen Sie sich wieder in Ihren Kleingruppen zusammen und stellen Sie fest, wie hoch die laufenden Kosten für Ihr Auto (im Jahr/im Monat) sein werden . Präsentieren Sie Ihre Ergebnisse auf einem Plakat (➲ Präsentieren/Visualisieren) und vergleichen Sie.
   a) Treibstoffkosten: Wie viel verbraucht das Auto laut Herstellerangaben? Ermitteln Sie den aktuellen Benzinpreis für den entsprechenden Kraftstoff. Berechnen Sie nun die anfallenden Benzinkosten pro Jahr bei einer durchschnittlichen Fahrleistung.
   b) Versicherung: Ermitteln Sie die Versicherungskosten für Ihr Auto. Holen Sie dazu mehrere Angebote für eine Vollkaskoversicherung mit möglichst hoher Selbstbeteiligung ein. Wählen Sie das Angebot, das für Ihr Auto am günstigsten ist.
   c) Steuer: Berechnen Sie die Kfz-Steuer für Ihr Auto. Sie können dies mit Hilfe eines interaktiven Kfz-Steuerrechners auf den Internetseiten des Bundesfinanzministeriums bequem tun.
   d) Reparaturen und Verschleißteile: Ermitteln Sie für ihr Auto die Kosten für einen Satz neuer Winterreifen inklusive Montage und einer neuen Wasserpumpe inklusive Einbau.
   e) Addieren Sie die monatlichen laufenden Kosten für ihr Auto mit den Anschaffungskosten. Können Sie sich das Auto Leisten?
7. Schätzen Sie ihre monatlichen Einnahmen und Ausgaben. Nutzen Sie dazu die folgende Tabelle. Tragen Sie auch ein, ob Sie etwas sparen.

Monatliche Einnahmen	Monatliche Ausgaben
Gesamt:	Gesamt:
Davon spare ich:	
Gespart habe ich:	
Zusätzlich bekommen habe ich:	

Diese Tabelle wird auch Haushaltsplan genannt.

Nun schreiben Sie einen Monat jede Einnahme und jede Ausgabe in dieses Haushaltsbuch. Danach vergleichen Sie diese Tabelle mit Ihren geschätzten Werten von zuvor. Gibt es Abweichungen?

Alles klar?

6.4 Überprüfen Sie Ihr Wissen

1. Ihre Großmutter möchte nun endlich auch ein Handy haben. Sie möchten sie beraten.
   a) Welche Varianten gibt es bei der Anschaffung eines Mobiltelefons?
   b) Welcher Nutzertyp ist ihre Großmutter? Welche Variante bei der Anschaffung eines Mobiltelefons wäre für sie geeignet?
   c) Welche „Fallstricke“ sind zu beachten?
   d) Stellen Sie Ihre Ergebnisse in einer Präsentation dar (➲ Präsentieren/Visualisieren).

2. Mit 18 Jahren sind Sie geschäftsfähig. Wer jünger ist, ist nur beschränkt geschäftsfähig. Trotzdem können Jüngere rechtsverbindliche Kaufverträge abschließen. Recherchieren Sie dazu unter dem Stichwort „Taschengeldparagraf“.

3. Wie teuer ist das Leben? Sie möchten Ihre erste Wohnung mieten und einrichten. Sie haben monatlich 900 Euro netto zur Verfügung. Listen Sie auf, was Sie alles benötigen. Schätzen Sie die jeweiligen Preise. Recherchieren Sie danach, was es wirklich kostet. Welche laufenden Kosten müssen Sie monatlich berücksichtigen?

4. Analysieren Sie die Karikatur (➲ Karikaturen verstehen). Welche Sicht auf das Thema Konsum wird in der Karikatur deutlich gemacht? Stimmen Sie dem zu?

Alles klar?

5. Führen Sie eine Klassendiskussion über ab der Volljährigkeit geltende Rechte: Sollten Rechte für junge Menschen über 18 eingeschränkt werden, wenn diese dadurch vor zu hoher Verschuldung geschützt werden? Wählen Sie ein Beispiel (z. B. engere Grenzen bei Ratenkrediten für Heranwachsende) und diskutieren Sie in Pro- und Kontra-Gruppen (➲ Pro-Kontra-Debatte).

6. Sie sind nun Experten in Konsumfragen. Überprüfen Sie das Erlernte, indem Sie das folgende Silbenrätsel lösen.
Silben: map–dung–Han–Ge–pflicht–keit–len–Klei–voll–ver–batt–hig–cher–raf–dy–rig–Mind–Haft–jäh–sing–rung–Ver–Ra–zen–schäfts–land–brau–Lea–si–fä–Schla–fen–tra

a) Dafür geben Jugendliche Geld am meisten Geld aus.
b) Preisnachlass beim Autokauf
c) Sie vertreten die Interessen der Konsumenten.
d) Märchenland ohne Konsumbeschränkungen
e) die Rechtsstellung, Verträge abschließen zu dürfen
f) endlich 18
g) Das gab es in der Jugend von Herrn Zwegat noch nicht.
h) Ein Auto wird gegen monatliche Geldzahlungen langfristig zur Nutzung überlassen.
i) Das ist vorgeschrieben für eine Kfz-Zulassung.
j) Methode zur Strukturierung eines Themas

Vernetzen Sie Ihr Wissen:

- Mit dem Thema: Konsum (→ Kapitel 6)
- Mit dem Thema: Demokratie (→ Kapitel 1)
- Mit dem Thema: Recht (→ Kapitel 12)

Diese Methoden brauchen Sie:

- Analysieren: Diagramme / Schaubilder verstehen
- Informieren: Internetrecherche
- Interpretieren: Karikaturen verstehen

So arbeiten Sie mit anderen zusammen:

- Wandzeitung erstellen
- Flyer erstellen
- Placemat

Das Thema Medien war immer schon in Politikbüchern zu finden. Früher wurden Zeitungen, Radio und Fernsehen als so genannte Massenmedien betrachtet. Heute übernimmt das Internet nach und nach sämtliche Funktionen dieser Medien. Manch ein Pessimist sorgt sich sogar um die Zukunft des Buches – immerhin stehen viele der traditionellen Medien unter einem großen Anpassungsdruck.
Das Internet verdrängt immer mehr die klassischen Medien. Als Medium neuen Typs öffnet es große Chancen, aber auch neue Gefahren, die gerade jetzt erst nach und nach deutlich werden. Niemand kann und will sich der Anwendung der neuen Technologie verschließen. Dieses Kapitel behandelt einige Herausforderungen, die dieses neue Medium dem Einzelnen und auch der Politik stellt. Es zeigt Ihnen Wege auf, wie Sie selbstbestimmt mit diesem neuen Medium umgehen können.

7 Neue Medien unter der Lupe

7.1 Verabschieden wir uns von den herkömmlichen Medien?

Schon sind Sie dran ...

1. Welche Medien bevorzugen Sie,
   - wenn Sie wissen wollen, was in der Welt/in Deutschland/in Ihrer Stadt Neues passiert?
   - wenn Sie sich mit Freunden verabreden wollen?
   - wenn Sie eine Reise buchen wollen?
   - wenn Sie sich auf eine Klausur vorbereiten wollen?
   - wenn Sie ein Referat über das Thema Medien erarbeiten wollen?
   - wenn Sie einfach mal entspannen wollen?
2. Befragen Sie auch Ihre Eltern/Lehrer/Großeltern dazu. Vergleichen Sie die Antworten im Hinblick auf die unterschiedlichen Gewohnheiten bei der Nutzung der Medien.
3. Sprechen Sie in der Klasse gemeinsam über Gründe.

Optischer Telegraph von 1832. Codierte Nachrichten wurden durch bestimmte Flügelstellungen übermittelt

Medien sind technische Kommunikationsmittel, die einen Austausch zwischen „Sender“ und „Empfänger“ möglich machen. Sie dienen der Information und der Unterhaltung.

Sind die Empfänger weder persönlich angesprochen noch bekannt, so wird auch von Massenmedien gesprochen. Traditionelle Beispiele dafür sind Radio, Film und Fernsehen, Bücher, Tageszeitungen und Zeitschriften. Seit einigen Jahren ist durch die Internet-Technik das world wide web (www) dazugekommen.

Infobox

Meilensteine in der technischen Entwicklung von Medien

Im Rückblick gab es einschneidende technische Erfindungen, die fast revolutionären Einfluss auf die jeweiligen Medien hatten.

- Mitte des 15. Jahrhunderts war es der Buchdruck mit beweglichen Lettern, der die Massenverbreitung von Schrifterzeugnissen (Bücher, Zeitungen) möglich machte.
- Ende des 19. Jahrhunderts wurden durch die Entdeckung elektromagnetischer Wellen Funknetze aufgebaut. So konnten hörbare (Radio, Telefon) und später sichtbare (Fernsehen) Informationen verbreitet werden. Dadurch wurden den herkömmliche Medien, z.B. optische Telegraphen, überflüssig.
- Mit der Computertechnik begann Mitte des 20. Jahrhunderts das digitale Zeitalter. Informationen jeglicher Art (Schrift, Ton, Bild) wurden „zerlegt“ (digitalisiert) und verarbeitet. Mitte der 90er Jahre entstand ein weltumspannendes Übertragungsnetz für digitalisierte Informationen, das Internet. Mit ihm der bekannteste Dienst, das world wide web (www). Das war die Geburtsstunde eines neuen Massenmediums.

Welche Rolle spielt das Internet bei der Verdrängung?

Lange Zeit schienen Printmedien vom Verdrängungswettbewerb ausgenommen zu sein. Doch das Internet stellt für die traditionellen Buch- und Zeitungsverlage eine zunehmende Herausforderung dar. Offenbar spricht diese Technik den Nutzer in einer Art an, die traditionelle Medienanbieter dazu zwingt, es nicht nur zu beobachten, sondern es in Form von Onlineausgaben einer Zeitung, Download von Kinofilmen und Fernsehserien, digitalisiertem Radio- und Fernsehempfang in das Vertriebskonzept einzubeziehen.

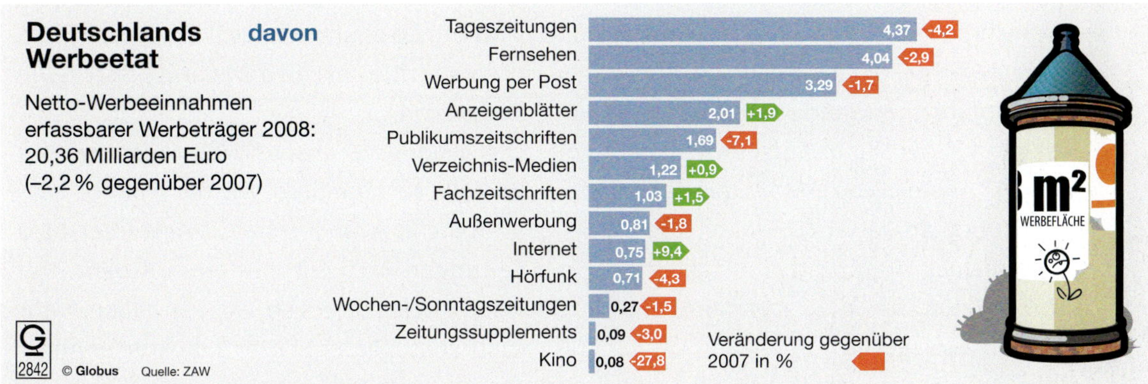

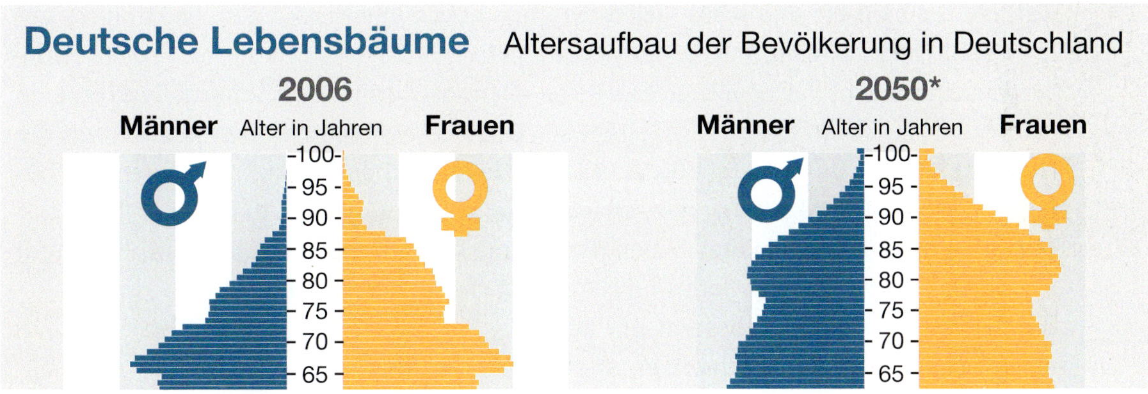

Jetzt sind Sie dran ...

4. Suchen Sie sich einen Partner und analysieren Sie die Grafiken gemeinsam (➲ Diagramme, Schaubilder erstellen und verstehen).
5. Leiten Sie aus Ihrer Analyse möglichst mehrere Aussagen zur Entwicklung auf dem Medienmarkt ab.
6. Stellen Sie Ihre Ergebnisse im Plenum vor und sammeln Sie die gewonnenen Aussagen gemeinsam an der Tafel/auf Folie.
7. Beantworten Sie wieder in Partnerarbeit die Frage zu Beginn dieser Seite. Nutzen Sie dazu die gewonnenen Aussagen.
8. Dokumentieren Sie die Schritte auf einer Wandzeitung (➲ Präsentieren/Visualisieren).

Zukunft des Lesens

Sie sind mit den „Neuen Medien“ aufgewachsen und werden oft schon als „digital natives“ bezeichnet. Für ältere Generationen ist die Erfahrung mit „Neuen Medien“ immer im Vergleich zu früher – heute gegenwärtig. Der Berliner Strafverteidiger und Schriftsteller Ferdinand von Schirach (geboren 1964) hat sich über diese Unterschiede Gedanken gemacht.

Warum das iPad die Zukunft des Lesens ist

... Ich bin in einer analogen Welt aufgewachsen. Als Kinder wohnten wir auf dem Land. Manchmal stand meine Großmutter auf den Stufen des Hauses, wenn der Briefträger die Einfahrt herunterkam. Er rief dann mit der Post in der Hand: „Es ist nichts Wichtiges dabei.“ Anstelle von E-Mails gab es noch das Telex. Und als das erste Funktelefon im Wagen meines Urgroßvaters installiert wurde, ein Telefon für das sogenannte A-Netz, musste er dauernd durchgeben, wo er gerade war, wenn ihn jemand anrufen wollte. Es war alles kompliziert und lustig. Telefonieren war fürchterlich teuer, und vor dem Wort „Auslandsgespräch“ hatten alle großen Respekt ...

Und jetzt habe ich das iPad. Falls Sie die letzten acht Wochen keine Zeitung gelesen und keinen Fernseher angeschaltet haben: Das iPad ist das neue Gerät des Soft- und Hardware-Herstellers Apple. Es besteht nur aus einem schwarzen Glasbildschirm, es ist etwa sechs Zentimeter kürzer und zwei Zentimeter schmaler als eine DIN-A4-Seite. Es ist dünn, sehr dünn. Es wiegt ungefähr 700 Gramm. Und, um es gleich zu sagen: Es ist die Zukunft. Punkt. Es gibt darüber gar keine Diskussion ...

Das iPad wird unsere Welt verändern. Es wird sie so verändern, wie der iPod die Musikbranche verändert hat ... Wir werden bald Zeitungen und Zeitschriften auf dem iPad lesen. Stellen Sie sich vor, Sie haben nicht mehr diese Riesenblätter „Frankfurter Allgemeine“ und „Zeit“ mit sich rumzuschleppen. Sie bekommen sie morgens elektronisch geliefert. Einfach so. Sie lesen sie in der S-Bahn. Thomas Bernhard beschrieb, wie er eine Odyssee auf sich nehmen musste, um die „Neue Zürcher Zeitung“ zu kaufen, weil es sie in Salzburg nicht gab. Der SPIEGEL hat eine App auf mein iPad geladen. Ende April ist sie für jeden erhältlich.

Quelle:
Ferdinand von Schirach in:
Spiegel online vom 2. August 2010, abgerufen unter
www.spiegel.de/spiegel/0,1518,688285-2,00.html

Jetzt sind Sie dran ...

9. Der Autor glaubt, dass das iPad die Zukunft des Lesens sei. Setzen Sie sich mit der These des Autors auseinander und erstellen Sie auf der Basis des Textes eine Liste mit Pro und Kontra Argumenten.
10. Im Text ist von einer „analogen Welt“ die Rede – Sie leben heute in einer „digitalen Welt“. Schreiben Sie einen Brief in die Vergangenheit an einen Bewohner der „analogen Welt“, indem Sie einen beispielhaften Tagesablauf beschreiben und die Medien erklären, mit denen sie umgehen.

Kritiker äußern sich zum Internet

Das Internet als weltweit verfügbares Massenmedium wird oft als „Medium neuen Typs" bezeichnet. Offenbar haben die besonderen Möglichkeiten dieses weltweiten Netzes dazu geführt, dass das Internet innerhalb weniger Jahre zum Leitmedium geworden ist.
Die Meinungen über das Internet als Medium sind jedoch geteilt. Lernen Sie unterschiedliche Meinungen kennen und bilden Sie sich Ihre eigene Auffassung.

„Das Internet ist ein Ort der Jagd, der Ablichtung, der Durchleuchtung. Im schlimmsten Fall: ein Ort von Hinrichtungen, sexuellem Missbrauch, ein Ort für Fahnder und Datenschützer. Im harmloseren Fall: Eine ... Quatschwelt"

Bruce Willis, Schauspieler, im Interview mit der Süddeutschen Zeitung, 23.06.2007

„Die Seuche Internet garantiert, dass die Bilder auf immer abrufbar sein ... werden."

Stefan Kornelius, im Januar 2007 in der Süddeutschen Zeitung über das aufgetauchte Handyvideo von der Hinrichtung Saddam Husseins

„Für fast alle Arbeiten an den höheren Schulen – und sicher für alle Arbeiten an den Grundschulen – ist die Suche nach Material im Internet nicht nur unnötig, sondern schadet sogar."

Clifford Stoll, Lehrer und Autor, 1999 in seinem Buch „LogOut"

„Zudem ist die virtuelle Welt, in der wir angeblich den Rest unseres Lebens surfend und frohlockend verbringen, nur mäßig attraktiv. Sie riecht nicht gut und fühlt sich nicht attraktiv an. Sie macht Kopfschmerzen und schwindelig."

Mathias Horx, Trendforscher, am 24.03.2001 in der *Welt*

Quelle: http://netzwertig.com/2007/09/27/die-50-besten-zitate-uebers-internet/

Jetzt sind Sie dran ...

11. Bestimmen Sie, welche Aspekte des Internets in den jeweiligen Zitaten angesprochen werden.
12. Entscheiden Sie sich für Ihr „Lieblingszitat". Begründen Sie Ihre Wahl.
13. Die Zitate behandeln negative Aspekte des Internets. Formulieren Sie zu jedem Zitat das Gegenteil.
14. Als das Fernsehen Massenmedium wurde, gab es vergleichbare kritischen Stimmen. Fragen Sie bei Ihren Großeltern danach.

7.2 Feinde des Internets

In vielen Staaten der Erde wird das Internet als Gefahr für die Gesellschaft und staatliche Ordnung angesehen. Auch hier – im Bereich der Zensur – beweist das Internet seinen neuartigen Charakter.

Reporter ohne Grenzen moniert in einem Bericht die massive Internetzensur in Staaten wie China, Kuba und Iran. Doch auch demokratische Staaten zensieren.

In zwölf Ländern ... ist die Internetzensur und die Repression gegen Blogger so massiv, dass die Staaten den Titel „Feinde des Internets" verdienen. Diese Bilanz zieht Reporter ohne Grenzen (ROG). ...

Zu den zwölf „Feinden des Internets" zählt die Organisation die Länder Ägypten, Birma, China, Iran, Kuba, Nordkorea, Saudi-Arabien, Syrien, Tunesien, Turkmenistan, Usbekistan und Vietnam.

„Diese Staaten haben das Internet zu einem Intranet gemacht, um damit die Bevölkerung am Zugang zu ‚unerwünschten' Online-Informationen zu hindern", kritisiert Reporter ohne Grenzen.

„Neben der Überwachung und Kontrolle von Online-Informationen und Nachrichten werden in diesen Staaten unliebsame Internetnutzer/innen systematisch verfolgt."

Zur Zeit sind ROG zufolge weltweit 70 Cyberdissidenten in Haft, weil sie ihr Recht auf Meinungsfreiheit im Internet wahrgenommen haben. ...

China führt die Liste aber auch wegen vielfältiger Zensurmechanismen an. Fast 40 000 staatliche Mitarbeiter kontrollieren Online-Inhalte. ...

In Saudi-Arabien hat die Regierung mehr als 400 000 Webseiten „zum Schutz der saudischen Gesellschaft" sperren lassen. Im Iran werden Blogger ebenfalls häufig festgenommen.

ROG stellt zudem zehn Länder „unter besondere Beobachtung", die auf den ersten Blick als funktionierende Demokratien gelten. Dazu gehören zum Beispiel Australien und Südkorea.

Zwar sind die Zensurmaßnahmen in diesen Ländern weniger massiv. Aber die Regierungen haben zum Beispiel Gesetze erlassen, die leicht missbraucht werden könnten. In Australien etwa kann die Telekommunikations-Regulierungsbehörde Webseiten sperren lassen.

In dem Bericht geht die Organisation auch auf Formen von „partizipativer Zensur" ein. So betreiben einige Regierungen regelrechte Kommentarschlachten, indem sie Netzwerkseiten wie Facebook, Twitter oder andere Plattformen nutzen, um ihre Ansichten zu verbreiten. ...

Auch Internetfirmen haben sich in den vergangenen Jahren auf Druck von Regierungen an der staatlichen Zensur beteiligt. Die US-amerikanischen Unternehmen Google, Yahoo und Microsoft haben nun mit der Unterzeichnung der sogenannten Global Network Initiative angekündigt, dass sie das Recht auf Meinungsfreiheit von Internetnutzern künftig weltweit respektieren möchten.

Quelle:
Süddeutsche.de vom 12. 03. 2009, abgerufen unter
http://www.sueddeutsche.de/politik/403/461031/text/:

Jetzt sind Sie dran ...

1. Untersuchen Sie, mit welchen Mitteln die im Bericht genannten Staaten versuchen, das Internet zu kontrollieren. Bilden Sie Vierergruppen und zeichnen Sie ein Platzdeckchen (➲ Placemat) auf ein Arbeitsblatt. Notieren Sie in die vier äußeren Felder, welche Mittel Sie für bedeutsam halten. Einigen Sie sich dann auf ein Gruppenergebnis und tragen Sie das Ergebnis im zentralen Feld des Platzdeckchens ein.
2. Stellen Sie Vermutungen an, warum der Kampf gegen das Internet in vielen Staaten so heftig geführt wird.

So zensiert die Welt das World Wide Web

Iran: Anders als in China gibt es im Iran kein landesweit einheitliches Zensursystem. Die verschiedenen Internetprovider kümmern sich eigenständig mithilfe von Filtersoftware um die Umsetzung der staatlichen Zensurvorgaben. Zu den unerwünschten Internetinhalten gehören jegliche islamkritische, antiiranische und „unmoralische" – insbesondere pornografische oder feministische – Veröffentlichungen. Im vergangenen Jahr waren mehr als zehn iranische Blogger zeitweise inhaftiert – einer von ihnen deshalb, weil er sich über die Wachhunde von Präsident Mahmud Ahmadinedschad lustig gemacht hatte.

Vietnam: In Artikel 33 der vietnamesischen Verfassung von 1992 heißt es: „Der Staat hat im Kultur- und Nachrichtenbereich die Aktivitäten zu unterbinden, welche das nationale Interesse beeinträchtigen und die moralischen Werte sowie die Lebensführung des vietnamesischen Volkes zugrunde richten." Die Praxis sieht so aus, dass Internetinhalte unabhängiger und ausländischer Medien über Menschenrechtsaktivisten oder die politischen Opposition geblockt werden. Seit 2006 gibt es in Vietnam eine Vorratsdatenspeicherung. ...

Weißrussland: Das östliche Nachbarland Polens tut sich laut ROG als einer der restriktivsten Nachfolgestaaten der Sowjetunion hervor, was den Informationsfluss im Internet angeht. Immer wieder verschwinden Webseiten der politischen Opposition vorübergehend aus dem Netz – etwa während des Präsidentschaftswahlkampfes oder heikler Großdemonstrationen. Alle Internetprovider des Landes sind auf die Kooperation der staatlichen Beltelecom angewiesen. ...

Quelle:
Markus Wanzeck: stern.de vom 14. August 2008, abgerufen unter: www.stern.de/digital/online/internetkontrolle-wo-das-world-wide-web-zensiert-wird-634862.html

Jetzt sind Sie dran ...

3. Lesen Sie den Text und erstellen Sie eine Tabelle nach folgendem Muster:

Staat	Wogegen richtet sich Zensur?	Zensurmaßnahmen
Iran	...	...

4. Bilden Sie Gruppen und recherchieren Sie aktuelle Informationen über die Lage in den genannten Staaten. Erstellen Sie Länderportraits, die sie in der Klasse vorstellen und ausstellen (➲ Präsentieren/Visualisieren).

7.3 Selbstbestimmter Umgang mit dem Internet

In vielen Staaten wird das Internet nicht als Gefahr für die staatliche Ordnung angesehen, sondern umgekehrt als Gefahr für den einzelnen Bürger. Dies wird möglich durch Missbrauch persönlicher Daten, für die sich private Unternehmen oder auch der Staat interessieren. 1983 bekräftigte das Bundesverfassungsgericht im sogenannten Volkszählungsurteil das Recht auf informationelle Selbstbestimmung. In der Diskussion um „Google Street View" wurde es wieder aktuell.

A – Aus dem Volkszählungsurteil von 1983

... Freie Entfaltung der Persönlichkeit setzt unter den modernen Bedingungen der Datenverarbeitung den Schutz des Einzelnen gegen unbegrenzte Erhebung, Speicherung, Verwendung und Weitergabe seiner persönlichen Daten voraus. Dieser Schutz ist daher von dem Grundrecht des Art. 2 Abs. 1 in Verbindung mit Art. 1 Abs. 1 GG umfasst. Das Grundrecht gewährleistet insoweit die Befugnis des Einzelnen, grundsätzlich selbst über die Preisgabe und Verwendung seiner persönlichen Daten zu bestimmen.

Quelle:
Bundesverfassungsgericht: Urteil v. 18. 10. 1983, Auszug unter C II 1a

B – Wenn Personaler googeln

Für Personaler ist es inzwischen Standard, den Namen des Bewerbers durch die Suchmaschine zu jagen. Die gibt so manches preis, was man eigentlich lieber vertraulich behandelt.

„Und, was machst du sonst so?" – diese Frage können sich Webnutzer inzwischen sparen, wenn sie mehr über jüngste Bekanntschaften oder neue Bürokollegen erfahren wollen. ... Denn über Suchmaschinen lässt sich vieles längst per Mausklick erfahren, was mancher sonst lieber vertraulich behandelt. ... Das machen sich etwa Personalentscheider zunutze. „Bei Bewerbungen wird immer öfter ein Blick darauf geworfen, was im Internet über den Menschen steht", sagt Klaus Reiners vom Bundesverband Deutscher Unternehmensberater (BDU) in Bonn. Der Leumund im Netz entscheidet in einigen Fällen sogar über die beruflichen Chancen: So könnten peinliche Fotos oder Lästereien über den alten Arbeitgeber im Web zum „Karriere-Killer" werden, warnt Reiners. ...

Quelle:Tobias Schormann, abgerufen in:www.süddeutsche.de/jobkarriere/artikel/97/142782/3/ [17.09.2008]:

Jetzt sind Sie dran ...

1. Analysieren Sie mit Hilfe der Texte A und B die Frage, inwieweit der Einzelne durch das Internet und die daraus erwachsenden Möglichkeiten in seinen Rechten eingeschränkt werden könnte.
2. Wissen Sie, welche Informationen über Sie im Internet kursieren könnten? Erstellen Sie eine Liste mit Gelegenheiten, bei denen Sie im Internet etwas über sich preisgeben und vergleichen Sie diese in der Klasse.
3. Gibt es Informationen, die Sie nicht im Internet über sich finden wollen? Was tun Sie dagegen?

Wer sich im Netz bewegt, hinterlässt Spuren

Die folgenden Schlagzeilen weisen darauf hin, wen die Spuren interessieren. Sie wurden innerhalb weniger Wochen gesammelt:

„Street View“-Projekt:
Google erfasst flächendeckend Wlan-Netze

Digitaler Nachlass:
Was mit Ihren Daten passiert, wenn Sie sterben

Neue Vorwürfe der Datenschützer gegen Facebook

Was iPhone-Apps über uns verraten

Informationen sollten nicht ewig gespeichert sein

Millionen Nutzerdaten bei SchülerVZ ausgelesen

Quelle: www.welt.de/themen/Datenschutz/ Zugriff: 08.05.10:

Die 10 Gebote im Umgang mit dem Internet

Wähle deine Verbindung ins Internet sorgfältig!
Gehe sparsam mit der Angabe von personenbezogenen Daten um!
Sei vorsichtig bei der Eingabe von personenbezogenen Daten!
Denke immer ans ausloggen und lösche deinen Browser-Cache regelmäßig!
Gehe vorsichtig mit Mails um und öffne verdächtige Mails nicht!
Sei vorsichtig mit den personenbezogenen Daten deiner Freunde!
Denke daran, dass heute faktisch jede Kartenzahlung gespeichert wird!
Frage dich ob jede Registrierung tatsächlich notwendig ist!
Lass das Handy mal zu Hause!
Kenne und nutze deine Rechte!

Quelle: Zusammengefasst nach:
www.datenschutzbeauftragter-online.de/10-gebote-zum-datenschutz-und-zur-datensicherheit:

Jetzt sind Sie dran ...

4. Überprüfen Sie Ihre Vermutung. Geben Sie dazu Ihren Namen (in Kombination mit dem Wohnort) in eine Suchmaschine ein.
5. Bestimmen Sie Problembereiche, die in den Schlagzeilen angesprochen werden. Von welchen fühlen Sie sich betroffen? Bestimmen Sie jeweils welche Gefahren mit den einzelnen Ratschlägen in den „10 Geboten“ angesprochen werden.
6. Bringen Sie die „10 Gebote“ in einer Kleingruppe in eine Rangfolge (das Wichtigste zuerst!) und vergleichen Sie Ihre Ergebnisse in der Klasse.

7.4 Sind Raubkopierer Verbrecher?

Auch von vielen Jugendlichen wird das Internet als Raum erlebt, indem vermeintlich viele Regeln aus der realen Welt nicht gelten. Man bleibt oft unerkannt, es geht alles ganz schnell und keiner merkt es.
Das macht das Handeln im Netz so faszinierend.
Ist das Internet deshalb ein rechtsfreier Raum? Ist z.B. das illegale Downloaden einer Film-DVD anders zu bewerten als der Diebstahl im realen Geschäft?

Mit verschiedenen Kampagnen versucht die Film- und Musikindustrie seit Jahren auf die strafrechtliche Relevanz illegaler Downloads hin zu weisen. Wegen ihres Slogans „Raubkopierer sind Verbrecher" waren diese Kampagnen durchaus umstritten. Heute wird deshalb versucht, mit spielerischen Mitteln auf das Problem aufmerksam zu machen.

Jetzt sind Sie dran ...

1. Beschreiben Sie die Wirkung des abgebildeten Plakats auf Sie.
2. Überlegen Sie in Partnerarbeit, warum die Film- und Musikindustrie massiv gegen illegale Downloads vorgeht. Was ist das Besondere an den heutigen digitalen Kopiermöglichkeiten?
3. Argumentieren Sie: Sind Raubkopierer Verbrecher?

Was sagt das Gesetz dazu?

Fragen zum geistigen Besitz werden im sogenannten Urheberrechtsgesetz geregelt. Als man dies im Jahr 1965 auf den Weg brachte, dachte natürlich noch niemand an das Internet und die Onlinenutzung von digitalen Inhalten. Deshalb versuchte man im Jahr 2003 eine Gesetzesreform, die diese Dinge berücksichtigen sollte. Da viele Punkte aber strittig waren, verschob man das Vorhaben in einen sogenannten „zweiten Korb“. Dieser wurde im Juli 2007 vom Bundestag verabschiedet.

Neues Urheberrecht tritt zum 1. Januar 2008 in Kraft

1. Erhalt der Privatkopie

Die private Kopie nicht kopiergeschützter Werke bleibt weiterhin, auch in digitaler Form, erlaubt. Das neue Recht enthält aber eine Klarstellung: Bisher war die Kopie einer offensichtlich rechtswidrig hergestellten Vorlage verboten. Dieses Verbot wird nunmehr ausdrücklich auch auf unrechtmäßig online zum Download angebotene Vorlagen ausgedehnt. Auf diese Weise wird die Nutzung illegaler Tauschbörsen klarer erfasst. In Zukunft gilt also: Wenn für den Nutzer einer Peer-to-Peer-Tauschbörse offensichtlich ist, dass es sich bei dem angebotenen Film oder Musikstück um ein rechtswidriges Angebot im Internet handelt – z. B. weil klar ist, dass kein privater Internetnutzer die Rechte zum Angebot eines aktuellen Kinofilms im Internet besitzt – darf er keine Privatkopie davon herstellen.

Es bleibt auch bei dem Verbot, einen Kopierschutz zu knacken. Das ist durch EU-Recht zwingend vorgegeben. Die zulässige Privatkopie findet dort ihre Grenze, wo Kopierschutzmaßnahmen eingesetzt werden. Die Rechtsinhaber können ihr geistiges Eigentum durch derartige technische Maßnahmen selbst schützen. Diesen Selbstschutz darf der Gesetzgeber ihnen nicht aus der Hand nehmen. Es gibt kein „Recht auf Privatkopie“ zu Lasten des Rechtsinhabers. Dies ließe sich auch nicht aus den Grundrechten herleiten: Eine Privatkopie schafft keinen Zugang zu neuen Informationen, sondern verdoppelt lediglich die bereits bekannten.

Quelle:
Bundesministerium der Justiz. B.J Pressemitteilung vom 1.11. 2007, abgerufen unter www.bmj.de/enid/8300f4337f1023c5d871d3517df9d224,0/BMJ_DE_z3.html

Jetzt sind Sie dran ...

4. Lesen Sie den Text und notieren Sie sich wesentliche Aussagen.
5. Versuchen Sie zu jeder Aussage eine Frage beginnend mit „Darf ich ... ?“ zu formulieren.
6. Stellen Sie Ihrem Nachbarn eine Frage. Wenn er sie beantworten kann, darf er seinem Nachbarn die nächste Frage stellen.
7. Verfassen Sie eine kleine Broschüre zum Thema.

Alles klar?

7.5 Überprüfen Sie Ihr Wissen

1. Ergänzen Sie die folgenden Sätze.

1. Massenmedien sind Kommunikationsmittel, mit denen ...
2. Das Internet gefährdet die „klassischen“ Medien, weil ...
3. Lesen wird in Zukunft ...
4. Das Internet ist gut, weil ...
5. Das Internet ist schlecht, weil ...
6. Undemokratische Staaten fürchten das Internet, weil ...
7. Raubkopieren ist strafbar, weil ...
8. Die Grundregel beim Umgang mit dem Internet lautet ...
9. Das Mobiltelefon ist auch ein Massenmedium, wenn ...

2. Karikaturenanalyse:

a) Beschreiben Sie die Karikatur.
b) Gehen Sie detailliert auf die dargestellten Personen ein.
c) Haben Sie schon einmal ähnliche Erfahrungen gemacht? Berichten Sie darüber.

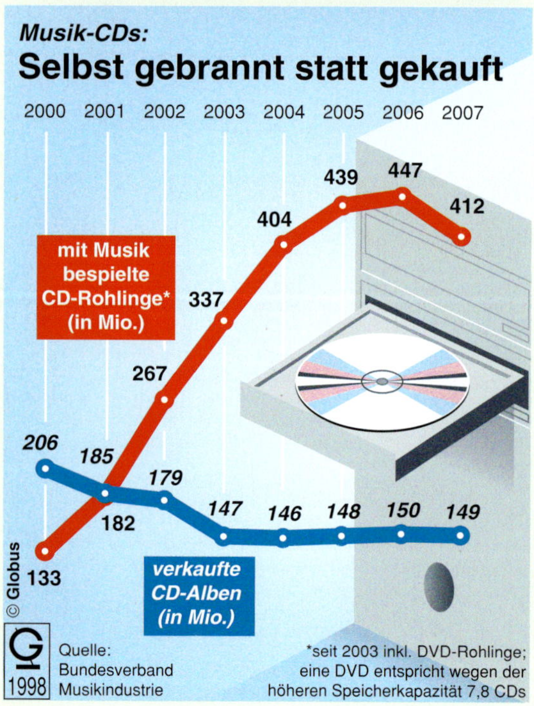

3. Schaubildanalyse:

a) Beschreiben Sie die abgebildete Entwicklung und deren Ursachen.
b) Stellen Sie Vermutungen an, warum der Absatz von CD-Alben seit 2003 relativ konstant geblieben ist.
c) Suchen Sie Gründe, warum die Zahl der Rohlinge seit etwa 2006 zurückgegangen ist.

Alles klar?

4. Auf das Thema „Sicherheit im Internet“ müssen insbesondere Jugendliche immer wieder hingewiesen werden. Einerseits halten sie sich überdurchschnittlich viel im Netz auf. Andererseits ist insbesondere bei Jüngeren die Unerfahrenheit im Bezug auf Gefahren gering ausgeprägt. Umso ausgeprägter ist das Mitteilungsbedürfnis.
   Entwerfen Sie in Kleingruppen einen Flyer zum Thema für Jugendliche und stellen ihn in der Klasse vor.

Tipps zur Gestaltung eines Flyers

Format: Wählen Sie ein Blatt im Format DIN A4 und falten Sie es in drei Teile.
Sie haben jetzt 6 einzelne hochformatige Seiten zur Verfügung.

Seitenaufteilung: Entscheiden Sie, wie Sie später den Flyer zusammenfalten möchten. Danach richtet sich, welche Seiten wie genutzt werden:
- als Titelseite
- als Innenseiten
- als Rückseite

Die Gestaltung: Machen Sie zunächst mit Hand eine Skizze für alle sechs Seiten. Überlegen Sie dabei, welche Informationen auf den Seiten untergebracht werden müssen. Was soll auf der Titelseite stehen? Was soll der Nutzer sehen, wenn er den Flyer aufschlägt?
Was soll auf der Rückseite sichtbar sein?

Der Inhalt: Vermeiden Sie zu ausführliche Erklärungen. Finden Sie eine attraktive Überschrift. Nutzen Sie Tabellen, grafische Gestaltung und Bilder.

Rückseite: Denken Sie an das Impressum, am besten auf der Rückseite. Geben Sie weiterführende Links an.

Die technische Umsetzung: Nutzen Sie entsprechende PC-Programme zur Erstellung.
- Nutzen Sie einen gut lesbaren Schrifttyp.
- Verwenden Sie nur wenige Schriftarten (weniger ist mehr).
- Nehmen Sie eine größere Schrift für die Überschrift.
- Entscheiden Sie sich für die Satzbreite auf den einzelnen Seiten. (Lassen Sie ausreichend Rand!)
- Wählen Sie ein einheitliches Design.
- Bedenken Sie eine zum Thema passende Farbwahl.

Vernetzen Sie Ihr Wissen:

- Mit dem Thema: Migration (→ Kapitel 9)
- Mit dem Thema: Umwelt (→ Kapitel 15)
- Mit dem Thema: Wirtschaft (→ Kapitel 5)

Diese Methoden brauchen Sie:

- Präsentieren: Diagramme, Buddy Book und Videotagebuch erstellen
- Informieren: Interview, Internetrecherche
- Interpretieren: Kartenarbeit, Karikaturenanalyse
- Analysieren: Fallanalyse
- Wissen organisieren: Concept Map, Clustern, Fischgrät-Diagramm
- Kreativ sein: Brainstorming Kartenabfrage

So arbeiten Sie mit anderen zusammen

- Pro-Kontra-Debatte
- Think-Pair-Share
- Experten-Jigsaw
- Tabu

Wie globalisiert sind wir eigentlich und wie können wir Einfluss auf die Globalisierung nehmen? Diese beiden Fragen werden Sie am Ende dieses Kapitels beantworten können. Auf dem Weg zu dieser Antwort lernen Sie, was Globalisierung ist.
Sie stellen fest, in welchen Bereichen die Welt sich globalisiert und wie es zu dieser Entwicklung gekommen ist.
Sie lernen Gewinner und Verlierer der Globalisierung kennen und denken darüber nach, ob die Politik Einfluss nehmen kann. Soll man eigentlich überhaupt versuchen, die Globalisierung zu steuern oder irgendwie zu bremsen?
Darüber streiten Sie mit Ihren Mitschülern und experimentieren mit neuen Erfahrungen im Alltag in einer immer stärker globalisierten Welt.

8 Deutschland in einer globalisierten Welt

8.1 Was ist Globalisierung?

Beim Shopping gibt es kaum noch Unterschiede: Einkaufszentrum in Shanghai (o.) / Einkaufszentrum in Oberhausen (u.)

Wenn Grenzen unwichtig werden …

Die Globalisierung ist eine Entwicklung, die alle Menschen rund um den Globus betrifft. Damit trifft sie auch jeden von Ihnen. Sie konsumieren Waren und Dienstleistungen, die überall auf der Welt hergestellt sein können. Sie leben mit Menschen zusammen – in Ihrer Nachbarschaft, in der Schule und im Freundeskreis –, deren Ursprünge in Ländern liegen, die Sie nicht kennen. Das Wetter in Deutschland, die Versorgung mit Energie und Rohstoffen hängt von Ereignissen und von Entscheidungen ab, die oft jenseits von Deutschland oder Europa getroffen werden. Ereignisse aus der ganzen Welt erreichen Sie zeitnah und mit enormer Schnelligkeit. Und wenn – wie damals im Jahr 2006 – in Deutschland ein Großereignis wie die Fußballweltmeisterschaft stattfindet, können Millionen Menschen weltweit an dem teilnehmen, was in unserem Land geschieht.

Jetzt sind Sie dran …

1. Lesen Sie den kurzen Text zur Einführung und schauen Sie die beiden Fotos an. Sammeln Sie nun spontan im Plenum Beschreibungen der Globalisierung, die Ihnen einfallen (Brainstorming). Zwei Schüler sind die Moderatoren und sammeln die Ideen an der Tafel: „Globalisierung ist, …"
2. Denken Sie nun erst einmal für sich darüber nach, wo die Globalisierung in Ihrem eigenen Leben am stärksten wirkt. Schreiben Sie die wichtigsten Punkte auf jeweils eine Karte.
3. Arbeiten Sie mit einem Partner zusammen: Vergleichen Sie Ihre Karten, diskutieren Sie und wählen Sie vier Karten aus, auf die Sie sich einigen können. Wenn Sie gemeinsam zu neuen Überlegungen kommen, ersetzen Sie einzelne Karten durch gemeinsame neue.
4. Stellen Sie im Plenum der Klasse Ihre vier Karten vor (Metaplantechnik).
5. Clustern Sie nun gemeinsam die Karten nach ihrem Inhalt. Finden Sie Überschriften zu diesen Clustern und schreiben diese über die Cluster. Bewahren Sie die Cluster mit den Überschriften gut sichtbar in Ihrem Klassenraum auf.

Haufenweise Zettel! Hätte ich das alles nicht auch auf eine Seite in mein Heft schreiben können?

Verschiedene Wahrheiten

Diese Experten für Globalisierung stellen Ihnen ihre persönliche Sicht vor. Jeder kann Zahlen oder andere Belege für seine Definition von Globalisierung anbringen. Lassen Sie sich überzeugen?

Fall 1

„Globalisierung hat für mich rein wirtschaftliche Bedeutung. Menschen haben immer schon Handel miteinander getrieben. Meistens um Kosten zu sparen. Und ehrlich: Ein einzelner Staat kann doch gar nicht all die verschiedenen Produkte bereitstellen, die die Bewohner wünschen."

Fall 2

„Globalisierung hat für mich soziale Motive. Niemals sind so viele Menschen aus ihren Heimatländern ausgewandert und haben sich woanders mit den dort Ansässigen vermischt.
Dies hat auch mit der immer größeren Kluft zwischen armen und reichen Ländern zu tun."

Fall 3

„Globalisierung ist vor allem eine Angleichung der Kulturen.
Man kann sie heute überall auf der Welt beobachten. Alles vermischt sich und wird ähnlich.
Ideen und Produkte verbreiten sich durch die digitalen Medien in Echtzeit rund um den Globus."

A. Im Ausland geborene Bevölkerung, weltweit

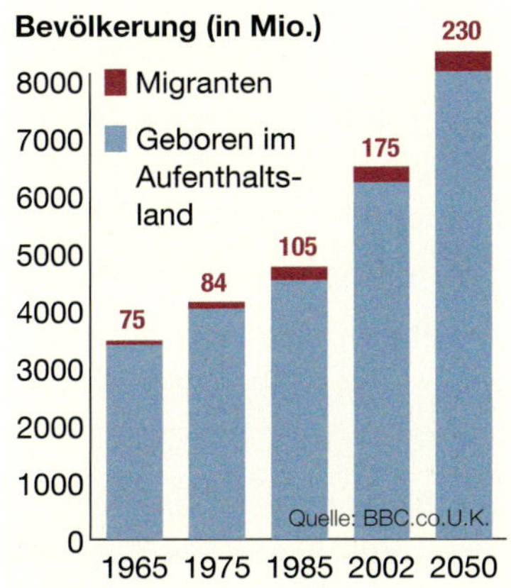

B. Welt-Reisende

„Lass mal sehen, sind wir das in der Fressmeile von Euro-Disney, oder in der Fressmeile von Tokio-Disney, oder in der Fressmeile von Disneyworld in Orlando ...?"

C. Welthandel mit Gütern (1950–2009)

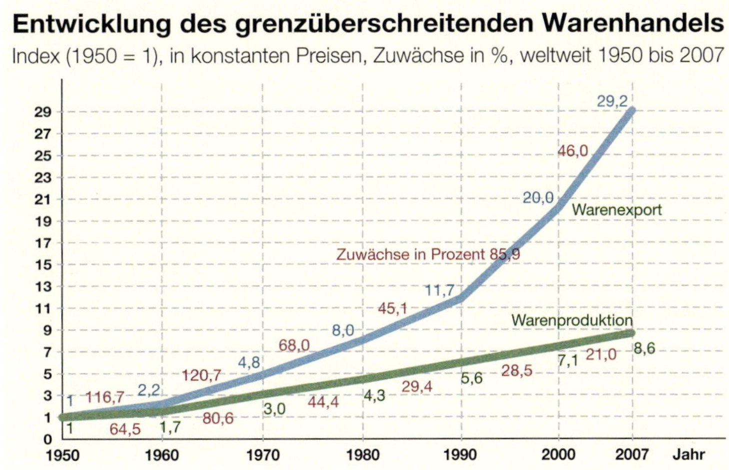

Jetzt sind Sie dran ...

6. Finden Sie eine Überschrift für die jeweiligen Expertenaussagen. Ordnen Sie zu: Welcher Experte nutzt welche Zahlen und Bilder, um seine Aussagen zu belegen?
7. Vergleichen Sie die Sichtweisen und beschreiben Sie, auf Grund welcher besonderen Beobachtung die drei Experten jeweils zu ihrer Meinung gekommen sind.
8. Diskutieren Sie: Wie kommen die Experten zu so unterschiedlichen Sichtweisen der Globalisierung?

!

... aber wer hat denn nun Recht? Alle?

8.2 Wie ist die Globalisierung entstanden?

Sie haben herausgefunden, dass heute viele Lebensbereiche durch Dinge beeinflusst sind, die außerhalb Deutschlands passieren: Vielleicht kommen Sie selbst oder Ihre Vorfahren aus einem Land außerhalb Deutschlands. Aber wie ist es überhaupt dazu gekommen, dass sich die Welt globalisiert hat? Innerhalb zweier Generationen haben sich viele Dinge verändert.

Fallbeispiel

Oma Lotte Lennartz

Ich bin 1918 im Ruhrgebiet geboren. Ich hatte 5 Brüder und 3 Schwestern, und wir haben in einer Wohnung direkt neben dem alten Walzwerk gewohnt: Da hat mein Vater gearbeitet. Sobald die Brüder die Volksschule beendet hatten, arbeiteten sie auch im Walzwerk. Mutter machte den Haushalt und wir Mädchen mussten ihr helfen.

Wir hatten nie ein Auto: Meine Brüder und mein Vater hatten Fahrräder, damit sind sie zur Arbeit gefahren. In ihrer Freizeit haben sie Fußball oder Handball gespielt. Aber eigentlich haben sie die meiste Zeit gearbeitet – nur sonntags nicht. Ich war in meinem ganzen Leben zweimal im Urlaub, mit dem Zug.

Als ich die Schule beendet hatte, schickten mich meine Eltern zum Kochen lernen für ein Jahr in einen Haushalt im Münsterland. Einmal habe ich sie in der Zeit besucht. Das war eine Tagesreise mit Pferdekutsche und Bahn. Nach dem Jahr ging ich wieder zurück in meine Familie. Auch dort musste ich sehr viel im Haushalt arbeiten: Die Lebensmittel hatten wir alle im Keller eingelagert, im Herbst Kartoffeln und Äpfel und auch die ganzen eingekochten Sachen, viel anderes gab es für uns auch nicht. Meine erste Banane habe ich gegessen, da war ich bestimmt schon 30 Jahre alt und längst verheiratet.

Wenn mal Zeit war, haben wir in der Küche gesessen, uns unterhalten, Kleidung repariert und Karten gespielt. Den Fernseher haben wir erst in den sechziger Jahren bekommen, das erste Telefon auch. Vorher musste man halt schnell hinlaufen oder hinradeln, um Bescheid zu geben. Einer meiner Brüder ist in den dreißiger Jahren nach Amerika ausgewandert. Von ihm haben wir dann praktisch nichts mehr gehört, ganz selten ist mal ein Brief gekommen. Wir wussten fast nichts über Amerika, so etwas stand ja auch nicht in der Zeitung. Und als beim Kriegsende der erste farbige Amerikaner um die Ecke kam in unserem Viertel, da haben wir ihn alle angestarrt: So etwas hatten wir noch nie gesehen!

Fallbeispiel

Jessica Lennartz

Ich bin 1993 in Bochum geboren. Wir sind zu dritt, meine Mutter, mein Bruder und ich. Meine Mutter hat eine Zeitlang in der Stadt als Schneiderin gearbeitet. Das Unternehmen lässt jetzt aber in Bangladesh nähen. Nun arbeitet sie in einem Supermarkt als Kassiererin.

Mein Vater ist von meiner Mutter getrennt, er war ständig mit seinem Bauunternehmen europaweit auf Montage, da haben sie sich nicht mehr verstanden. Ich bin deshalb nach der Schule viel allein zu Hause, oder ich chille mit meinen Freundinnen, wir gucken, was online so

los ist, oder wir gehen in die Stadt shoppen. Also nicht wirklich richtig shoppen, denn ich habe kaum Geld: Wir schauen in den Läden herum, manchmal kaufe ich mir aber auch was Neues. Es gibt da so einen Kleiderladen, wo alles nicht so teuer ist. Oft gehe ich aber auch gar nicht raus, dann bestellen wir uns etwas zu essen und ich chatte mit meinem türkischen Freund Serdar. Das ist meine große Liebe. Er ist einfach süß und er mag elektronische Musik genauso gerne wie ich. Wir haben uns im Sommer in Alanya kennen gelernt, wo er zurzeit lebt.
Ich hoffe, dass er bald nach Deutschland kommt, er hat einen Onkel hier. Vielleicht kommt er ja sogar nach Bochum!

Jetzt sind Sie dran ...

1. Lesen Sie sich gegenseitig diese beiden Lebensgeschichten vor. Wechseln Sie sich beim Lesen der einzelnen Textpassagen ab. Wählen Sie nun jeweils eine Lebensgeschichte aus und bearbeiten Sie sie in einer Arbeitsgruppe:
   Bearbeiten Sie den Text und konzentrieren Sie sich auf die Bereiche, die durch die Globalisierung beeinflusst werden. Was wird über Technik, Arbeit, Familie, ... gesagt? Überlegen Sie, wo es Zusammenhänge dieser Bereiche im Leben von Oma Lennartz bzw. Jessica Lennartz gibt.
2. Diskutieren Sie, wie globalisiert das Leben von Oma Lennartz und Jessica Lennartz ist. Was sind die möglichen Ursachen für die Veränderung in den 75 Jahren, die zwischen der Oma und der Enkelin liegen? Halten Sie Ihre Ergebnisse in einem ➲ Fischgrät-Diagramm fest.
3. Denken Sie über Vor- und Nachteile der Globalisierung im Leben der beiden Frauen nach und bearbeiten Sie die beiden Aufgaben:
   a) Wenn Sie die Globalisierung im Leben von Jessica zurückdrehen könnten: Für welche Bereiche würden Sie sich entscheiden? Begründen Sie Ihre Entscheidung.
   b) Jessica lässt ihre Fantasie spielen und schickt ihrer Oma einen Brief in die Zeit, als ihre Oma so alt war, wie sie jetzt. Was wird sie schreiben, um ihrer Oma das Leben von heute schmackhaft zu machen?
4. Recherchieren Sie in Ihrer eigenen Familie und befragen Sie ältere Verwandte: Wie sehen diese die Veränderungen durch den technischen Fortschritt und die Globalisierung? Nehmen Sie die Interviews als Video- oder Audiodateien auf (➲ Interview). Stellen Sie besonders spannende Geschichten in der Klasse vor.

Liebe Oma Lotte,
hast du Lust, mich im Jahr 2011 zu besuchen?
Ich vermute, dass das Leben im Jahr 1936 ziemlich hart war. Deshalb würde ich dich gerne mal zu mir ins Jahr 2011 einladen ...

8.3 „Going global?“: Eine schwere Entscheidung

Am Beispiel der Familie Lennartz haben Sie erfahren, wie sich innerhalb zweier Generationen das Leben der Familien gewandelt hat. Manche dieser Änderungen haben den Horizont der Menschen erweitert, andere haben sich negativ ausgewirkt. Schauen Sie nun genauer auf die globalisierte Wirtschaft: Täglich entscheiden hier Menschen in Familien, Schulen, Unternehmen und Universitäten darüber, wie sie in einer globalisierten Welt leben, lernen, arbeiten und investieren werden. Dabei müssen sie die vielen Chancen, die ihnen die Globalisierung bietet, gegen die Nachteile und Risiken abwägen.
Im Folgenden lernen Sie den deutschen Jungunternehmer Metin kennen, der vor einer solchen Entscheidungen steht. Er hat sich mit einem eigenen Label in der Textilbranche einen Namen gemacht und kämpft nun mit seinem Unternehmen um das wirtschaftliche Überleben.

Fallbeispiel

Metin

Metin, 23 Jahre alt, ist im Rheinland geboren. Nach einigen Schwierigkeiten in der Realschule hat er nach einem zweiten Anlauf am Berufskolleg eine Ausbildung als Einzelhandelskaufmann absolviert. Er möchte nach der Ausbildung auf keinen Fall als Angestellter arbeiten und hat sich mit einem Designerfreund und einem Schnitt-Techniker daran gemacht, ein eigenes Label zu entwerfen: „Prinz M“. Die Teile können sie im Betrieb seines Vaters produzieren lassen, der am Rande der Eifel eine kleine Näherei führt. Durch ihr cooles Marketing und den Internetvertrieb wird das Label sehr rasch deutschlandweit bekannt, und sie kommen mit der Produktion ihrer Teile kaum nach. Bald stellen Metin und seine Freunde fest, dass sie zu teuer produzieren, denn ihr Gewinn bleibt trotz ihres hohen Arbeitseinsatzes und des Verkaufserfolges minimal. Sie vergleichen die Preise international und stellen fest, dass sie in Bangladesch sehr viel preiswerter produzieren könnten. Als Metin seinem Vater von der Idee erzählt, die Produktion zu verlagern, ist dieser entsetzt: Seine Firma würde den plötzlichen Wegfall von Metins Aufträgen nicht überleben. Die dreißig Arbeiterinnen könnte er nicht weiter beschäftigen. Wie soll Metin sich entscheiden?

Durchschnittliche Stundenlöhne in der Textilindustrie (in US $)

	Japan	Westdeutschland	Ostdeutschland	Frankreich	Polen	Thailand	China	Bangladesch
1996	24,31	21,94	–	16,45	2,39	1,56	0,58	0,58
2002/2004	20,08	24,34	13,71	17,84	3,66	1,00	0,35	0,25

Umrechnungskurs vom 12.12.2005 (1€ = 1,18173 US $); Geografie heute. H 155 (1997) S. 27

Quellen: Deutsche Bank Research (Juli 2005); www.dbresearch.com/PROD/DBR_INTERNET_EN-PROD/PROD0000000000189216.PDF.
BKMEA (Januar 2005): www.bkmea.com/business_opportunties.php

Infobox

Die Wirtschaft von Bangladesch

Sie hat neben der Landwirtschaft als größtem Sektor die Textilfertigung. Zwei Millionen Menschen, überwiegend ungelernte Frauen, manchmal auch Kinder, arbeiten hier. Sie arbeiten unter schwierigen Bedingungen, aber sie haben so die Möglichkeit, selbstständig zum Überleben ihrer Familien beizutragen. Auf Grund seiner Armut und Unterentwicklung darf Bangladesch seine Textilprodukte zollfrei in die EU exportieren. Der Export besteht zu dreiviertel aus Kleidung. Die Rohstoffe für die Textilien – Garne und Stoffe – sowie Mineralöl und Maschinen müssen aber aus anderen Staaten importiert werden.

Arbeitsmarkt
Arbeitskosten
Produktivität
Qualifikation
Arbeitnehmerrechte
Arbeitsbedingungen

Absatzmarkt
Marktgröße
Wachstum
Lieferanten

Technik u Verkehr
Forschungs- und Technikstandard
Verkehr
Kommunikation
Energiekosten

Standortentscheidung:
Welche Faktoren beeinflussen die Entscheidung für einen Produktionsstandort?

Wirtschaftlicher Rahmen
Währungsrisiko
Wirtschaftsentwicklung
Marktzugang
Rohstoffe

Politischer Rahmen
Steuern/ Zölle
Sicherheit
Umweltschutz
Sozialer Friede

Jetzt sind Sie dran ...

1. Erarbeiten Sie in Arbeitsgruppen den Fall Metin (➲ Fallanalyse).
   a) Fragen Sie zunächst die spontane Meinung aller Gruppenmitglieder ab: Wie soll sich Metin entscheiden?
   b) Ziehen Sie nun die weiteren Informationen zum Fall hinzu. Welche möchten Sie für Ihre Entscheidung berücksichtigen? Welche Informationen fehlen Ihnen?
   c) Formulieren Sie Arbeitsaufträge, um die fehlenden Informationen von Gruppenmitgliedern zusammenstellen zu lassen. Tragen Sie alle Informationen zusammen, diskutieren Sie über Ihre Bewertungsmaßstäbe und kommen Sie zu einer gemeinsamen Gruppenposition. (Nutzen Sie auch Ihr Wissen aus den Kapiteln 5 und 9.)
   d) Präsentieren Sie Ihre Entscheidungsempfehlung mit Begründung dem Klassenplenum.

8.4 Gewinner und Verlierer der Globalisierung

Infobox

Die Geschichte der Globalisierung: Austausch und Unterwerfung

Jahrhundertelang gehörten China, Indien und das Osmanische Reich zu den führenden Mächten der Welt. Europa – der Westen – stand am Rande und hatte global keinen außerordentlichen wirtschaftlichen, kulturellen oder militärischen Einfluss. Dies änderte sich ab dem 15. Jahrhundert, als die ersten Europäer sich daran machten, weltweite Handelswege zu erschließen und später aber auch mehr und mehr versuchten, andere Völker zu missionieren und zu unterwerfen.

Seit der Mitte des 19. Jahrhunderts war die wirtschaftliche und technologische Übermacht der westlichen Nationen, wie Großbritannien, Frankreich und den USA, unumstritten. Sie bildeten das wirtschaftliche Machtzentrum, um die sich die Kolonien in eine Welt integrierten: Die Mutterländer hielten die Kolonien in extremer Abhängigkeit und beuteten deren Rohstoffe aus. Sie zwangen sie gleichzeitig, ihnen Waren zu hohen Preisen abzunehmen. Diese Phase der Globalisierung brachte vor allem die britische Wirtschaft zur Blüte.

Erst mit dem ersten Weltkrieg brach die weltweite Macht der großen westlichen Nationen zusammen. Nach der Währungskrise der 1920er Jahre fielen die Staaten Europas in eine Isolation. Die Isolation hielt nach dem 2. Weltkrieg bis in die fünfziger Jahre an.

In dieser Zeit erkämpften sich viele ehemalige Kolonien die politische Unabhängigkeit. Die neue Freiheit konnten sie aber nicht in einen guten Lebensstandard für ihre Bevölkerungen umsetzen, denn ihre Regierungen waren häufig undemokratisch (→ auch Kapitel 1).

Obwohl seit dem zweiten Weltkrieg die weltweiten Handelszölle stark abgebaut wurden, profitierten nicht alle Länder von dieser Öffnung, denn dies geschah nicht zu fairen Bedin-

Die Kolonisation oder: Cortés Ankunft in Veracruz (Gemälde von Diego Rivera, 1930

gungen: Die Staaten des Nordens zwangen die neuen unabhängigen Staaten (so genannte Entwicklungsländer), sich für Exporte aus den reichen Ländern zu öffnen. Sie öffneten aber selbst nicht die eigenen nationalen Märkte für Importe landwirtschaftlicher Güter aus diesen armen Ländern. Dies führte zu einer extremen Verelendung der Landbevölkerung in vielen Staaten des Südens (1960–1990).

Heute geraten auch die reichen westlichen Staaten unter Druck. China und Indien ist es gelungen, zu führenden Exportnationen für Konsumgüter (China) und Dienstleistungen (Indien) zu werden.

Dies ist auch mit den tiefgreifenden Änderungen der Produktionsabläufe verbunden: Die großen internationalen Konzerne, verlagern mit enormer Geschwindigkeit einzelne Firmenteile in Länder mit guten Standortbedingungen (Global Sourcing). Dies hat auch in den reichen Nationen zu einer Verarmung von Teilen der Bevölkerung geführt: In den USA sind seit 1995 3,5 Millionen Arbeitsplätze in der Produktion weggefallen. Die ganz armen Länder haben in dieser Entwicklung zusehends das Nachsehen, während die rohstoffreichen afrikanischen Staaten profitieren.

Der Aufstieg der Schwellenländer (BRIC-Staaten) und der wachsende Wohlstand der Menschen in diesen Ländern verschärfen allerdings das Problem der globalen Verschmutzung und des Klimawandels (→ Kapitel 15).

Handelszölle: staatliche Abgaben auf die Wareneinfuhr
Global Sourcing: Internationale Beschaffung und Produktion in einem Unternehmen
Multipolare Ordnung: internationale Ordnung mit zahlreichen Machtzentren
BRIC: Abkürzung für die Staaten Brasilien, Russland, Indien und China
missionieren: Zu der eigenen Glaubenslehre bekehren

Jetzt sind Sie dran ...

!

1. Lesen Sie den Text Abschnitt für Abschnitt in Vierergruppen nach der Methode ➲ reziprokes Lesen.
2. Erzählen Sie die Geschichte der Globalisierung als Comic. Wählen Sie einen Aspekt, der Ihnen besonders wichtig und interessant erscheint, als Leitmotiv!
3. Ordnen Sie nun die Informationen in Form einer T-Tabelle:

Globalisierung	
Gewinner	Verlierer

Denken Sie auch daran, dass es innerhalb eines Staates (oder innerhalb einer Familie wie im Fall Metin) Gewinner und Verlierer der Globalisierung geben kann.
4. Sollte man anstreben, die Globalisierung zu beschleunigen? Teilen Sie Ihre Klasse zu dieser Frage in drei Gruppen ein: Je eine Pro- und Kontra-Gruppe sowie eine Beobachter-Gruppe.
Inszenieren Sie einen Austausch der Argumente nach dem Modell der ➲ akademische Diskussion. Reflektieren Sie mit den Beobachtern die Diskussion und die Methode.

8.5 Wer bewegt die internationale Politik?

Technischer Fortschritt bei Kommunikation und Transport sind maßgebliche Ursachen für den beschleunigten Prozess der Globalisierung. Die Lebensbedingungen der Menschen überall auf der Welt verändern sich rasant. Viele wünschen sich, dass sie größeren Einfluss auf das Geschehen nehmen können.

Der Traum vom Weltretter:

„Was wir heute Globalisierung nennen, verändert die Nationalstaaten: Ihre Macht wird diffus und ihre Grenzen werden porös [durchlässig]. Der technische Fortschritt verringert die Macht und die Chancen der Regierungen und der Präsidenten, ihre nationale Wirtschaft zu kontrollieren.“

Tony Blair, (ehemaliger brit. Premierminister), Financial Times, 20.03.1996

Jetzt sind Sie dran ...

1. Analysieren Sie diese Karikatur, die anlässlich einer internationalen Konferenz in Denver entstanden ist (➲ Karikaturen verstehen).
   a) Wie wirkt die Darstellung auf Sie?
   b) Beschreiben Sie die dargestellte Situation auf dem Bild.
   c) Wie geht der Zeichner vor, um seine Botschaft zu vermitteln? Wo steckt in dieser Zeichnung der Witz? Formulieren Sie einen eigenen Titel zu dieser Zeichnung.
   d) Lesen Sie nun das Zitat von Tony Blair und formulieren Sie daraufhin einen neuen Titel zu dieser Darstellung.
   e) Diskutieren Sie die Frage, ob es richtig ist, dass Menschen Hoffnung in einzelne Akteure auf der globalen Bühne setzen. Was spricht dafür, dies zu tun, was dagegen? Wie bewerten Sie selbst diese Haltung?
   f) Wenn Sie einen „Obaman“, einen internationalen Superhelden, programmieren könnten: Welche drei Aufträge würden Sie ihm geben?

Politische Arbeit in internationalen Organisationen

Viele Staaten der Welt praktizieren gemeinsames Problemlösen in der internationalen Politik. Dabei wählen sie unterschiedliche Vorgehensweisen:

- **Bilaterales Handeln:** zweiseitiges Vorgehen. Vertreter zweier Staaten treffen sich und versuchen zu gemeinsamen Lösungen zu kommen.
- **Multilaterales Handeln:** gemeinsames Vorgehen mehrerer Staaten, meist in internationalen Institutionen.

Aber auch dieses Vorgehen von Staaten ist zu beobachten:

- **Unilaterales Handeln:** einseitiges Vorgehen. Ein Staat handelt ohne Absprache mit anderen Staaten.

In der Übersicht weiter unten finden Sie drei wichtige internationale Institutionen, in denen auch die Bundesrepublik Deutschland Mitglied ist. In der rechten Spalte finden Sie Beispielsfälle, in denen Staaten in der jeweiligen Organisation gemeinsam nach Problemlösungen suchten.

Internationale Organisation	Beispielsfälle für Problemlösungen
WTO (World Trade Organization/ Welthandelsorganisation): In der WTO koordinieren die Mitgliedstaaten ihre Handelspolitik und klären Streitfragen des internationalen Handels.	**Problem:** Ein Staat fühlt sich zu Unrecht im Welthandel benachteiligt und wendet sich zur Streitschlichtung an die WTO (Beispiel: USA wehrt sich gegen das Verbot, Hormonfleisch in die EU zu importieren).
NATO (North Atlantic Treaty Organization): In der NATO haben sich die Mitgliedstaaten gegenseitigen militärischen Beistand im Kriegsfall erklärt.	**Problem:** Ein Staat, der sich in seiner Sicherheit bedroht fühlt, wendet sich an die NATO, um im Angriffsfall von den anderen Mitgliedern mitverteidigt zu werden (Beispiel: USA nach dem 11.9.2001).
UNO (United Nations Organisation/Organisation der Vereinten Nationen: Hier sollen die Mitgliedstaaten den Weltfrieden, die Gleichberechtigung und die Selbstbestimmung aller Völker sowie die Zusammenarbeit zwischen den Staaten der Erde vorantreiben.	**Problem:** Ein Staat, der in seiner Stabilität und in seiner Existenz gefährdet ist, kann von der Weltgemeinschaft militärisch durch Blauhelm-Soldaten unterstützt werden (Beispiel: UN-Blauhelme im Libanon (UNIFIL) und Einsatz im Sudan (UNMIS und UNAMID).

Jetzt sind Sie dran ...

2. Visualisieren Sie die drei Fachbegriffe unilateral, bilateral und multilateral und entwickeln Sie mündlich anhand Ihrer Darstellung erste Ideen über mögliche Vor- und Nachteile des jeweiligen Vorgehens.
3. Bearbeiten Sie dann die Tabelle: Informieren Sie sich in einzelnen Arbeitsgruppen über die genannten internationalen Organisationen (➲ Internetrecherche): Wie sind diese Organisationen aufgebaut? Erstellen Sie jeweils ein einfaches Organigramm (➲ Schaubilder erstellen).
4. Diskutieren Sie je einen der Problemfälle, die in den drei Organisationen bearbeitet wurden: Welche Schwierigkeiten sehen Sie für das multilaterale Handeln der deutschen Vertreter in diesem Fall?

8.6 Was will die deutsche Politik?

Die Regierung der Bundesrepublik Deutschland führt vor allem eine multilaterale Außenpolitik. Welche Ziele verfolgt die deutsche Außenpolitik dabei? Dazu der ehemalige Außenminister Frank-Walter Steinmeier und die Regierung Angela Merkel:

Was sind die Kennzeichen einer modernen Außenpoltik im 21. Jahrhundert?

Unsere Außenpolitik bleibt auch im 21. Jahrhundert eine Politik, die sich an den Interessen unseres Landes ausrichtet. Das ist unser Anspruch, und dazu müssen wir natürlich genau beobachten und analysieren, was in der Welt gegenwärtig geschieht.

Augenblicklich erleben wir tief greifende Wandlungsprozesse: Koordinatensysteme verschieben sich, neue Mächte entstehen – und mit ihnen neue Herausforderungen und die Notwendigkeit neuer Ordnungs- und Regelungssysteme. Der Kalte Krieg ist vorbei. Klimawandel, Rohstoffknappheit, internationaler Terrorismus, eine multipolare Weltordnung – das sind die Fragen, mit denen wir uns heute zu beschäftigen haben.

Unser Ziel muss sein, die Welt von heute aktiv zu gestalten. Das heißt: ... Entwicklungen zu antizipieren [vorweg zu nehmen], entsprechende Handlungskonzepte zu entwickeln. Kurzum: „Modern" – das heißt heute vor allem: „vorausschauend". Gerade in der Außenpolitik.

Quelle:
.de-Magazin Deutschland, 8/2008

Die Milleniumsziele der globalen Politik:

Deutschland hat sich mit den anderen reichen Staaten verpflichtet, genaue Ziele bis zum Jahr 2015 zu erreichen:

Das übergeordnete Millenniumsziel ist, die Armut in der Welt bis zum Jahr 2015 zu halbieren. Auf dieses und auf weitere sieben Ziele haben sich 189 Länder nach der Millenniumserklärung festgelegt. Dies geschah beim bis dahin größten Gipfeltreffen der Vereinten Nationen in New York im September 2000. Entwicklungs- und Industrieländer sind dazu aufgerufen, bis 2015 gemeinsam den zentralen Herausforderungen wie etwa der Bekämpfung von HIV/Aids und dem Schutz der Umwelt zu begegnen. Die Erklärung und die Millenniumsziele sind eine Chance, die Entwicklungszusammenarbeit verbindlicher, überprüfbarer und letztlich erfolgreicher zu machen.

Quelle:
Die Bundesregierung, Presse- und Informationsamt, abgerufen unter: www.bundesregierung.de/nn_1264/Content/DE/Artikel/2010/09/2010-09-17-un-millenniumsziele.html

Jetzt sind Sie dran ...

1. Was will die deutsche Außenpolitik:
   a) Stellen Sie den Antrieb, die Handlungsfelder und das Ziel der deutschen Außenpolitik dar.
   b) Recherchieren Sie alle acht Milleniumsziele und stellen Sie deren Anspruch dar.
   c) Decken Sie Widersprüche der Sichtweisen auf.
2. Führen Sie ein ➲ Gruppenpuzzle durch zum Thema „Die Bundesrepublik Deutschland und die Milleniumsziele der globalen Politik".

„Was will ich tun, was kann ich ändern?“ – ein Selbstversuch

Deutsche Politiker versuchen, durch ihr Handeln in internationalen Organisationen, deutsche Interessen in der globalen Politik zum Tragen zu bringen. Dabei stehen sie nicht selten in einem Zielkonflikt: Einerseits wollen sie den Wohlstand und die Lebensweise aller Menschen in Deutschland schützen. Andererseits wollen sie Deutschland öffnen und die internationale Politik mitgestalten: z.B. Banken international regulieren, Menschenrechte durchsetzen, Klimaziele erreichen und die armen Länder durch Entwicklungshilfe unterstützen. Zunehmend entwickelt sich in der Bevölkerung eine Bereitschaft, die eigene Lebensweise zu ändern und sogar auf angenehme Gewohnheiten zu verzichten. Viele Bürger der westlichen Staaten ändern ihr Alltagsverhalten und beeinflussen dadurch Politik und Unternehmen. Beim Konsum achten sie z.B. auf einen schonenden Umgang mit den immer knapper werdenden Rohstoffen (→ Kapitel 15).

Nebenstehend finden Sie eine bunte Liste von Aktivitäten, die in Bürgergruppen und Initiativen diskutiert und praktiziert werden.

Jetzt sind Sie dran ...

3. Diskutieren Sie mit einem Arbeitspartner die vorgeschlagenen Aktionen. Welche davon sollten in Ihren Augen verfolgt werden, von welchen würden Sie eher Abstand nehmen?
4. Nutzen Sie die Vorschläge, um damit ein eigenes Experiment vorzubereiten. Streichen Sie Aktionen und ergänzen Sie Aktionen, die für Sie selbst interessant sind. Erstellen Sie damit einen Leitfaden für eine Woche (➲ Buddy Book).
5. Tragen Sie Ihre Erfahrungen mit den einzelnen Aktionen in das Buch ein. Sie können gleichzeitig auch ein Videotagebuch über Ihr Experiment drehen.
6. Stellen Sie Ihr Experiment der Klasse vor und diskutieren Sie die Erfahrungen im Klassenplenum.
7. Informieren Sie sich über Nicht-Regierungsorganisationen und Gruppen, die die Ziele einer gerechteren Globalisierung verfolgen. Stellen Sie diese Gruppen im Klassenplenum vor. Vielleicht gelingt es Ihnen, einen Vertreter einer solchen Gruppe in die Schule einzuladen und zu interviewen?

Alles klar?

8.7 Überprüfen Sie Ihr Wissen

1. **Tabu:** Gehen Sie dieses Kapitel noch einmal in Gedanken durch. Überlegen Sie, welches Thema der Globalisierung für Sie am interessantesten war. Wählen Sie aus dem Thema einen typischen Begriff. Jetzt nehmen Sie sich eine Karteikarte. Auf die Vorderseite schreiben Sie den Begriff. Auf der Rückseite der Karte notieren Sie fünf Wörter, die diesen Begriff näher beschreiben. Nutzen Sie nun in der Klasse alle Karten für eine Spielrunde (➲ Tabu).

   Bei diesem Spiel wählen Sie zunächst zwei Teams A und B. Team A beginnt. Ein Spieler zieht eine Karte und muss seine Mitspieler in einer vorgegebenen Zeit (nicht länger als zwei Minuten) den Begriff erraten lassen. Dabei darf er den Begriff nicht nennen, aber die Beschreibungen auf der Rückseite nutzen. Fällt der richtige Begriff in der Spielzeit, dann bekommt Team A einen Punkt.

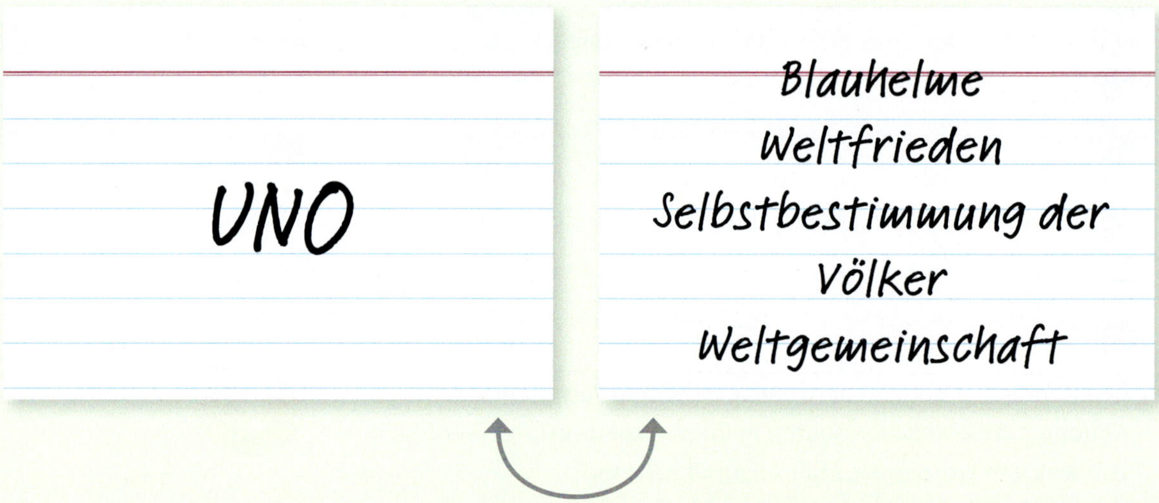

2. ➲ **Paar-Check:** Erzählen Sie sich gegenseitig die Geschichte der Globalisierung. Nehmen Sie jeweils die Sichtweise eines westlichen Industrie- und ehemaligen Kolonialstaates und die Perspektive eines BRIC-Staates ein. Verbessern Sie gegenseitig Ihre Versionen der Globalisierungsgeschichte. Was fällt Ihnen beim Erzählen der beiden Versionen der Globalisierung auf?

Alles klar?

3. Schreiben Sie einen Kommentar (➲ Kommentar schreiben) zu folgender Äußerung Kofi Annans: Kofi Annan war von 1997 bis 2006 UN-Generalsekretär. 2001 erhielt er den Friedensnobelpreis.

Globalisierung soll auch für die Armen ein Gewinn sein.

Kurz gesagt, die armen Länder können viel tun, um sich selbst zu helfen. Aber den reichen Ländern kommt dabei eine unverzichtbare Rolle zu. Solange sie ihre Märkte nicht für die Produkte der Entwicklungsländer öffnen und so lange sie den Weltmarkt mit ihren Nahrungsmittelexporten überschwemmen, gegen die die Bauern in armen Ländern unmöglich bestehen können, ist es scheinheilig, diesen Ländern die Vorteile offener Märkte zu predigen.

Sie können auch nicht erwarten, dass die Entwicklungsländer ihre Appelle zur Achtung der globalen Umwelt hören, so lange sie nicht selbst bereit sind, ihre eigenen unverantwortlichen Produktions- und Konsummuster zu ändern.

Kofi Annan,
Gastkommentar in der Financial Times Deutschland vom 13.12.2000

4. Analysieren Sie diese Karikatur (➲ Karikaturenanalyse).

Vernetzen Sie Ihr Wissen:

- Mit dem Thema: Globalisierung (→ Kapitel 8)
- Mit dem Thema: Sozialpolitik (→ Kapitel 3)
- Mit dem Thema: Wirtschaft (→ Kapitel 5)
- Mit dem Thema: Identität (→ Kapitel 10)

So arbeiten Sie mit anderen zusammen:

- Streitgespräch
- Paar-Check

Diese Methoden brauchen Sie:

- Informieren: Interview
- Analysieren: Fallanalyse
- Wissen organisieren: Mind-Map, Cluster, Fischgrät-Diagramm
- Kreativ sein: Kopfstand, Kartenabfrage
- Präsentieren: Plakat/Wandzeitung, Leserbrief

Deutscher sein heißt nicht, dass man deutsche Vorfahren haben muss oder in Deutschland geboren sein muss: In Deutschland leben viele Menschen, deren Familien eingewandert sind, um hier zu leben und zu arbeiten. Umgekehrt verlassen viele Menschen, die ursprünglich in Deutschland gelebt haben, dieses Land, um woanders ein neues Leben anzufangen.

Hinter diesen einzelnen Lebensgeschichten stecken häufig schwierige Entscheidungen.

In diesem Kapitel erfahren Sie mehr dazu. Sie untersuchen, warum manche Staaten versuchen, Menschen zur Einwanderung zu bringen, andere wiederum ihre Grenzen für Einwanderer schließen oder die Einwanderung streng kontrollieren.

9 Auswandern – Einwandern – Ankommen

9.1 Wenn Deutschland kein Einwanderungsland gewesen wäre ...

Schon sind Sie dran ...

1. Denken Sie einmal anders herum (➲ Kopfstandmethode): Wie würden wir in Deutschland leben, wenn es seit 50 Jahren keine Einwanderung gegeben hätte?
2. Entwickeln Sie eine Utopie einer vollkommen isolierten deutschen Gesellschaft. Stellen Sie diese Utopie als Collage dar.
3. Diskutieren Sie Ihre Utopien: Welche Merkmale der deutschen Gesellschaft unterscheiden sich in Ihren Utopien am stärksten von der wirklichen heutigen Gesellschaft? Erleichtern Sie sich den Vergleich, indem Sie eine Tabelle nach folgendem Muster erstellen:

Anleitung für das Scheitern	Anleitung für das Gelingen
Keine Abwechslung vom deutschen Essen ...	Multi-Kulti-Küche

4. Ordnen Sie Ihre Überlegungen in einer ➲ Mind-Map. In die Mitte schreiben Sie das Thema: „Auswirkungen der Migration auf die deutsche Gesellschaft“.

Utopie (aus dem lat.): eine gedachte Gesellschaftsordnung, die nicht zu verwirklichen ist.

Auswirkungen der Migration auf die deutsche Gesellschaft

Utopien werden häufig als isolierte Welten, zum Beispiel als Insel dargestellt: Die Insel Utopia, von Ambrosius Holbein, 1518

Menschen wandern weltweit

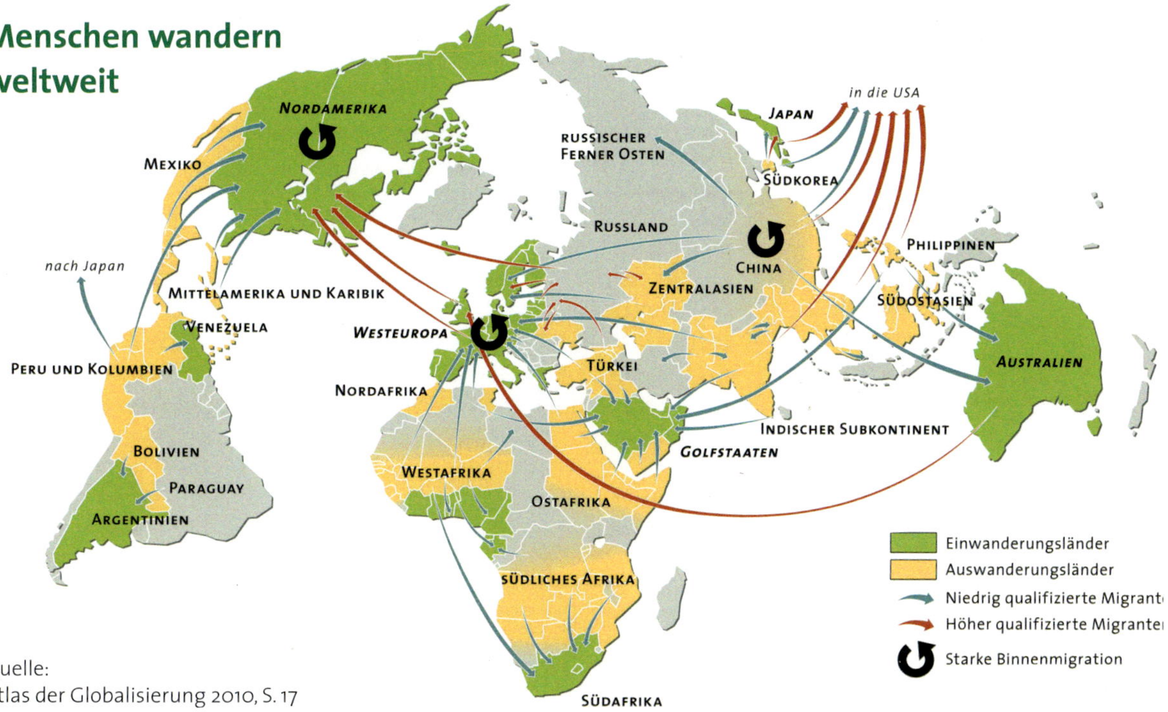

Quelle:
Atlas der Globalisierung 2010, S. 17

In den letzten Jahrzehnten hat die Zahl der Menschen, die über Grenzen gehen, um in einem anderen Land ein besseres Leben zu führen, ständig zugenommen. Viele Migranten nehmen lebensgefährliche Risiken auf sich, um in ein anderes Land zu kommen. Jeder fünfunddreißigste Mensch weltweit ist ein internationaler Migrant. Wenn all diese Menschen in einem Land leben würden, wäre dieses Land der fünftgrößte Staat der Welt.

Quelle: BBC, Factfile Global Migration, abgerufen unter http://news.bbc.co.uk/2/shared/spl/hi/world/04/migration/html/migration_boom.stm

Jetzt sind Sie dran ...

5. Betrachten Sie die Karte und die dargestellten Wanderungsströme: Welche Länder und Regionen geben Menschen ab, wohin wandern die meisten Menschen ein? Wie sind die Migranten in den verschiedenen Regionen der Erde qualifiziert?
6. Sammeln Sie Ideen zu den Gründen der weltweiten Migration. Warum geben bestimmte Staaten mehr Menschen ab als sie aufnehmen und was bedeutet dies für diese Staaten? Schreiben Sie diese ersten Ideen zur Migration auf ein Plakat, das Sie in einer Ecke der Klasse aufhängen.
7. Denken Sie nun über Ihren eigenen Lebensplan nach: Würden Sie umziehen oder gar auswandern, um nach Ihrer Ausbildung berufstätig sein zu können? Diskutieren Sie in Zweierteams die Frage: „Wie weit bin ich bereit wegzugehen?“
   Anschließend können Sie Ihre Ergebnisse auf einer selbst gefertigten Karte festhalten. Zeichnen Sie alle maximalen Ziele in die Karte ein, in deren Zentrum Ihre Heimatstadt steht.

9.2 Geschichte der Migration von und nach Deutschland

1

Die Politik der großen Kriege führt zu Verschleppung, Vertreibung und Flucht.

2

„Gastarbeiter“: Arbeitskräfte werden angeworben, um Deutschland wieder aufzubauen.

3

Einwanderungswelle aus dem Osten: Die neuen Industrien können ihren Arbeitskräftebedarf nicht decken.

4

Armut und Arbeitslosigkeit machen Deutschland zum Auswanderungsland.

A Zu Beginn des 19. Jahrhunderts – vor allem nach dem Hungerjahr 1817 – setzte eine massive Auswanderungswelle von Deutschland nach Nordamerika ein. Armut und Arbeitslosigkeit waren so verbreitet, dass sich viele Deutsche – vor allem aus Süddeutschland – auf den Weg über den Atlantik machten. Als sogenannte Redemptionists bezahlten sie ihre Überfahrt nachträglich mit einigen Jahren unfreier Arbeit bei einem Dienstherren. Dieser gab ihnen am Ende dieser Zeit ein Startkapital, mit dem sie sich im „Land der unbegrenzten Möglichkeiten“ eine eigenen Existenz aufbauen konnten.

B In der zweiten Hälfte des 19. Jahrhunderts kehrte sich das Verhältnis von Bevölkerungszahl und dem Bedarf an Arbeitskräften immer mehr um. Die wachsenden Industrien – besonders im Ruhrgebiet – fanden nicht mehr genug Beschäftigte. Vor allem im Gebiet des heutigen Polen wurden Arbeitskräfte durch Schlepper angeworben und in das Ruhrgebiet gebracht. Sie lebten in primitiven Unterkünften in der Nähe von Stahlwerken und Zechen. Obwohl sie aus dem Deutschen Reich kamen, wurde ihnen die Integration schwer gemacht. Heute sind die ehemaligen „Ruhrpolen“ mit der deutschen Gesellschaft verschmolzen.

C Die deutschen Angriffskriege des 20. Jahrhunderts haben die größte europäische Menschenwanderung der neueren Zeit verursacht. Schon im 1. Weltkrieg wurden zwei Millionen Zwangsarbeiter aus Frankreich, Polen und Belgien in das Deutsche Reich verschleppt. Während des 2. Weltkriegs wurden Juden, politisch Verfolgte, Zwangsarbeiter und andere zu Millionen verschleppt und getötet.
Nur wenigen gelang die Flucht ins Ausland. Gegen Ende des Krieges setzten Flucht und Vertreibung von Deutschen aus dem Osten Europas ein. Bis 1950 wurden beinahe 12 Millionen Vertriebene in die Nachkriegsgesellschaft integriert. Hinzu kamen die fast drei Millionen Menschen, die bis zum Bau der Mauer 1961 aus der DDR nach Westdeutschland flohen.

D Trotz der massiven Zuwanderung nach dem Ende des 2. Weltkrieges reichte die vorhandene Arbeitskraft nicht, um den Wiederaufbau und das Wirtschaftswachstum der jungen Bundesrepublik zu bewältigen. Ab 1955 begannen Agenten in Italien, ab 1960 in Spanien und Griechenland, später dann in der Türkei (ab 1961) und anderen Ländern „Gastarbeiter“ anzuwerben. Es war üblich, den Arbeitern nur so lange den Aufenthalt in Deutschland zu erlauben, wie sie als Arbeitskraft gebraucht wurden. Bis 1973 sind 2,6 Millionen Menschen auf diesem Weg nach Deutschland gekommen, ab diesem Datum wurde ein Anwerbestopp für Menschen aus nicht EG-Staaten verhängt. Ab 1983 wurde die Rückkehr sogar mit einer Prämie belohnt. Insgesamt kehrten von den 14 Millionen „Gastarbeitern“, die seit 1955 eingewandert waren, 11 Millionen in ihre Heimatländer zurück.

E Mit dem Mauerfall wurden die Grenzen nach Osten durchlässiger. Schon vor der deutschen Wiedervereinigung im Jahr 1990 kommen Hunderttausende als Aussiedler aus Staaten Osteuropas und der ehemaligen Sowjetunion nach Deutschland. Zugleich wuchs die Zuwanderung aus Krisen- und Kriegsgebieten weltweit, auch die Zahl der politisch verfolgten Asylsuchenden. Den größten Zustrom erfuhr die Bundesrepublik durch Kriegsflüchtlinge aus dem ehemaligen Jugoslawien, die bis 1996 nach Deutschland kamen.

5

Zum ersten Mal wird in Deutschland die Zuwanderung gesetzlich geregelt.

F Im Jahr 2002 wird die Zuwanderung nach Deutschland erstmals insgesamt gesetzlich geregelt. Durch die strengen Bestimmungen des Gesetzes nimmt die Zuwanderung nach Deutschland immer mehr ab. Gleichzeitig steigt die Zahl derjenigen, die Deutschland verlassen. Im Jahr 2008 wandern erstmals mehr Menschen aus Deutschland aus als zu. Allerdings besteht ab 2011 für die der Europäischen Union neu beigetretenen Staaten auch in Deutschland vollständige Freizügigkeit auf dem Arbeitsmarkt.

6

Deutschland wird Ziel von Kriegsflüchtlingen und Asylsuchenden.

Jetzt sind Sie dran ...

1. Lesen Sie die Textkarten zur deutschen Migrationsgeschichte und ordnen Sie die Überschriftenkarten zu. Suchen Sie sich dann einen Arbeitspartner und erzählen Sie sich abwechselnd die Etappen der Migrationsgeschichte mit eigenen Worten.
2. Welche Gründe hatten Menschen, nach Deutschland ein- oder auszuwandern? Überlegen Sie zusammen mit Ihrem Partner die wahrscheinlichen Gründe. Notieren Sie die Gründe als Stichworte in Ihrem Heft.
3. Erstellen Sie nun eine Grafik nach folgendem Muster:

Druckfaktoren der Auswanderung (Push-Faktoren)	**Sogfaktoren** der Einwanderung (Pull-Faktoren)
???	???

4. Erforschen Sie Ihr eigenes Lebensumfeld nach Spuren der Migration. Untersuchen Sie zum Beispiel die Nachnamen der Schüler Ihrer Klasse: Welche (Familien-)Geschichte steckt hinter diesen Namen?
5. Befragen Sie Migranten oder Menschen mit einem Migrationshintergrund nach ihrer Geschichte. Erforschen Sie die Wichtigkeit der Push- und Pull-Faktoren bei der Migration: Wie ist es bei Ihren Interviewpartnern zu der Entscheidung gekommen, auszuwandern? Nehmen Sie die Interviews als Video- oder Audiodateien auf (➲ Interview). Stellen Sie besonders spannende Geschichten in der Klasse vor.

9.3 Auswandern? Eine schwere Entscheidung

Sie haben die deutsche Geschichte als eine Geschichte von Ein- und Auswanderung kennen gelernt und erfahren, dass es Push- und Pull-Faktoren sind, die die Migration beeinflussen.
Eine Auswanderung ist für einen einzelnen Menschen eine der schwersten Entscheidung seines Lebens: Wenn Menschen sich entscheiden zu gehen oder in ihrem Land zu bleiben, dann spielen viele Überlegungen, Gefühle und Lebenspläne eine Rolle. Vor allem dann, wenn das eigene Leben nicht durch Hunger, Naturkatastrophen oder Kriege bedroht ist, wie im folgenden Fall eines indischen Computerspezialisten.

Fallbeispiel

Rajesh, 23 Jahre alt, ist in Südindien geboren. Seit seiner Kindheit hat er sich in Internet-Cafés herumgetrieben. Er hat schon als Jugendlicher eine eigene Business-Domain betrieben und gleichzeitig als Programmierer in kleineren Internet-Projekten mitgearbeitet. Während seines Studiums am Bangalore Institute of Technology hat er seine Freundin Neela kennen gelernt. Die beiden überlegen nun, bald zu heiraten und diskutieren über ihren Lebensplan. Da kommt Rajesh in Kontakt mit einer indischen Personalvermittlerin, die für ein Unternehmen in Deutschland einen IT-Spezialisten sucht. Als Spezialist kann er die Greencard bekommen. Sie ermöglicht ihm mit indischem Pass eine Aufenthaltserlaubnis und Arbeitserlaubnis in Deutschland. Die Stelle ist sehr gut bezahlt, er würde fast viermal so viel Geld verdienen wie in Bangalore. Seine Träume vom eigenen Haus mit Neela und von einer eigenen Firma könnte er mit diesem Geld sehr viel schneller realisieren als in seiner Heimat. Dafür soll er von Darmstadt aus als Projektleiter die IT-Zusammenarbeit der deutschen Firma mit ihren indischen Zulieferern koordinieren. Rajesh hat nur eine kurze Bedenkzeit: Wie soll Rajesh sich entscheiden?

Dokumente zum Fall Rajesh

„Die Greencard ist eine Erfolgsgeschichte", sagte BITKOM-Präsident Prof. August-Wilhelm Scheer. „Sie hat drei volle Hochschuljahrgänge der Informatik zusätzlich nach Deutschland gebracht."... Nach wie vor kritisch sieht der BITKOM-Präsident die strengen Kriterien, die an eine Arbeits- und Aufenthaltserlaubnis von IT-Fachkräften geknüpft werden. Grundvoraussetzung ist, dass der Antragsteller einen festen Arbeitsplatz in Deutschland vorweisen kann. Dann stellt die örtliche Arbeitsagentur im Rahmen einer „Vorrangprüfung“ fest, ob der Job nicht auch von einem arbeitslosen Deutschen ausgeübt werden könnte. Zudem ist die Aufenthaltsgenehmigung zunächst auf fünf Jahre befristet. Ehepartner dürfen mit einreisen, erhalten aber nicht automatisch eine Arbeitsgenehmigung. „Die Greencard hat eine wichtige Debatte in Deutschland angestoßen“, sagte Scheer. „Das aktuelle Zuwanderungsgesetz ist für den Zuzug von Hochqualifizierten aber immer noch zu streng.“

Quelle: BITKOM Presseinformation v.5. März 2010 (Auszug), abgerufen unter http://www.bitkom.org/files/documents/Microsoft_Word_-_BITKOM_Presseinfo_10_Jahre_Greencard_05_03_2010_final2.pdf

Eine neue internationale Arbeitsteilung

Die internationale Arbeitsteilung, die im „traditionellen“ Austausch von Fertigprodukten aus dem Norden gegen Rohstoffe aus dem Süden bestand, wird inzwischen zunehmend in Frage gestellt, und der Handel mit Zwischenprodukten nimmt zu. Grund dafür ist die Verlagerung von Produktionsstätten durch Direktinvestitionen im Ausland (Global Sourcing). Die im Süden auf Rechnung internationaler Konzerne hergestellten Halbfertigprodukte werden exportiert und in die im Norden gefertigten Produkte und komplexen Systeme eingebaut ... Der Anteil des internen Handels zwischen den Tochtergesellschaften eines Konzerns an dessen Gesamtexport schwankt bei japanischen Multis um 20 %, bei US-amerikanischen um 60 % und bei schwedischen sogar um 70 % ... ❞

Quelle: Atlas der Globalisierung 2010, S. 56

Jetzt sind Sie dran ...

1. . Erarbeiten Sie in Arbeitsgruppen eine ➲ Fallanalyse. Fragen Sie zunächst kurz die spontane Meinung aller Gruppenmitglieder ab: Wie soll sich Rajesh entscheiden?
2. Entwickeln Sie nun Ihre Fragen zu dem Fall: Welche Informationen fehlen Ihnen noch für Ihre Entscheidung? Gleichen Sie Ihre Fragen mit den aufgeführten Dokumenten ab.
3. Formulieren Sie Arbeitsaufträge, um die fehlenden Informationen von Gruppenmitgliedern zusammenstellen zu lassen. Tragen Sie alle Informationen zusammen, diskutieren Sie über Ihre Bewertungsmaßstäbe und kommen Sie zu einer gemeinsamen Gruppenposition. (Nutzen Sie auch Ihr Wissen aus dem Kapitel 8.)

9.4 Wie die Politik Migrationsströme steuert

Wie Rajesh treffen einzelne Menschen die Auswanderungsentscheidung als eigene Lebensentscheidung. Aus vielen dieser einzelnen Entscheidungen entstehen weltweite Migrationsströme, die das Leben in den Gesellschaften der Herkunftsländer und der Einwanderungsländer verändern. Die meisten Staaten versuchen, die Zu- und Abwanderung in ihrem Land zu kontrollieren: Sie geben Anreize einzuwandern oder schrecken Zuwanderer ab, sich in ihrem Land niederzulassen. Diese Steuerungsregeln werden in Gesetzen festgeschrieben.

In folgender Tabelle finden Sie Beispiele dafür, wie einzelne Staaten mit ihren Einwanderungsgesetzen den Zustrom von Ausländern regeln. Diese Länder werden häufig als Vorbilder für Deutschland genannt. Auch ihre Einbürgerungsgesetzgebung unterscheidet sich von der in Deutschland gültigen.

Einbürgerung: Verleihung der Staatangehörigkeit eines Staates.

	USA 	**Kanada** 	**Schweiz** 
Bedingungen für dieEinwanderung aus Beschäftigungsgründen	• hochqualifizierte Akademiker • beruflich qualifizierte und deren Familien, wenn es einen Sponsor gibt, der sicherstellt, dass die Familie über der Armutsgrenze lebt • falls es keinen Sponsor gibt: finanzielle Mittel als Existenzgrundlage nachweisen ($ 10 000 - $ 30 000 je nach vorliegendem Arbeitsvertrag und Personenanzahl) • Recht auf Greencard wird verlost: 50 000 Visa jährlich, etwa 1 000 für deutsche Staatsbürger	• Einwanderung im Qualifizierungsprogramm: Ein Einwanderer benötigt mindestens 67 von 100 Punkten; Punkte werden abhängig von Schulbildung, Ausbildung, Sprachkenntnissen, Alter und Berufserfahrung vergeben • Kinder, Ehepartner, Lebenspartner, Eltern, Großeltern dürfen nachziehen • Grundkapital von C$ 10 000 (Single) oder mindestens C$ 19 000 (Familie) nachweisen • Unternehmer und Selbstständige müssen mindestens C$ 800 000 investieren • zeitlich befristet: Arbeitnehmer oder Absolventen eines kanadischen Bildungsabschlusses mit Berufserfahrungen in Kanada	• EU- und EFTA-Staatsangehörige nutzen die Arbeitnehmerfreizügigkeit, brauchen aber eine Aufenthalts- und Arbeitserlaubnis • Ehepartner und Kinder bis zum 18. bzw. 21. Lebensjahr dürfen nachziehen • für alle anderen entscheiden die Behörden; in der Regel ist nachzuweisen, dass man eine Arbeitsstelle in der Schweiz antreten kann

	USA	Kanada	Schweiz
Bedingungen für die Einbürgerung	• 5 Jahre Aufenthalt in den USA bzw. 3 Jahre Aufenthalt als Ehefrau/-mann eines US-Bürgers • gute englische Sprach-, Lese- und Rechtschreibkenntnisse • gutes Ansehen • Einbürgerungstest • doppelte Staatsbürgerschaft ist möglich	• 4 Jahre im Besitz einer dauerhaften Aufenthaltsgenehmigung und mindestens 3 Jahre Aufenthalt in Kanada • gute Englisch- und Französischkenntnisse • Einbürgerungstest • doppelte Staatsbürgerschaft ist möglich	• 12 Jahre Aufenthalt in der Schweiz (die Jahre zwischen dem 10. und 20. Lebensjahr zählen doppelt) • Eingliederung in das Land • Achtung der Rechtsordnung und der Sicherheit • doppelte Staatsbürgerschaft ist möglich

Jetzt sind Sie dran ...

1. Schauen Sie die Tabelle mit den Zuwanderungsregeln und den Einbürgerungsregeln der drei Staaten an: Welche Bereiche der Migration regeln die Einwanderungsbestimmungen? Welche Zuwanderung regeln sie nicht? Was regeln die Einbürgerungsbestimmungen?
2. Welche Absichten verfolgen die drei Staaten mit dieser Gesetzgebung? Spekulieren Sie und diskutieren Sie darüber, wie aus Ihrer Sicht ein faires Zuwanderungsgesetz aussehen würde.
3. Vergleichen Sie die Einwanderungsbestimmungen der drei Staaten und überlegen Sie in Tandems:
   a) In welches dieser Länder würden Sie auf Grund der geltenden Gesetze am liebsten auswandern?
   b) Welche Begründung haben Sie für Ihre Wahl?
4. Welche Dinge würden für Sie zusätzlich für eine Auswanderungsentscheidung eine Rolle spielen? Notieren Sie Ihre Bedingungen auf Karten.
   Vergleichen Sie auch noch einmal Ihre Arbeitsergebnisse mit der Fallanalyse Rajesh.

Kanada: Nachziehende Angehörige müssen sich einem DNA-Test unterziehen

9.5 Zuwanderung nach Deutschland: Wer darf rein?

Kanada sucht sich die zukünftigen Bürger aus, die für seine Entwicklung nützlich sind. Der Staat unterzieht diese Menschen einer strengen Überprüfung und wählt dann die späteren Einwanderer gezielt aus: Auf diese Weise steuert der Staat z. B. gegen die niedrige Geburtenrate.
Auch Deutschland hat dieses Problem bei gleichzeitiger Abwanderung von Erwerbstätigen (→ Kapitel 3). Gleichzeitig muss Deutschland mit den Folgen der Anwerbung ausländischer Arbeitskräfte in den 60er Jahren des letztes Jahrhunderts klarkommen. Mit dem Zuwanderungsgesetz von 2005 versucht die Politik, die Zuwanderung zu regeln und zu begrenzen und andererseits bestimmte Zuwanderer nach Deutschland zu locken.

Infobox

Aus dem Zuwanderungsgesetz

1. Aufenthaltstitel: Ausländer brauchen für den Aufenthalt in Deutschland einen Aufenthaltstitel. Zwei wesentliche Möglichkeiten sind: der befristete (Aufenthaltserlaubnis) und der unbefristete (Niederlassungserlaubnis). Die Entscheidung hängt von der jeweiligen Begründung des Aufenthalts ab: Ausbildung, Erwerbstätigkeit, Familiennachzug, humanitäre Gründe.

2. Arbeitsmigration: Hochqualifizierte – etwa Wissenschaftler oder Computerfachleute – können von Anfang an eine Niederlassungserlaubnis bekommen. Gefördert wird zudem der Aufenthalt von Ausländern, die mindestens 250 000 Euro in Deutschland investieren oder hierzulande wenigstens fünf Arbeitsplätze schaffen. Ausländische Studenten dürfen künftig nach ihrem Studium bis zu einem Jahr in Deutschland bleiben, um hier Arbeit und Auskommen zu finden. Den qualifizierten Arbeitskräften der mittleren Stufe wird in Ausnahmefällen die Einwanderung gestattet. Für alle Nicht- oder Geringqualifizierten bleibt es beim Anwerbestopp.

3. Aufenthalt aus humanitären Gründen: Die Aufenthaltsrechte von Flüchtlingen werden verbessert. Wegen ihres Geschlechts oder ihrer geschlechtlichen Orientierung Verfolgte werden als Flüchtlinge anerkannt. Wer innerhalb von anderthalb Jahren seiner Ausreisepflicht nicht nachkommen konnte und das nicht selbst verschuldet hat, bekommt eine Aufenthaltserlaubnis.

4. Kindernachzug: Das neue Gesetz hält an der bisherigen Regelung zum Familiennachzug fest. Kinder von Asylberechtigten oder Flüchtlingen nach der Genfer Flüchtlingskonvention haben bis zum achtzehnten Lebensjahr einen Anspruch darauf, zu ihren Eltern nach Deutschland zu ziehen. Allerdings müssen sie die deutsche Sprache lernen oder sich vorhersehbar in Deutschland integrieren können. In den übrigen Fällen gilt eine Altersgrenze von sechzehn Jahren.

5. Integration: Kern des Zuwanderungsgesetzes sind die Sprach- und Integrationskurse für Einwanderer. Aber auch bereits hier lebende Ausländer sollen an Sprachkursen teilnehmen. Wer an den Kursen nicht teilnimmt, kann seine Aufenthaltserlaubnis verlieren oder mit der Verminderung von Sozialleistungen bestraft werden. Die Kursteilnehmer müssen, je nach Einkommen, eigene Beiträge zu den Kursgebühren leisten.

6. EU-Bürger: Bürger aus der Europäischen Union benötigen in Deutschland keine gesonderte Aufenthaltserlaubnis mehr, sondern müssen sich – wie deutsche Staatsbürger – nur noch bei den Meldebehörden ihres Wohnortes anmelden.

7. Asylverfahren: Wer in Deutschland Asyl erhält, ist zugleich berechtigt, hier zu arbeiten. Nach drei Jahren wird überprüft, ob die Asylgründe weiterhin gelten. Wer aber aus seinem Heimatland ausreist und dann erst die Gründe schafft, die ein Asyl in Deutschland rechtfertigen sollen, wird später vom so genannten kleinen Asyl ausgeschlossen.

8. Spätaussiedler: Deutschstämmige und insbesondere deren Familienangehörige, die nach Deutschland einwandern, müssen künftig zumindest Grundkenntnisse der deutschen Sprache nachweisen.

Jetzt sind Sie dran ...

1. Hier kommen Menschen zu Wort, die mit dem Aufenthalt in Deutschland ein Problem haben. Sie sind alle gerade nach Deutschland gekommen oder haben einen Migrationshintergrund. Und sie haben alle Probleme, sich in als Zuwanderer in Deutschland zurechtzufinden. Lösen Sie die Fragen dieser Personen mit Hilfe des Auszugs aus dem Zuwanderungsgesetz.

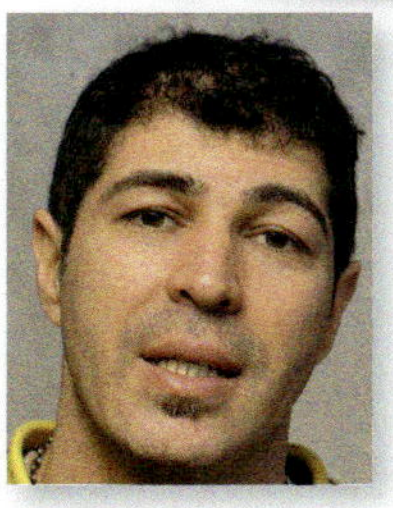

Ben ist 24 Jahre alt und stammt aus Israel. Er hat einen Studienplatz in Deutschland bekommen.

Christina hat die spanische Staatsangehörigkeit und möchte gerne für immer in Deutschland bleiben.

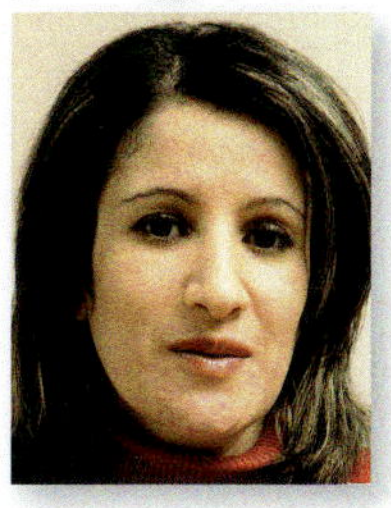

Daryaa ist gebürtige Iranerin, ist in Deutschland zur Schule gegangen und hat dort ihr Abitur gemacht. Nach einigen Jahren im Iran hat sie dort Schwierigkeiten, weil ihre Ehe gescheitert ist.
Sie möchte nun mit ihren beiden Kindern nach Deutschland kommen.

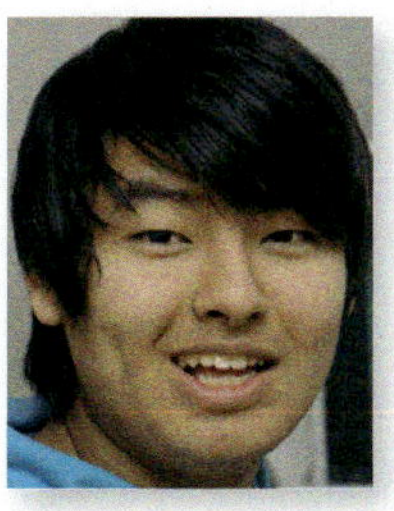

Zakir ist 27 Jahre alt und kommt aus Aserbaidschan. Er ist studierter Computerspezialist und hat die Zusage, einen unbefristeten Arbeitsvertrag bei einem deutschen Elektronikkonzern zu erhalten.

Tuong ist 35 Jahre alt und kommt aus Vietnam. Seit einem Jahr lebt er in Deutschland; leider musste das Restaurant, in dem er gearbeitet hat, schließen. Sein Onkel in Vietnam hat ihn letzte Woche angerufen und angedeutet, dass er auch gerne dauerhaft nach Deutschland umziehen möchte.

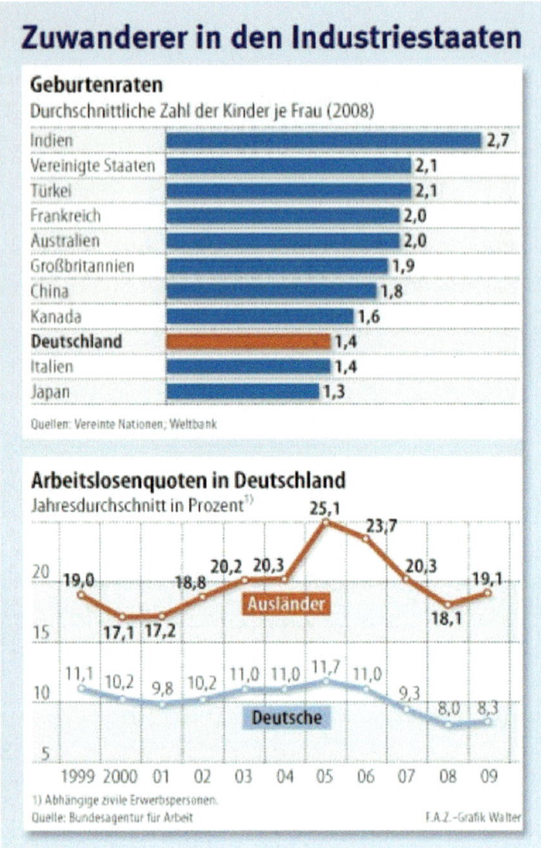

2. Die Zuwanderung nach Deutschland nimmt nach dem Zuwanderungsgesetz immer weiter ab. Doch Vertreter der Unternehmen fordern mehr Zuwanderung qualifizierter Arbeitskräfte. Nehmen Sie jetzt noch die nebenstehenden Grafiken dazu.
   a) Welche Schlussfolgerung ziehen Sie für die derzeitige Zuwanderungspolitik in Deutschland?
      Wie können Sie sie auf Grund der gegebenen Informationen begründen?
   b) Begründen Sie die hohe Arbeitslosigkeit der Ausländer in Deutschland. Welche Informationen fehlen Ihnen dazu? Formulieren Sie Arbeitsaufträge für eine weiterführende Recherche und führen Sie diese in kleinen Teams durch.
3. Viele diskutieren die aktive Zuwanderungspolitik nach dem kanadischen Modell als Vorbild: Soll man auch in Deutschland Zuwanderer wieder stärker anwerben und dann durch ein Punktemodell auswählen? Stellen Sie die Positionen der Diskussion in einer Pro-Kontra-Tabelle dar. Nutzen Sie die Informationen aus dem Text auf der nächsten Seite.

Aktive Einwanderungspoltik	
pro	kontra
???	???

4. Inszenieren Sie ein ➲ Streitgespräch zwischen vier Gruppen (siehe nebenstehende Grafik), die ganz unterschiedliche Ziele bei der Zuwanderungspolitik verfolgen.
   a) Arbeiten Sie in Gruppen und lesen Sie den Text zum Punktesystem (Folgeseite) und filtern Sie Argumente für Ihre Gruppenposition. Entwickeln Sie eine Strategie, wie Sie Ihre Argumente möglichst erfolgreich vertreten.
   b) Schreiben Sie vor dem Streitgespräch Ihre persönliche Position auf einen Zettel und sammeln Sie die Zettel in einem Briefumschlag.
   c) Öffnen Sie den Umschlag nach dem Streitgespräch. Hat sich Ihre Position zu der Frage nach der Klassendiskussion verändert? Diskutieren Sie darüber, warum das der Fall ist – oder warum Sie bei Ihrer ursprünglichen Meinung geblieben sind.

Neue Debatte um ein Punktesystem

Bundeswirtschaftsminister Rainer Brüderle (FDP) verlangte bis spätestens Juli 2011 konkrete Kriterien für die Zuwanderung ausländischer Fachkräfte nach Deutschland durch ein Punktesystem einzuführen. Das von ihm vorgeschlagene Punktesystem ist in der CDU jedoch umstritten.

Wenn Deutschland langfristig ein Wirtschaftswachstum von mindestens 2% jährlich erreichen wolle, bedürfe es der Zuwanderung ausländischer Fachkräfte, sagte der Bundeswirtschaftsminister. Kanada habe mit seiner aktiven Zuwanderungspolitik vorgemacht, wie das gehe. Aktuell fehlen nach Angaben des Bundes rund 36000 Ingenieure und 66000 Computerspezialisten.

Die Bundesregierung sieht in einem Gesetzentwurf vor, Berufsabschlüsse von bereits in Deutschland lebenden Zuwanderern schneller anzuerkennen. Bundeskanzlerin Angela Merkel (CDU) äußerte jedoch „ein Punktesystem würde auch nicht alle Probleme lösen“.

Starke Ablehnung von Zuwanderung nach Kontingenten oder durch ein Punktesystem kommt aus den Reihen der CSU. In einem „Sieben-Punkte-Integrationsplan“ warnt die Partei: „Ein prognostizierter Fachkräftemangel kann kein Freibrief für ungesteuerte Zuwanderung sein.“ Deutschland sei „kein klassisches Zuwanderungsland“. Die CSU-Basis verlangt, den heimischen Arbeitsmarkt und den der Europäischen Union auszuschöpfen. Vom 1. Mai 2011 an können Beschäftigte aus acht mittel- und osteuropäischen Ländern ohne Beschränkungen in Deutschland arbeiten.

Der SPD-Vorsitzende Sigmar Gabriel mahnte, die Beschäftigung von inländischen Arbeitnehmern müsse Vorrang vor einer Anwerbung aus dem Ausland haben. Er forderte stattdessen einen Fachkräfte- und Zuwanderungspakt zwischen Arbeitgebern, Bund und Ländern: „Erst wenn mehr Unternehmen sich verpflichten, mehr auszubilden und mehr Stellen für ältere Arbeitnehmer zu schaffen und der Bund den Ländern mehr Geld für Kindertagesstätten und Ganztagsschulen bereit stellt, können wir ernsthaft über eine begrenzte Zuwanderung von Fachkräften sprechen.“

Scharfe Kritik an der Haltung der CSU kam von Bündnis 90/Die Grünen. Fraktionschef Jürgen Trittin sagte, der CSU-Vorsitzende Horst Seehofer ignoriere die Bedürfnisse des Industriestandorts Deutschland. „Hochqualifizierte werden hier dringend benötigt“, sagte Trittin. Die Grünen befürworten ein Punktesystem.

„Die Bundesregierung und Wirtschaftsverbände zeigen mit ihrem Vorstoß ... durch ein Punktesystem eine menschenverachtende Logik“, erklärte hingegen Ali Al Dailami, Mitglied des Parteivorstandes der Linken. Menschen, gleichgültig ob In- oder Ausländer, würden damit in „Leistungsträger“ und „Unnütze“, die keinen Gewinn brächten, eingeteilt.

Der Hightech-Verband BITKOM forderte ... dass eine unabhängige Kommission ein Konzept ausarbeiten solle, wie die Zuwanderung auf Basis eines Punktesystems aktiv gesteuert werden könne. Den Fachkräftebedarf im Technologiesektor allein mit Arbeitslosen zu decken, sei weltfremd, sagte der BITKOM-Präsident. Eine gesteuerte Zuwanderung müsse aus Sicht des Verbands allerdings mit gezielten Maßnahmen zur Integration flankiert werden. Dazu zählen Sprach- und Integrationskurse, Kita-Plätze oder Unterstützung bei der Wohnungssuche.

Quelle
Migration in Europa, Newsletter Ausgabe 10/2010, abgerufen unter: http://www.migration-info.de/mub_artikel.php?Id=100903

9.6 Keine Heimat – meine Heimat: Warum das Ankommen in Deutschland für viele so schwer ist

Sie haben erfahren, dass die Länder USA, Kanada und Schweiz sehr unterschiedlich mit der Verleihung der Staatsangehörigkeit umgehen. Doch allen ist gemeinsam: Die Einwanderer werden hier als großer Gewinn für die Gesellschaft angesehen, und es wird viel getan, um ihnen das Ankommen in der neuen Heimat zu erleichtern. Wie sieht das eigentlich in Deutschland aus? Über das Zusammenleben in einer vielfältigen Gesellschaft, in der die Einwanderung immer schon wichtig war und ist, wird hier sehr gestritten. Viele Menschen fühlen sich in Deutschland zu Hause und sehr gut integriert. Andere fühlen sich zurück gestoßen und benachteiligt. Sie werfen der deutschen Politik vor, dass man sie zwingen will, ihre Identität aufzugeben.

Infobox

Wege zur deutschen Staatsangehörigkeit

Das Abstammungsprinzip

Jedes Kind erhält bei der Geburt die deutsche Staatsangehörigkeit, wenn es mindestens einen deutschen Elternteil hat und behält diese ein Leben lang. Die Staatsangehörigkeit kann auch im Nachhinein beantragt werden.

Das Geburtsortprinzip

Kindern ausländischer Eltern, die in Deutschland geboren sind, erhalten bei der Geburt die deutsche Staatsangehörigkeit, wenn ein Elternteil bei der Geburt seit acht Jahren in Deutschland lebt und hier eine sichere Aufenthaltsgenehmigung hat. Sie dürfen zunächst auch die Staatsangehörigkeit der Eltern behalten.

Die Optionspflicht

Wenn sie volljährig werden, müssen sich diese Kinder für eine Staatsangehörigkeit entscheiden und bis zum 23. Lebensjahr nachweisen, dass sie aus ihrer anderen Staatsangehörigkeit entlassen wurden. Ansonsten wird (normalerweise) die deutsche Staatsangehörigkeit wieder entzogen.

Die Einbürgerung

Ausländer, die seit acht Jahren ständig in Deutschland leben, haben einen Rechtsanspruch auf die Einbürgerung, wenn sie folgende Bedingungen erfüllen:

- Sie müssen (meistens) ihre ursprüngliche Staatsangehörigkeit aufgeben.
- Sie dürfen nicht vorbestraft sein.
- Sie müssen ihr eigene Existenz sichern können.
- Sie müssen die deutsche Sprache beherrschen.
- Sie müssen sich zum Grundgesetz bekennen.
- Sie müssen einen Einbürgerungstest bestehen (außer wenn sie einen deutschen Schulabschluss haben, erst als Ältere eingewandert sind, bzw. eine Behinderung haben).

Einbürgerungsfeier mit der Bundeskanzlerin Merkel

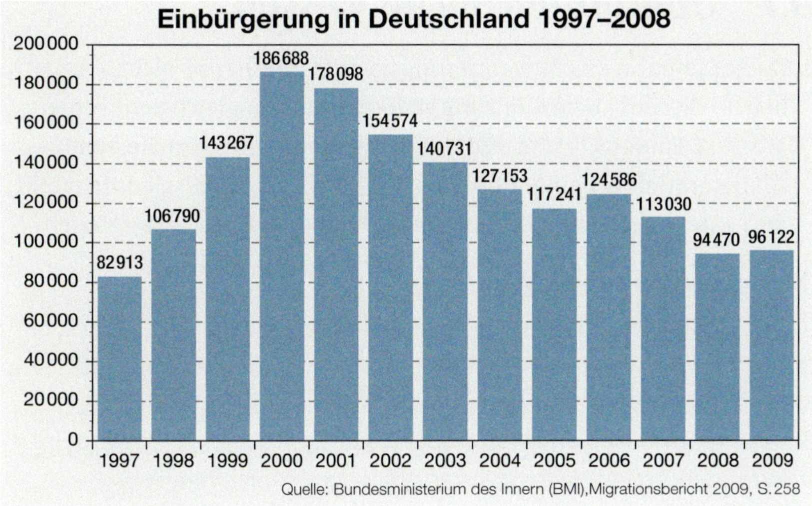

Jetzt sind Sie dran ...

1. Vergleichen Sie die Bestimmungen des deutschen Einbürgerungsrecht mit den Regeln in Kanada und in den USA: Was fällt auf?
2. Stellen Sie Vermutungen über die Gründe an, aus denen viele Menschen, die in Deutschland leben, die deutsche Staatsangehörigkeit nicht annehmen.
3. Überprüfen Sie Ihre Vermutungen: Befragen Sie Personen mit Migrationshintergrund mit und ohne deutsche Staatsangehörigkeit. Warum haben diese sich für oder gegen einen deutschen Pass entschieden? Stellen Sie Unterschiede und Gemeinsamkeiten dieser Menschen auf einer Wandzeitung dar.
4. Was müsste eigentlich die deutsche Politik tun, um das Ankommen der Zuwanderer in Deutschland zu erleichtern?
5. Erstellen Sie einen „Regierungstest": Was können Zuwanderer von der Regierung erwarten, damit sie sich für eine Einbürgerung entscheiden? Nutzen Sie den Einbürgerungstest als Vorlage!

Einbürgerungsrecht: Suchen Sie im Internet unter dem Suchwort „Einbürgerungsrecht".

„Der Pass ist der edelste Teil von einem Menschen. Er kommt auch nicht auf so einfache Weise zustand wie ein Mensch. Ein Mensch kann überall zustandkommen, auf die leichtsinnigste Art und ohne gescheiten Grund, aber ein Pass niemals. Dafür wird er auch anerkannt, wenn er gut ist, während ein Mensch noch so gut sein kann und doch nicht anerkannt wird."

Quelle: Bertolt Brecht, „Flüchtlingsgespräche", 1940

6. Nehmen Sie Stellung zu dem Zitat von Berthold Brecht. Wer könnten heute die Gesprächsteilnehmer sein, die ein solches Flüchtlingsgespräch führen.

Alles klar?

9.7 Überprüfen Sie Ihr Wissen

1. Da hat jemand das Zuwanderungsgesetz überhaupt nicht verstanden. In diesem kurzen Zeitungsartikel sind ihm gleich acht Fehler passiert. Finden Sie diese Fehler heraus und schreiben Sie einen ➲ Leserbrief mit einer Berichtigung: Was ist hier falsch dargestellt, und wie ist die Zuwanderung nach Deutschland korrekt geregelt?

Bericht aus den Bonner Stadtteilen

... Sakir T. muss in der Türkei bleiben, er ist schon 15 Jahre alt, daher können seine Eltern, die als Arbeitnehmer nach Deutschland gekommen sind, ihn nun nicht mehr nach Deutschland nachholen.
Seine älteren Geschwister sind schon seit Jahren hier. Jetzt werden sie gezwungen, an einem Extra-Integrationskurs teilzunehmen.
Die Mutter riskiert, wieder in die Türkei zu müssen, weil sie aus dem Alter für einen Sprachkurs raus ist.
Der Onkel von Sakir, der extra zum Studium nach Köln gekommen ist, hat Glück: Er darf nun noch zwei Jahre nach dem Diplom bleiben, wenn er hier einen Job als Ingenieur suchen möchte. Ansonsten müsste er mindestens 10 Arbeitsplätze schaffen oder 2 Millionen Euro investieren, um hier bleiben zu können.

In Mehlem lebt eine Familie von Kriegsflüchtlingen aus dem Kongo. Es geht der Familie heute sehr schlecht: Nur die Mutter darf hier arbeiten, die übrigen Familienmitglieder haben ein Arbeitsverbot und sitzen im Asylantenheim fest. Die Tante der kleinen Nelly hat den Asylantrag nicht als Bürgerkriegsflüchtling gestellt, sondern kann als Frau sowieso in Deutschland bleiben.

2. Die Entscheidung, auszuwandern, wird durch eine große Zahl von Faktoren beeinflusst. Arbeiten Sie paarweise zusammen und nehmen Sie die Position des Einwanderungslandes und des Auswanderungslandes ein. Berichten Sie sich gegenseitig die wichtigsten Push- und Pull-Faktoren der Migration und fragen Sie nach (➲ Paar-Check).

3. Welche der folgenden Bedingungen muss man unbedingt erfüllen, um die deutsche Staatsangehörigkeit erwerben zu können? Prüfen Sie die folgende Liste und schreiben Sie die zutreffenden Punkte in Ihr Heft. Welche Punkte muss man nur in bestimmten Situationen erfüllen?

Man muss mindestens 1 Millionen Euro in Deutschland investieren.

Man muss in Deutschland geboren sein.

Man muss mindestens 8 Jahre in Deutschland leben.

Man muss einen deutschen Ehepartner heiraten.

Man muss immer einen Einbürgerungstest bestehen.

Man muss sich zum deutschen Grundgesetz bekennen.

Man muss die Nationalhymne singen können.

Man muss in Deutschland eine Existenz haben.

Man muss auf eine deutsche Schule gegangen sein.

Man muss zehn Jahre lang in Deutschland Steuern gezahlt haben.

Alles klar?

4. Arbeiten Sie in Vierergruppen zusammen: Denken Sie noch einmal über die Einwanderungs- und Einbürgerungsregeln in der Schweiz, in Kanada, in den USA und in Deutschland nach. Treten Sie nun jeweils als der Botschafter eines dieser Länder auf, der versucht, eine andere Person zu überzeugen, dass sie in sein Land auswandern soll.

5. Hier machten sich der Zeichner Mester über die Diskussion um die Zuwanderung nach Deutschland lustig:

Führen Sie eine Karikaturenanalyse (➲ Karikaturen verstehen) durch und diskutieren Sie kontrovers, was der Zeichner kritisiert. Nutzen Sie Ihr Wissen über die deutsche Einwanderungsgeschichte, über die Zuwanderungs- und Einbürgerungsgesetzgebung und über den Fachkräftemangel in Deutschland.

Vernetzen Sie Ihr Wissen:

- Mit dem Thema: Gesellschaft (→ Kapitel 14)
- Mit dem Thema: Migration (→ Kapitel 9)

Diese Methoden brauchen Sie:

- Wissen Organisieren: Buddy Book
- Interpretieren: Karikaturen verstehen

So arbeiten Sie mit anderen zusammen

- Think-Pair-Share
- Pro-Kontra-Debatte
- Tabu

In diesem Kapitel denken Sie über Ihre Identität nach:
Was macht mein Ich aus und wie kann ich mich entwickeln? Welche Bilder mache ich mir von meiner eigenen Person?
Sie diskutieren darüber, wie viel Freiheit Sie sich nehmen können, Ihre eigene Identität auch selbst zu entwickeln und zu gestalten. Sie denken darüber nach, wann und warum Sie sich eingeschränkt fühlen, wenn Sie bestimmte Rollen ausfüllen müssen. Wie wirkt sich die Geborgenheit von Freundschaften, Familie und Gruppen auf Ihr Gefühl von sich selbst aus? Welche Personen, Trends und Vorbilder haben Macht über Ihre Person? Wie funktioniert diese Macht in einer Gruppe oder in einer Internet-Community?

10 Mein Ich ist eine Baustelle

10.1 Was macht mich unverwechselbar?

Lucas Samaras Box, 1966. Mit dieser Box wollte er den Unterschied zwischen den äußeren Erwartungen an sein Ich und dem spontanen inneren Selbst ausdrücken.

Wie entsteht eigentlich eine einmalige Person, und was macht sie als Mensch zu etwas ganz Besonderem? Mit dieser Frage beschäftigen sich viele Jugendliche und junge Erwachsene. Aber auch im späteren Leben stellen sich viele Menschen immer wieder die Frage nach ihrer Identität. Vor allem, wenn sie in Krisen stecken oder wenn sie durch äußere Veränderungen – zum Beispiel durch eine Auswanderung – ihre Selbstgewissheit oder ihre Wurzeln verlieren (➲ Kapitel 9).
Identitätskisten (engl. Identity-Box) sind ein kreatives Mittel, um sich seiner Identität bewusst zu werden und sie anderen zu erklären. In einen Kasten legt man ausgewählte Gegenstände aus verschiedenen Lebensbereichen hinein, mit denen man etwas über seine Person ausdrücken möchte.
Der griechisch-amerikanische Künstler Lucas Samaras hat sich intensiv mit diesem Thema befasst, mit sich selbst und mit seiner Identität. Er hat dabei verschiedene Identity-Boxes als Kunstobjekte entwickelt.

Georg Herbert Mead (1863–1931) US-amerikanischer Philosoph und Psychologe. Er beschäftigte sich mit der Entstehung der menschlichen Identität und welchen Einfluss die Gesellschaft darauf hat.

Infobox

Wie entsteht eine persönliche Identität?

Die Antwort von George Herbert Mead

Für Mead entsteht eine Person (Individuum) in ihrer Besonderheit (Identität) durch den Austausch (Interaktion) mit anderen Menschen. Aus diesen Interaktionen entsteht eine Dynamik: Diese Dynamik ist die Sozialisation eines Menschen. Er nimmt eine oder mehrere Rollen an, die ihn zu einer besonderen unverwechselbaren Person macht, die sich gleichzeitig in der Gesellschaft angemessen verhalten kann. Die Identität (das erwachsene Selbst) basiert auf zwei Teilen, dem „I" und dem „Me".

Das „I" = das impulsive Ich	Das „Me" = das reflektierte Ich
Das ‚I' bezeichnet die eigene Grundausstattung aus Spontaneität, Kreativität und Trieben, mit denen wir auf unsere Umwelt und die Rollenerwartungen reagieren.	Das ‚Me' ist das Rollen-Ich, das ein Mensch in seiner Umwelt herausbildet; es besteht aus dem erlernten Rollenverhalten und ist durch allgemeine Einstellungen bzw. Erwartungen der Anderen an seine Person gekennzeichnet.

Identität = das „Self" bringt das impulsive Ich und das reflektierte Ich zusammen, damit eine Person sich entwickeln und dann angepasst und wirksam handeln kann.

Jetzt sind Sie dran ...

1. Was sagt George Herbert Mead über das Entstehen der Identität eines Menschen? Erstellen Sie aus der Info-Box ein Schaubild, das den Zusammenhang der Identitätsentwicklung visualisiert (➲ Diagramme erstellen). Erklären Sie sich gegenseitig die wichtigsten Begriffe und prüfen Sie sich wechselseitig, ob Sie die Erklärung von Mead verstanden haben: Vergleichen Sie dazu Beobachtungen in Ihrem eigenen Leben mit der Erklärung von Mead.
2. Bringen Sie einen kleinen Schuhkarton oder eine andere Schachtel in den Unterricht, den Sie als Ihre Identity-Box gestalten:
   a) Kleben oder zeichnen Sie ein Bild von sich auf den Deckel.
   b) Gestalten Sie dann die äußeren Flächen der Identitäts-Box mit Darstellungen Ihres reflektierten Ichs. Stellen Sie die Rollen dar, in denen Sie von anderen gesehen werden.

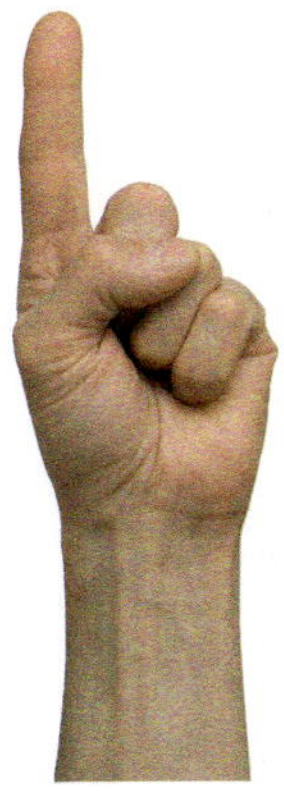

   c) Bringen Sie vier Gegenstände mit, die für Sie und Ihre Lebensgeschichte eine besondere Bedeutung haben, und legen Sie sie in den Karton. Es sollen Gegenstände sein, die für Sie als Symbole für einen besonders wichtigen Aspekt Ihres impulsiven, spontanen Ichs stehen.
   d) Wählen Sie einen Partner, mit dem Sie Ihre Identity-Box diskutieren: Tauschen Sie Eindrücke aus und erklären Sie sich gegenseitig Ihre Identity-Boxes. Warten Sie lange, bevor Sie den Deckel Ihrer Box öffnen!
   e) Diskutieren Sie den Unterschied zwischen der äußeren Rollenidentität und Ihrem impulsiven Ich und beschreiben Sie die Konflikte, die sich daraus für Sie in einzelnen Situationen ergeben haben. Wie haben Sie diese Konflikte überwunden? Schreiben Sie diese Erfahrungen auf Karten und legen Sie diese in Ihre Identity-Box.
   f) Diskutieren Sie im Klassenplenum darüber, ob sich die Identity-Box eignet, um über Ihre Identität nachzudenken und zu diskutieren. Warum arbeiten manche Künstler mit Symbolen und nicht mit Worten, wenn es um ihr inneres Ich geht?

10.2 Mein digitales Ich und die digitalen Anderen

Sie haben gelernt, dass sich Ihre Identität entwickelt, wenn Sie die Erfahrungen Ihres Lebens im Zusammensein mit Anderen verarbeiten.
Viele Menschen sammeln heute Erfahrungen mit anderen Menschen nicht mehr im direkten Umgang. Sie benutzen das Internet, um Kontakte zu schließen und zu pflegen. Wie sieht das Ich aus, das sie hier darstellen? Mit welchen Erwartungen gehen die Menschen aufeinander zu und miteinander um?

Jetzt sind Sie dran ...

1. Denken Sie über Ihre eigenen Erfahrungen mit Ihrem Ich (Ego) und dem Kennenlernen der Anderen im Internet nach. Erstellen Sie eine Vier-Felder-Tabelle: Bearbeiten Sie die Aufgabe zunächst allein und nur aus Ihrer Ego-Perspektive!

ICH / ICH	Mein digitales Ich und das Kennenlernen in der Internetwelt	Mein natürliches Ich und das Kennenlernen in der echten Welt
Gute Erfahrungen und Vorteile für mich	*Ich könnte mich besser darstellen als ich bin ...*	???
Schlechte Erfahrungen und Nachteile für mich	???	???

2. Vergleichen Sie nun Ihre Erfahrungen mit denen eines Mitschülers und arbeiten Sie zusammen. Stellen Sie sich vor, Ihr Mitschüler ist ein Fremder, den Sie nur im Internet kennen lernen: Welche Erfahrungen würden Sie dabei mit ihm machen? Erstellen Sie wieder eine Vier-Felder-Tabelle und nutzen Sie dabei die Aussagen, die Ihr Mitschüler in der ersten Tabelle gemacht hat.

DER ANDERE / ICH	Der digitale Fremde und das Kennenlernen in der Internetwelt	Der natürliche Fremde und das Kennenlernen in der echten Welt
Vorteile für mich	???	???
Nachteile für mich	*Meine Unsicherheit, denn der Andere könnte sich als jemand anderes ausgeben.*	???

3. Arbeiten Sie nun in einer Vierergruppe weiter: Diskutieren Sie Ihre Ergebnisse und die Unterschiede, die sich beim Kennenlernen und im Umgang zwischen Menschen ergeben, die sich digital oder real kennen gelernt haben. Erstellen Sie dann gemeinsam einen kleinen Leitfaden (➲ Buddy-Book) für eine Person, die sehr schüchtern ist, und die Sie deshalb um Rat fragt, wie sie am besten neue Freunde kennenlernen kann.

So bin ich und nicht anders: Wie wir im Internet das Bild von uns festlegen

Lesen Sie nun gemeinsam den Text von Lara Fritzsche. Sie berichtet über ihre Selbsterfahrungen mit der Internet-Plattform Facebook.

„Um uns die Aufmerksamkeit zu sichern, präsentieren wir uns online in einer Version ohne Brüche und Unstimmigkeiten. Der Typ, der an einem Tag aus Mosambik postet und das Elend der Welt beklagt, eine Woche später Fotos seiner drolligen Katzenbabys hoch lädt und darauf wiederum einen Haufen Hitler-Parodien anbietet, der kommt uns komisch vor. Seine Undurchsichtigkeit empfinden wir als anstrengend.

Schließlich wollen wir doch nur unsere Kontakte verwalten und uns nicht jeden Tag wieder neu auf jemanden einstellen. Martin ist der Ernste, Lea die Sensible, Felix ist der Entertainer und Sarah die Schlaue. Und so soll das gefälligst auch bleiben ... Dabei entfernen wir uns von dem, was uns außergewöhnlich macht, und posten stattdessen nur das, was unmissverständlich ist, Werbung statt Wahrheit ... Alles, was Missfallen erregen könnte, sortieren wir aus: Faulpelz, Säufer, Lästermaul, ... Heulsuse und viele andere.

Übrig bleiben nur ein paar gängige Hochglanztypen – aus deren Pool können wir uns einen aussuchen. Wir probieren uns in unterschiedlichen Rollen ... und erhalten dafür Feedback. Erfolgreiche Stücke werden wieder und wieder aufgeführt, irgendwann akzeptieren wir dann unsere Rolle darin als Teil unserer Identität ... Internetfreunde mit ihrem „I Like"-Button prägen uns schneller, weil uns ihr Lob häufiger und unmittelbarer erreicht ... Das Publikum bestätigt uns in unserer Rolle: „Gefällt mir, was du machst. Weiter so." So gewinnt es Einfluss darüber, wer wir sind."

Quelle:
NEON, Über-Ich, April 2010, S. 68–70

Jetzt sind Sie dran ...

4. Beschreiben Sie Lara Fritzsches Wahrnehmungen der Anderen und ihres Selbst im Internet.
5. Wie beeinflussen die gegenseitigen Wahrnehmungen die Entwicklung der Rollen des jeweiligen Menschen? Worin unterscheidet sich die Identitätsbildung im Internet von der Identitätsbildung in der realen Welt?
6. Was gewinnen diese Menschen dabei und was geht ihnen verloren?
7. Betrachten Sie nun noch einmal die Erklärung, die Mead zum Entstehen einer eigenen Identität gegeben hat und schauen Sie in Ihre Identity-Box: Wie werden die Konflikte zwischen Ihrem impulsivem Ich und Ihrem reflektierten Rollen-Ich im Internet gelöst? Notieren Sie Ihre Überlegungen zu Ihrer eigenen Internet-Identität auf einem Zettel für die Box.

10.3 Identität in und durch Gruppen: viele Zugehörigkeiten

Die Zustimmung, die Menschen zu bestimmten Rollen im Internet erhalten, führt dazu, dass sie ihre Identität auf einfach verständliches Bild von sich begrenzen. Die Gefahr dabei ist, dass sie dadurch ihre Besonderheit und ihre Unverwechselbarkeit verlieren, weil sie sich zu sehr auf ein vorgefertigtes Bild von sich festlegen.
Dabei haben die meisten Personen nicht nur eine soziale Rolle, die ihre Identität mitbestimmt. Sondern die meisten von uns sind in verschiedenen Gruppen mit unterschiedlichen Erwartungen Mitglied.

Infobox

Was ist eine Gruppe?

Es gibt verschiedene Definitionen von Gruppen. Die einfachste Definition lautet: Die Gruppe ist ein soziales Gebilde, das überall dort entsteht, wo sich zwei oder mehr Personen als Mitglieder einer Gruppe sehen. Soziale Gruppen können nach informellen und formalen Gruppen unterschieden werden:

Informelle Gruppen	Formale Gruppen
… entstehen aus den natürlichen sozialen Grundbedürfnissen (Kommunikation, Intimität, Geselligkeit) des Menschen.	… entstehen aus den Zwängen von Organisationen, haben ein festes Regelwerk und sind auf ein bestimmtes Gruppenziel gerichtet.

Jetzt sind Sie dran …

1. Welchen Gruppen gehöre ich an? Erstellen Sie eine Liste.
2. Betrachten Sie die Liste und legen Sie fest, ob es sich um eine eher formale oder eine eher informelle Gruppe handelt.
3. Welche Gruppe ist für mich besonders wichtig? Bringen Sie Ihre Liste in eine Rangordnung.
4. Was sind meine besonders guten und besonders schlechten Erfahrungen in einer Gruppe?
5. Welche Rolle(n) spiele ich in den verschiedenen Gruppen?
6. Vergleichen Sie Ihre Aufzeichnungen mit denen Ihrer Mitschüler. Was fällt auf?
   Welche unterschiedliche Rolle spielen formelle und informelle Gruppen für Ihre Identität?
   Finden Sie Ihre Gruppenidentität in Ihrer Identity-Box wieder?
   Ergänzen Sie Ihre Box um Rollen und Bilder, die Ihre Gruppenidentitäten zum Ausdruck bringen.

Konflikte mit den Gruppenzugehörigkeiten

Welche Gruppenzugehörigkeiten eine Person für ihre Identität als wichtig erachtet, kann sehr unterschiedlich sein. Für die meisten Menschen ist die Familie zunächst die wichtigste (die primäre) Bezugsgruppe: Hier erwerben sie ihre grundsätzlichen Werte.
Aber auch andere Gruppenzugehörigkeiten können sehr stark die Identität prägen. Der Einzelne empfindet manche Zugehörigkeiten als Zwang, anderen Gruppen schließt er sich freiwillig an und übernimmt gerne die Rolle, die ihm in der Gruppe zufällt. Menschen, die wegen einer Migration in einer neuen Heimat leben, erleben häufig einen Identitätskonflikt zwischen den Werten der neuen Mehrheitsgesellschaft und ihrer Herkunftsgruppe.

Jetzt sind Sie dran ...

7. Berichten Sie aus Ihrem eigenen Leben: Wo sehen Sie sich in einem Identitätskonflikt? Wie gehen Sie um, mit den widersprüchlichen Erwartungen, die Ihnen entgegen gebracht werden?
8. In Deutschland versuchen viele Jugendliche, ihre Identität nach außen sichtbar zu machen, indem sie aus ihr einen Style, eine Jugendkultur, machen (→ Kapitel 12).
   Beobachten Sie in Ihrer Stadt die Jugendlichen, die solche auffälligen Stile verfolgen, und befragen Sie sie nach den Vorstellungen, die sie damit verfolgen.
9. Viele Jugendliche versuchen auch, aus ihrer mehrfachen Identität einen Style zu machen. Recherchieren Sie im Internet als Beispiel das Phänomen des „Pop-Islam" und erstellen Sie eine Wandzeitung. Ist der „Pop-Islam" eine Lösung für die Identitätskonflikte junger Moslems in Deutschland? Führen Sie eine ➲ Pro-Kontra-Debatte in der Klasse durch.

10.4 Gruppenzwang oder Gruppenerfolg

Die Identitätskonflikte, die viele Jugendliche austragen, zeigen, dass für viele Menschen eine Gruppe nicht nur Heimat und Geborgenheit bedeutet: Sie erleben ihre Identität in einer Gruppe als Zwang und als inneren Konflikt. Psychologische Experimente der Gruppenforschung zeigen, dass Menschen unter Gruppenzwang versuchen, Konflikten aus dem Weg zu gehen, indem sie sich der Mehrheit anschließen. Dies geschieht häufig auch dann, wenn diese Mehrheit eine falsche Meinung vertritt. Dieser Gruppenzwang wird auch Konformitätsdruck (Druck, sich den anderen gleich, konform, zu machen) genannt.

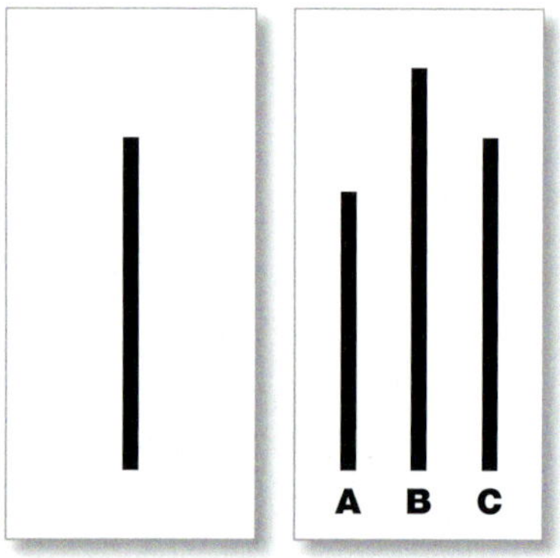

Infobox

Das Asch-Experiment (1951)

Der Psychologe Salomon Asch hat soziale Experimente mit Menschen durchgeführt. Sein bekanntestes Experiment ist das Asch-Experiment. Es war wie folgt aufgebaut:
Mehrere Personen sitzen an einem Tisch. Alle Anwesenden, außer der Versuchsperson, sind Vertraute des Versuchsleiters. Auf einer Tafel vor dieser Gruppe wird eine Linie gezeigt. Neben dieser ist eine weitere Tafel mit drei Linien zu sehen. Die Versuchsperson soll einschätzen, welche dieser drei Vergleichslinien genauso lang wie die gezeigte Linie ist (Die Linie „C" ist offensichtlich genau so lang wie die gezeigte, siehe Grafik). Während der wichtigen Schätzdurchgänge sollen alle Vertrauten des Versuchsleiters einstimmig ein falsches Urteil abgeben. Das Ergebnis: Im Durchschnitt begingen 37 % der Versuchspersonen auch diesen Fehler, jeder Dritte passte sich also der falschen Meinung der Mehrheit an.

Jetzt sind Sie dran ...

1. Was ist Konformitätsdruck? Stellen Sie die Situation konformer Anpassung in Gruppen als Cartoon dar.
2. In diesem Experiment scheinen alle Gruppenmitglieder aus Sicht der Versuchsperson gleichberechtigt und dürfen nicht miteinander sprechen. Wie könnte sich das Gruppenergebnis ändern, wenn dies nicht so wäre?
3. Wie erleben Sie den Konformitätsdruck in den Gruppen, denen Sie angehören? Welche Wege wählen Sie, um mit einem Konformitätszwang umzugehen? Wann passen Sie sich an eine Gruppe problemlos an? Ziehen Sie die Grenzen Ihrer eigenen Identität, wenn es um folgende Gruppenzwänge geht:

	Aussehenszwang	Konsumzwang	Verhaltenszwang
Da mache ich mit ...			
Da steige ich aus ...			

Die Macht der Mehrheit und die Kreativität der Minderheit

Oft wird die Einheitlichkeit einer Gruppe als wichtig für ihr Bestehen und die Identität der Gruppenmitglieder angesehen. Die Anpassung der Mitglieder gilt auch als ein wichtiges Merkmal für die Abgrenzung der Gruppe nach außen. Heute sehen Forscher aber die Unterschiedlichkeit der Gruppenmitglieder als maßgeblich für den Erfolg einer Gruppe an.

Die Diversity-Theorie

„Die Mehrheit gewinnt durch die Minderheit", sagt der Forscher Andreas Mojzisch. Meinungskonforme Gruppen seien weniger erfolgreich als heterogene [uneinheitliche] Gruppen. Mojzisch und seine Kollegen arbeiten mit so genannten *hidden profiles*. Dabei handelt es sich um wirklichkeitsnahe Problemstellungen, die im Team gelöst werden müssen. Beispielsweise haben drei Gruppenmitglieder zu entscheiden, welcher von vier Piloten eingestellt werden soll. Sie werden ganz unterschiedlich informiert, so dass jeder einen anderen Piloten für den Fähigsten halten muss. Obwohl Uneinigkeit herrscht, findet die Gruppe überraschend häufig die perfekte Lösung. „Weit häufiger zumindest als bei jenen Gruppen, die von Anfang in ihrer Pilotenpräferenz übereinstimmten."

Quelle: gekürzt nach: Nikolas Westerhoff, in der freitag, 12. 11. 2009; abgerufen unter www.freitag.de/wissen/0946-aussenseiter-gruppe-psychologie

Jetzt sind Sie dran ...

4. Was sagt die Diversity-Theorie?
5. Diskutieren Sie die möglichen Ursachen dafür, dass eine Gruppe, die sich nicht einig ist, bessere Entscheidungen produziert als eine einheitliche Gruppe.
6. Ein Lehrer wehrt sich gegen die Diversity-Theorie und ihre Aussagen: „Gäbe es nur Störer auf dieser Welt, dann würden Gruppen überhaupt nicht mehr funktionieren." Was würden Sie ihm antworten?
7. Wie funktionieren die Arbeitsgruppen in Ihrer Klasse? Testen Sie Ihre Erfolge bei Gruppenarbeiten, indem Sie die Gruppen sehr unterschiedlich und sehr einheitlich zusammenstellen. Welche Gruppen arbeiten erfolgreich? Stellen Sie eine Empfehlung für eine erfolgreiche Gruppenzusammenstellung in Ihrer Klasse auf.

Alles klar?

10.5 Überprüfen Sie Ihr Wissen

1. Schauen Sie sich noch einmal dieses Kapitel an und überlegen Sie, welches Thema der Identitätsbildung für Sie am interessantesten war. Schreiben Sie nun auf die Rückseite einer Karteikarte die wichtigsten fünf Begriffe zu diesem Thema. Ihr Lieblingsthema schreiben Sie auf die Vorderseite. Nutzen Sie nun in der Klasse die Karten für eine Runde ➲ Tabu.

Rückseite

Vorderseite

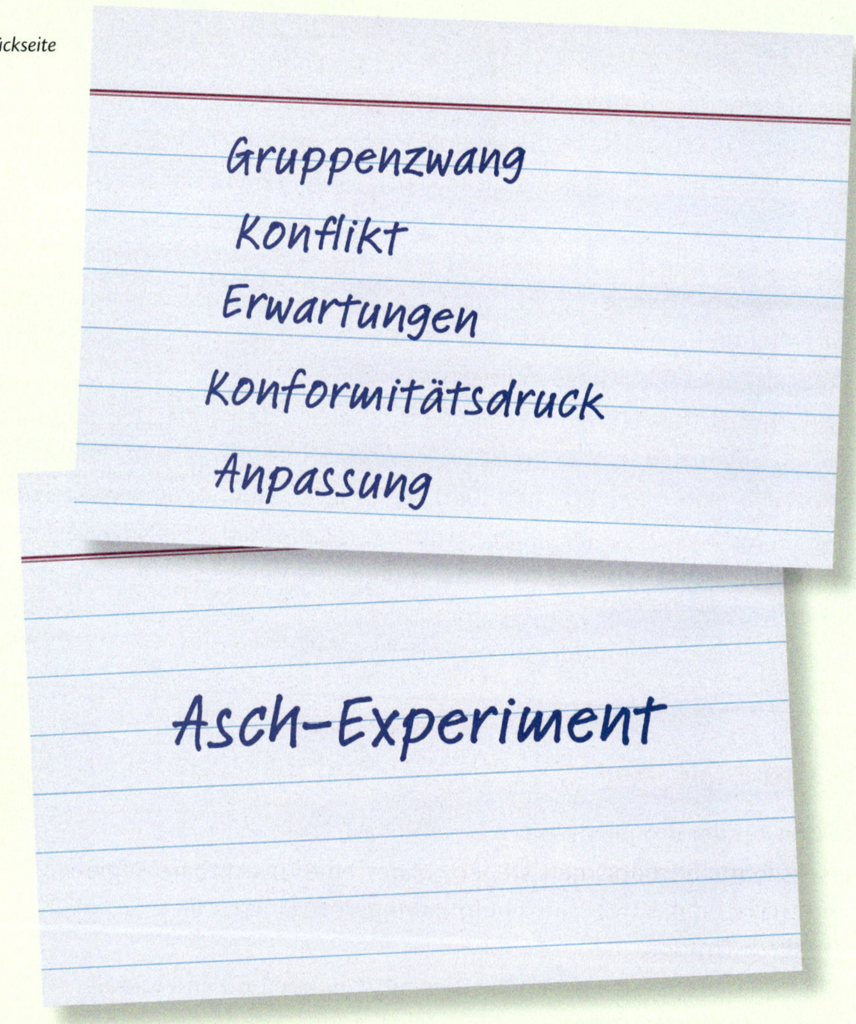

2. Wie entsteht bei einem Menschen eine Identität? Stellen Sie die Identitätstheorie von Meads in einem Schaubild dar und lassen Sie Ihre Ergebnis von einem Mitschüler oder dem Lehrer überprüfen.

3. Auch die Geschlechterrolle ist mit bestimmten Erwartungen verknüpft. Erarbeiten Sie anhand dieser Karikatur (➲ Karikaturen verstehen), wie sich Frauen mit veränderten Körper- und Rollenbildern auseinandersetzen können.

Alles klar?

4. Stellen Sie sich vor, dass eine Gruppe Außerirdischer in Ihrer Straße landet. Die Aliens sprechen Ihre Sprache nicht, aber sie versuchen, etwas über Sie herauszufinden. Was würden Sie diesen Außerirdischen zeigen, um sich selbst vorzustellen?

5. Der US-Amerikaner E. Bernays sieht die heutige Gesellschaft so:

> „Die bewusste und intelligente Manipulation der organisierten Gewohnheiten und Meinungen der Massen ist ein wichtiges Element in der demokratischen Gesellschaft. Wer die ungesehenen Gesellschaftsmechanismen steuert, bildet eine unsichtbare Regierung, welche die wahre Herrschermacht unseres Landes ist.
> Wir werden regiert, unser Verstand geformt, unsere Geschmäcker gebildet, unsere Ideen größtenteils von Männern beeinflusst, von denen wir nie gehört haben."

Wie sehen Sie die Vorstellung, dass eine gesamte Gesellschaft durch Anpassungszwänge regiert werden kann? Finden Sie Pro- und Kontra-Argumente zu dieser Position. Formulieren Sie Ihre eigene Meinung.

6. Warum versuchen moderne Unternehmen zunehmend, Arbeitsteams von Personen zusammen zu stellen, die verschiedene Identitätsprofile mitbringen?

Vernetzen Sie Ihr Wissen:

- Mit dem Thema: Demokratie (→ Kapitel 1)
- Mit dem Thema: Politische Partizipation (→ Kapitel 13)
- Mit dem Thema: Gesellschaft heute (→ Kapitel 14)

Diese Methoden brauchen Sie:

- Strukturieren
  Mindmap
- Interpretieren
  Karten lesen
  Diagramme analysieren

So arbeiten Sie mit anderen zusammen

- Talkshow
- Kugellager
- Interview
- Paarcheck

Seit mehr als 50 Jahren gibt es sie bereits: die Europäische Union. Heute umfasst sie 27 Mitgliedstaaten und fast eine halbe Milliarde Bürger. Im Hintergrund sehen Sie die Flagge der Europäischen Union, die seit 1986 das offizielle Symbol ist. Die Zahl der Sterne hat nichts mit der Anzahl der Mitgliedstaaten zu tun. Es gibt zwölf Sterne, weil die Zwölf traditionell das Symbol der Vollkommenheit und Vollständigkeit ist, wie sie auch durch die Zahl der Monate im Jahr und der Stunden auf dem Zifferblatt der Uhr versinnbildlicht ist. Der Kreis symbolisiert unter anderem die Einheit. Die Flagge bleibt folglich ungeachtet künftiger Erweiterungen der Union unverändert.
In diesem Kapitel erfahren Sie, was die Europäische Union eigentlich ist, wie sie funktioniert und wie sie sich auf das Leben der Bürger auswirkt.

11 Die Europäische Union (EU)

11.1 Was ist eigentlich die EU?

Meldungen aus Brüssel

„EU setzt Obergrenze für SMS, Handyanrufe und Web-Surfen im EU-Ausland fest. Das Versenden einer SMS aus dem EU-Ausland darf nur noch höchstens elf Cent kosten.
Auch das Telefonieren im EU-Ausland wird billiger: Ein ausgehender Anruf darf pro Minute nicht mehr als 43 Cent und ein eingehender Anruf nicht mehr als 19 Cent kosten (jeweils ohne Mehrwertsteuer). Außerdem wird der Grundsatz der sekundengenauen Abrechnung eingeführt: Nach den ersten 30 Sekunden für alle ausgehenden und ab der ersten Sekunde für alle eingehenden Roaminganrufe muss sekundengenau abgerechnet werden."

Nach EU-Roaming-Verordnung

„Bei Überweisungen ins europäische Ausland gibt es sie schon: die 22-stellige Kontonummer IBAN und den BIC-Code, der die Bankleitzahl ersetzt. Bis 2013 soll auch der inländische bargeldlose Zahlungsverkehr auf IBAN und BIC umgestellt werden, um eine Homogenisierung des europäischen Geldtransfers zu ermöglichen. Überweisungen ins Ausland werden damit kostenfrei und genauso schnell wie im Inland. Eine mehrfache Kontoführung von EU-Bürgern, die in Europa nicht in ihrem Heimatland leben, ist nicht mehr nötig."

Nach EU-Richtlinie über Zahlungsmittel im Binnenmarkt

„Seit 1. September 2009 ist die klassische 100-Watt-Glühlampe für den normalen Hausgebrauch aus den Läden verschwunden, denn sie erfüllt nicht die Anforderungen der EU-Energieklasse C.
Auch die klassischen 75- und 60-Watt-Leuchtmittel wird es bald nicht mehr im Handel geben."

Nach EU-Leuchtmittelverordnung

„Die Europäische Union schafft ihre viel bespöttelten Vorschriften zur Gurkenkrümmung ab. Die EU-Staaten beschlossen am Mittwoch in Brüssel, die 20 Jahre alten Normen für Gurken und 25 andere Gemüse- und Obstsorten ersatzlos zu streichen."

Nach EU-Verordnung zur Qualitätsnorm von Gurken

„22 Haarfärbemittel werden ab dem 1.12.2006 verboten, da hier Inhaltsstoffe enthalten sind, die gesundheitsschädigend sind."

Nach EU-Richtlinie über kosmetische Mittel

Jetzt sind Sie dran ...

1. Lesen Sie die Meldungen aus Brüssel. Überlegen Sie in Partnerarbeit, wie sich diese auf Ihr Alltagsleben auswirken. Was antworten Sie der Jugendlichen?
2. Diese Vorschriften wurden nicht ohne Grund erlassen. Recherchieren Sie im Internet den jeweiligen Hintergrund (➲ Internetrecherche) und sammeln Sie die Ergebnisse in der Klasse.
3. Europa gehört zu Ihrem Alltag dazu, z. B. durch Europäische Qualitätsstandards bei Lebensmitteln. Auf den Verpackungen gibt es Kennzeichnungen zu Gen-Food, das EU-Bio-Siegel oder Angaben zu Zutaten und Nährwerten. Das hilft bei der Kaufentscheidung. Haben Sie noch weitere Ideen, wie Sie die EU in Ihrem täglichen Leben erfahren können?

Alle Produkte, die das EU-Bio-Siegel tragen, sind gemäß der EU-Verordnung zum ökologischen Landbau hergestellt worden.

forum-mitmachen: Meinungen zur EU

von Bussibär89: Hey, was haltet Ihr eigentlich von der EU? Ich kann mich damit nicht so richtig anfreunden! Ich weiß auch gar nicht, was die eigentlich so genau macht!

von Milennium3000: Es ist eigentlich ziemlich krass, was sich in den letzten paar Jahren alles getan hat, angefangen von der Einführung des Euro im Jahre 2002, über die ganzen Freiheiten zwischen den EU-Staaten, über die EU-Osterweiterungen bis hin zum Vertrag von Lissabon. Und auch sonst hat man viele Vorteile.

von Alterego: Eigentlich ist ein vereintes Europa etwas Gutes. Man kann den großen anderen Industrienationen schon wesentlich anders gegenüber auftreten, als z.B. ein kleinerer Einzelstaat. Europa ist durch die EU schon eine laute Stimme in der Welt geworden.

von Bertl: Aber „vereinigt" ist Europa noch lange nicht! Die meisten Mitgliedstaaten wollen nur ihre persönlichen Vorteile durchsetzen!

von DerEroberer: Ganz zu schweigen von der europäischen Bürokratie. Ich glaube, selbst viele Politiker wissen nicht, wer für was wo zuständig ist, bzw. sein sollte (Brüssel, Straßburg, Luxemburg). Hier wird vieles totverwaltet und einen Haufen Geld kostet es noch dazu.

von Alterego: Man muss aber auch mal sagen, dass es nicht einfach ist, 27 Mitgliedsstaaten zu koordinieren und zu verwalten!

von DerEroberer: Und deswegen wird sie auch immer handlungsunfähiger! Wie soll denn so ein großes Gebilde noch flexibel sein?

von Gloomy101: Trotzdem bin ich für die EU. Allerdings war die Ost-Erweiterung in meinen Augen viel zu früh. Und wenn es einmal (?) so ist, dass EU-Politiker keine abgehalfterten Politiker der einzelnen Staaten mehr sind, denen man einen Versorgungsposten zuschustert, sondern Fachleute, dann hat auch ein „vereintes Europa" ein Chance.

von GoldenBoy: Aber was wäre denn ohne die EU? Vielleicht hätten sich die europäischen Staaten dann schon längst die Köpfe eingeschlagen. Die Europäische Union steht schon auch für Sicherheit und Frieden in Europa.

von Gloomy101: Ich glaube, die EU ist in erster Linie ein Wirtschaftsbündnis. Es bringt den Staaten einfach mehr Vorteile zusammenzuarbeiten als Einzelkämpfer zu sein.

von KleinerHeiner: Und so gelten auch in vielen Bereichen für alle Länder die gleichen Standards. Ist schon besser so, als tausend unterschiedliche Regelungen – auch wenn`s ein bürokratischer und langer Weg dahin ist …!

Jetzt sind Sie dran ...

4. Lesen Sie die Meinungen über die EU. Machen Sie eine Rangliste: Oben stehen die Aussagen, denen Sie am meisten zustimmen, unten solche, die Sie am wenigsten teilen.
5. Vergleichen Sie das Ergebnis zunächst mit Ihrem Partner und anschließend im Plenum. Versuchen Sie nun in der Klasse, sich auf eine gemeinsame Rangliste zu einigen.
6. Nehmen Sie dabei Stellung zu den Meinungen über die EU. Stimmen Sie diesen Aussagen zu?
7. Wenn Sie an die EU denken, was fällt Ihnen dann ein? Vollenden Sie folgende Sätze:
   Die EU ist für mich ... Ein großer Vorteil, den wir durch die EU haben, ist ... Von der EU wünsche ich mir, dass sie ... Europa funktioniert nur, wenn ...

Die Werte der EU

„Die Werte, auf die sich die Union gründet, sind die Achtung der Menschenwürde, Freiheit, Demokratie, Gleichheit, Rechtsstaatlichkeit und die Wahrung der Menschenrechte einschließlich der Rechte der Personen, die Minderheiten angehören. Diese Werte sind allen Mitgliedstaaten in einer Gesellschaft gemeinsam, die sich durch Pluralismus, Nichtdiskriminierung, Toleranz, Gerechtigkeit, Solidarität und die Gleichheit von Frauen und Männern auszeichnet"

(Art. 2 EU-Vertrag)

Jetzt sind Sie dran ...

8. Lesen Sie den Artikel 2 des EU-Vertrages. Erstellen Sie nun ein Werbeplakat für die EU (➲ Präsentieren/Visualisieren).
9. Im Folgenden finden Sie Schlagwörter, die Sie mit der EU verbinden können. Schreiben Sie die für Sie fünf zentralsten Begriffe auf. Begründen Sie anschließend Ihre Auswahl vor der Klasse.
   a) Frieden
   b) Ökonomischer Wohlstand
   c) Demokratie
   d) Europas Stimme in der Welt
   e) Der Euro
   f) Bürokratie
   g) Geldverschwendung
   h) Verlust der nationalen Identität
   i) Kulturelle Vielfalt
   k) Die Freiheit, innerhalb der EU zu reisen, zu studieren und zu arbeiten
   l) Arbeitslosigkeit
   m) Kriminalität
   n) Nicht genügend Kontrolle der Außengrenzen
   o) Soziale Sicherheit
10. Verbinden Sie noch andere Dinge mit der EU, die auf dieser Liste fehlen? Teilen Sie Ihre Vorschläge der Klasse mit.
11. Machen Sie eine Umfrage mit den Punkten aus Aufgabe 9. Stellen Sie dazu die Frage: Was bedeutet die EU für Sie persönlich? Entwerfen Sie einen Fragebogen, wo jeder ankreuzen kann, ob er mit der Assoziation einverstanden ist.
12. Liegen Sie im Durchschnitt? Die EU führt im sogenannten Eurobarometer zwei Mal im Jahr Befragungen aller EU-Bürger mit den oben aufgeführten Themen durch und veröffentlich diese auch im Internet. Suchen Sie nach der letzten Umfrage. So können Sie die Haltung Ihrer Klasse mit der Gesamtbevölkerung vergleichen.

Das sagt die EU über sich selbst

Was ist die Europäische Union?
Eine einzigartige wirtschaftliche und politische Partnerschaft zwischen 27 demokratischen europäischen Ländern.

Was sind ihre Ziele?
Frieden, Wohlstand und Freiheit für ihre 498 Millionen Bürgerinnen und Bürger – in einer gerechteren und sichereren Welt.

Was hat sie bisher erreicht?
Reisen und Handel ohne Grenzen, den Euro (die gemeinsame europäische Währung), sicherere Lebensmittel und besseren Umweltschutz, einen höheren Lebensstandard in den ärmeren Regionen, gemeinsames Vorgehen gegen Verbrechen und Terrorismus, billigere Telefongespräche, Millionen Möglichkeiten für ein Studium im Ausland ... und vieles mehr.

Wie funktioniert sie?
Um all dies zu erreichen, haben die Mitgliedstaaten Organe geschaffen, die die EU lenken und ihre Rechtsvorschriften erlassen. Die wichtigsten Organe sind:

- das Europäische Parlament (als Vertretung der Bürger Europas),
- der Rat der Europäischen Union (als Vertretung der nationalen Regierungen),
- die Europäische Kommission (als Vertreterin der gemeinsamen Interessen der EU).

Quelle: Europa, Portal der Europäischen Union, abgerufen unter: http://europa.eu/abc/panorama/index_de.htm

Jetzt sind Sie dran ...

13 Lesen Sie den Text und betrachten Sie die Bilder. Schreiben Sie nun für die Bilder die passenden Bildunterschriften. Hinweise dazu finden Sie im Text.

14 Erklären Sie Ihrem Partner mit eigenen Worten, was die EU ist, welche Ziele sie verfolgt, was sie bisher erreicht hat und wie sie funktioniert (➲ Paar Check).

15. Stellen Sie sich nun vor, Sie wären Moderator in einem Kinderkanal und müssten eine Sendung machen, in der Sie den jungen Zuschauern die Europäische Union erklären. Überlegen Sie zunächst das Konzept der Sendung in Gruppen- oder Partnerarbeit. Anschließend simulieren Sie die Situation in einem „Fernsehstudio".

11.2 „Jeder europäische Staat ... kann Mitglied in der EU werden."

Die Vorgängerorganisation der EU, die Europäische Gemeinschaft für Kohle und Stahl (EGKS), wurde 1951 gegründet, 1957 wurde aus den sechs Gründerstaaten die Europäische Wirtschaftsgemeinschaft (EWG). Seit 1992 trägt sie die offizielle Bezeichnung Europäische Union (EU). Seit ihrem Bestehen ist die Gemeinschaft stetig gewachsen. Sowohl was ihre Größe angeht, als auch in ihrem Aufgabenbereich.

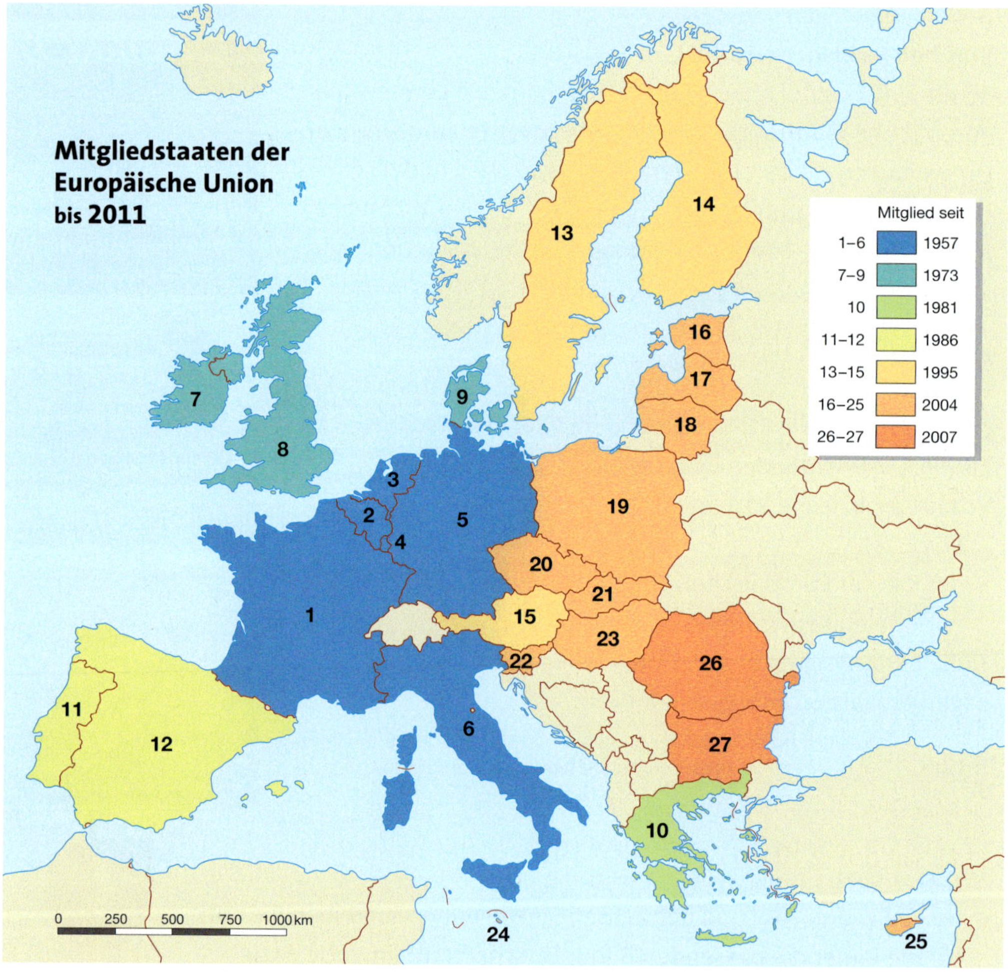

Jetzt sind Sie dran ...

1. Betrachten Sie die Karte der Mitgliedstaaten: Was wird hier verdeutlicht?
2. In Ihrem Buch finden Sie im hinteren Klappendeckel eine Karte der EU mit den Namen der Mitgliedstaaten. Nutzen Sie diese, um die Staaten zu benennen. Ordnen Sie der jeweiligen Nummer aus der Karte den richtigen Namen zu.
3. Jetzt können Sie einen Zeitstrahl erstellen, der die Beitritte der Staaten zur EU veranschaulicht.

Jeder Staat, der Mitglied in der EU werden will, muss bestimmte Kriterien erfüllen. Der Europäische Rat hat bei einem Treffen in Kopenhagen 1993 in den so genannten **Kopenhagener Kriterien** die Anforderungen an die Beitrittskandidaten konkretisiert und festgeschrieben.

Politisches Kriterium: Institutionelle Stabilität als Garantie für demokratische und rechtsstaatliche Ordnung, für die Wahrung der Menschenrechte sowie die Achtung und den Schutz von Minderheiten;

Wirtschaftliches Kriterium: Eine funktionsfähige Marktwirtschaft sowie die Fähigkeit, dem Wettbewerbsdruck und den Marktkräften innerhalb der EU standzuhalten;

Übernahme-Kriterium: Fähigkeit, die aus der Mitgliedschaft erwachsenden Rechte und Verpflichtungen zu übernehmen und sich die Ziele der politischen Union sowie der Wirtschafts- und Währungsunion zu Eigen zu machen.

Art. 49 Vertrag von Lissabon

„Jeder europäische Staat, der die Werte, auf die sich die Union gründet, achtet, und sich für ihre Förderung einsetzt, kann beantragen, Mitglied der Union zu werden."

Jetzt sind Sie dran ...

4. Die Kopenhagener Kriterien wurden erst 1993 eingeführt. Davor gab es keine einheitlich festgelegten Beitrittskriterien. Wie bewerten Sie diesen Schritt?
5. Stellen Sie sich vor, Ihr Partner wäre ein Vertreter eines Staates, der gerne in die EU möchte. Erklären Sie ihm, was er zu tun hat, damit er aufgenommen werden kann (➲ Paar-Check).
6. Die Europäische Kommission wacht über die Entwicklung der Staaten, die der EU beitreten möchten. Dies veröffentlicht sie in den so genannten Fortschrittsberichten. Recherchieren Sie, welche Staaten gerne in die EU möchten und wie weit diese in ihren Beitrittsvorbereitungen sind. Nehmen Sie auch die Karte auf der hinteren Umschlagseite zu Hilfe.
7. Gründen Sie Ihren eigenen politischen Club! Überlegen Sie sich in Gruppenarbeit ein Thema, für das Sie einstehen und das Sie erreichen möchten. Würden Sie Beitrittskriterien aufstellen und wenn ja, welche? Erstellen Sie ein Werbeplakat für Ihren Club, das die Ziele und die eventuell nötigen Beitrittskriterien darstellt.
8. Analysieren Sie die Karikatur (➲ Karikaturen verstehen): Was wird hier dargestellt? Welches Thema schneidet der Karikaturist hier an?
   Können Sie eine Verbindung zu den Kopenhagener Kriterien ziehen? Teilen Sie die Meinung des Karikaturisten?

11.3 Die EU in der Welt

Die EU zählt heute knapp eine halbe Milliarde Bürger (ca. 498 Mio.), die in den 27 Mitgliedsstaaten leben. Das sind mehr Menschen als die USA und Russland zusammen an Einwohnern haben – obwohl die Fläche nicht einmal halb so groß ist wie die der USA.

Doch wie schneidet die EU im Vergleich zu den anderen Staaten der Welt ab? Ein Vergleich nach dem HDI (Human Development Report).

Human Development Index (HDI) 2010

Der HDI (Index der menschlichen Entwicklung) wird von den Vereinten Nationen erstellt. Er berücl sichtigt das Pro-Kopf-Einkommen, die Lebenserwartung un den Bildungsgrad de Einwohner der Staaten.
Die Zahl 1 steht für die höchste, die Zahl für keine Entwicklun

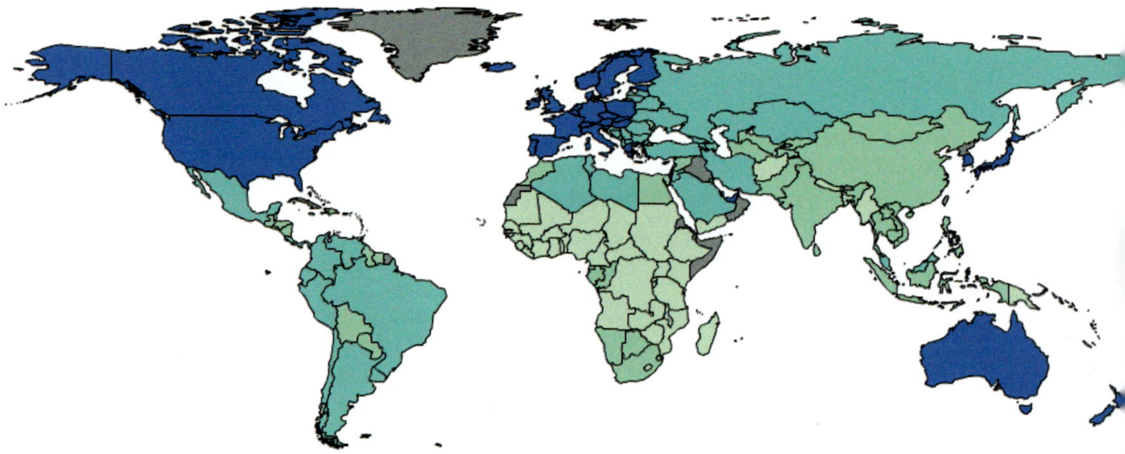

Quel
Human Development Reports 2010, abgerufen unt
http://hdr.undp.org/en/data/ma

Jetzt sind Sie dran ...

1. Analysieren Sie die Karte:
   a) Welche Staaten haben den höchsten Index-Wert?
   b) Haben alle Mitgliedsländer der EU einen gleich hohen Entwicklungsstand? Wie sieht es mit den Beitrittskandidaten und den europäischen Staaten, die nicht Mitglied der EU sind, aus? Hierzu können Sie die Karte der EU mit seinen Beitrittskandidaten im Klappendeckel zu Hilfe nehmen.
   c) In welchen Regionen der Welt gibt es die meisten unterentwickelten Länder?
   d) Sammeln Sie Ideen für die Gründe der unterschiedlichen Wohlstandsniveaus.
2. Die Daten des HDI werden von der UN auch im Internet veröffentlicht. Suchen Sie sich einen Staat aus, der Sie besonders interessiert und recherchieren Sie dessen Trend der letzten Jahre. Präsentieren Sie Ihr Land anschließend der Klasse.

Die EU als außenpolitischer Akteur

Die Europäische Union tritt auch mit einer gemeinsamen Außen- und Sicherheitspolitik auf und ist in anderen Staaten der Welt präsent, um Kriege zu verhindern, Krisen zu bewältigen und Frieden zu sichern.

Die zivilen Missionen und militärischen Operationen der Europäischen Union (Stand: Januar 2011)

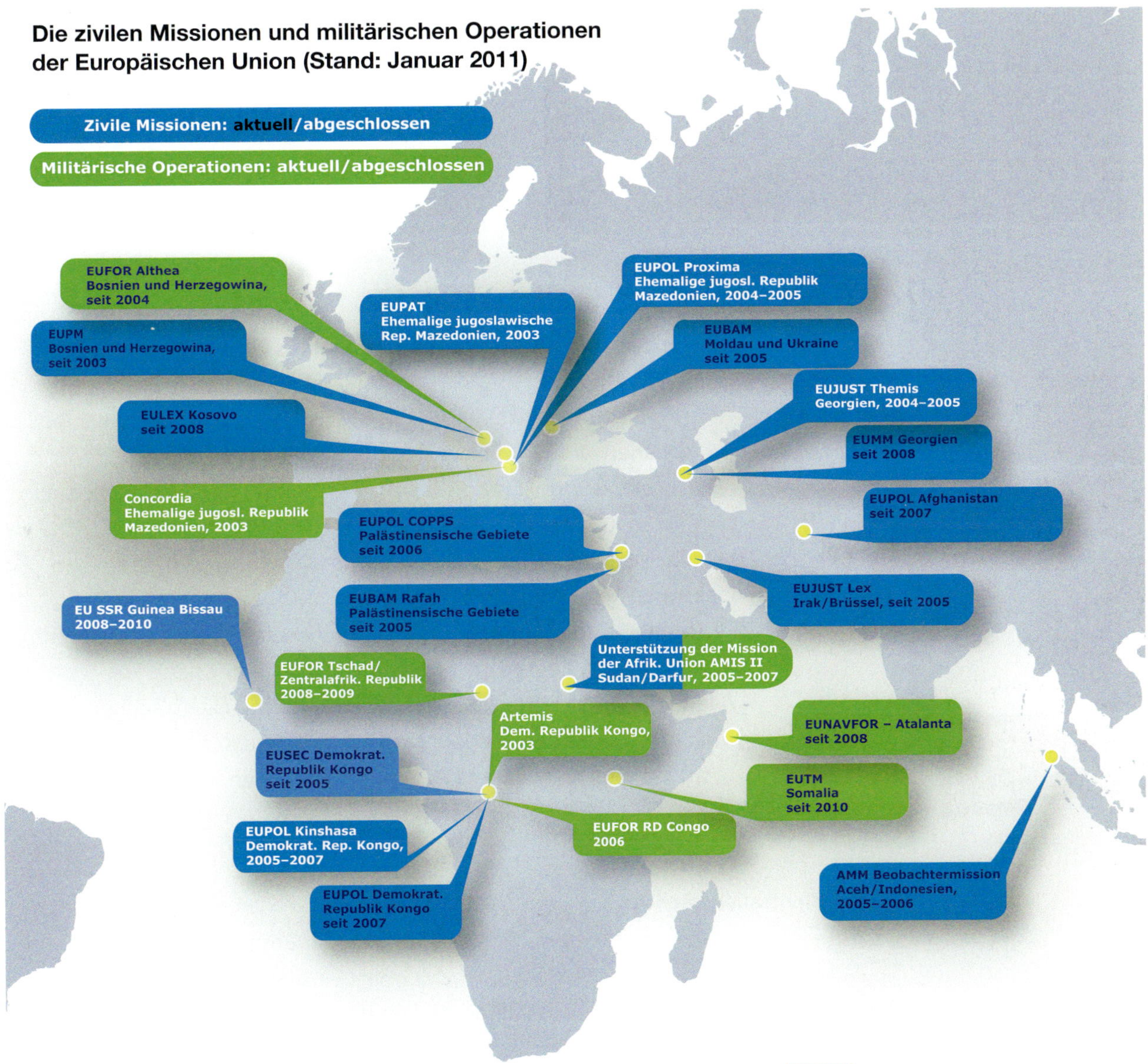

Jetzt sind Sie dran ...

3. Analysieren Sie die Karte mit den Missionen der EU:
   a) In welchen Regionen der Welt ist die EU besonders aktiv?
   b) Betrachten Sie die Weltkarte auf der gegenüberliegenden Seite: In welchen Regionen der Erde ist die EU nicht aktiv?
   c) Suchen Sie sich eine Mission aus, die Sie besonders interessiert. Recherchieren Sie dazu die Hintergründe im Internet. Stellen Sie anschließend diese Mission in Ihrer Klasse vor.

11.4 EU betrifft uns alle! Der Nichtraucherschutz

Fallbeispiel

Jens ist 18 Jahre alt und raucht.
Auf seiner Zigarettenpackungen sind Warnhinweise, dass Rauchen gesundheitsschädlich ist. Auch in der Zigarettenwerbung, der Jens in seinem Alltag begegnet, ist das so. Das gilt in der ganzen EU. Wenn Jens abends mit seinen Freunden weggeht und rauchen will, dann muss er meistens einen anderen Raum aufsuchen oder nach draußen gehen.

Jetzt sind Sie dran ...

1. Haben Sie schon Erfahrungen mit dem Nichtraucherschutz gemacht? Tauschen Sie sich zunächst in Partnerarbeit aus, wo und wie Ihnen der Nichtraucherschutz begegnet. Überlegen Sie dabei, an welchen Orten Rauchen verboten und wo es erlaubt ist.
2. Tauschen Sie Ihre Ergebnisse in der Klasse aus und halten Sie sie in einem Poster fest.
3. Machen Sie eine Umfrage in Ihrer Klasse, wer raucht. Ist das die Mehrheit?
4. Wie sollte Ihrer Meinung nach der Nichtraucherschutz aussehen? Entwerfen Sie Regeln und stellen Sie diese Ihrer Klasse vor.
5. Nun können Sie eine ➲ Talkshow zum Thema Nichtraucherschutz machen. Erarbeiten Sie dabei jeweils Pro- und Kontra-Argumente für stärkere oder schwächere Regeln zum Rauchen in der Öffentlichkeit.

Infobox

Schritte der EU zum Nichtraucherschutz

2001 erlässt die EU eine Richtlinie, in der die Herstellung, die Aufmachung und der Verkauf von Tabakerzeugnissen geregelt sind. Hier werden unter anderem die Höchstwerte für Nikotin und Teer in Zigaretten festlegt. Weiter werden die Hersteller dazu verpflichtet, Gesundheitswarnhinweise in Textform zu verwenden, Inhaltsstoffe anzugeben, und es wird untersagt, Angaben wie „leicht" zu verwenden.

2003 gibt es eine weitere Richtlinie, die die Werbung von Tabakprodukten in Printmedien, im Rundfunk und weiteren Dienstleistungsportalen der Informationsgesellschaft untersagt.

2007 wird in einer Richtlinie die Werbung für Tabakprodukte im Fernsehen verboten.

Die EU-Kommission fordert seit langem ein rauchfreies Europa. Da der Gesundheitsschutz in die Zuständigkeit der Mitgliedsstaaten fällt, haben die Mitgliedstaaten eigene Gesetze zum Schutz des Nichtrauchers auf den Weg gebracht.

Was sind Richtlinien?

In der Europäischen Union gibt es verschiedene Formen von Rechtsakten: Verordnungen, Richtlinien, Entscheidungen, Empfehlungen und Stellungnahmen.

Eine Verordnung ist für alle Mitgliedstaaten verbindlich und wird direkt in nationales Recht umgesetzt.

Eine Richtlinie gibt das zu erreichende Ziel vor, der Weg dahin bleibt den Mitgliedsstaaten offen.

Eine Entscheidung betrifft nur bestimmte Staaten, Akteure oder Institutionen.

Empfehlungen und Stellungnahmen sind nicht verbindlich.

Das Entstehen von Rechtsakten im institutionellen Dreieck der EU

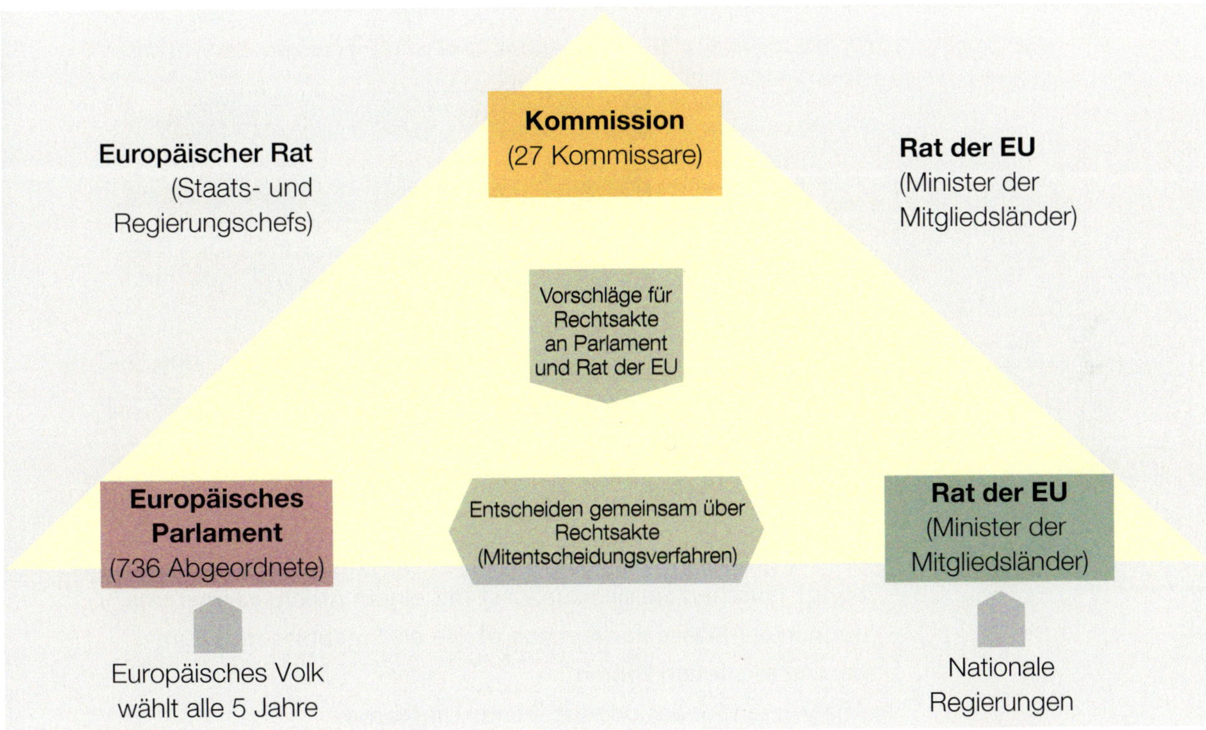

Jetzt sind Sie dran ...

6. Erarbeiten Sie mit Hilfe des Schaubilds den Verlauf, wie Rechtsakte entstehen. Erklären Sie anschließend im ➲ Karussellgespräch Ihren Mitschülern den Ablauf.
7. Kennen Sie die einzelnen EU-Institutionen, die hier aufgeführt sind? Jede hat einen Internetauftritt. Suchen Sie sich eine Institution aus und recherchieren Sie in Gruppen- oder Partnerarbeit, wie diese zusammengesetzt ist und welche Aufgaben Sie hat. Erstellen Sie aus Ihren Informationen ein Poster, das Sie der Klasse präsentieren.

Das Rauchverhalten der EU-Bürger und ihre Einstellungen zum Nichtraucherschutz

Im Januar 2006 gab die EU ein Eurobarometer Spezial zum Thema „Einstellung der Europäer zum Tabak“ heraus, in denen von September bis Dezember 2005 die Bürger der Mitgliedsstaaten sowie die Türkei und Kroatien zu Wort kamen. Ein Drittel der Befragten bestätigte, dass an Arbeitsplätzen in geschlossenen Räumen geraucht wird. Die Hälfte gab an, zu Hause nicht zu rauchen. Vier von fünf Befragten war klar, dass Passivrauchen schädlich sein kann. Fast jeder Dritte hat auch schon versucht, das Rauchen aufzugeben. Sieben von zehn Personen hielten weniger als zwei Monate durch. Jugendliche wurden oft rückfällig, weil sie sich durch rauchende Freunde verleiten ließen.

Nach: Panorama Europa, abgerufen unter: http://europa.eu/rapid/pressReleasesAction.do?reference=IP/07/690&format=HTML&aged=0&language=DE&guiLanguage=en:

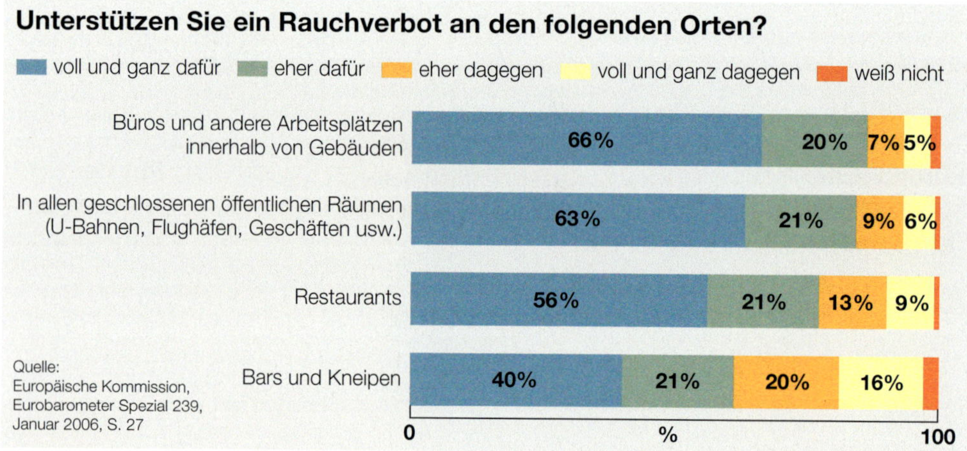

Jetzt sind Sie dran ...

8. Wie ist Ihre persönliche Erfahrung mit Rauchern in Ihrer Umgebung? Tauschen Sie sich zunächst mit einem Arbeitspartner und dann in der Klasse darüber aus, ob Sie die Ergebnisse des Eurobarometers teilen können.
9. Analysieren Sie das oben stehende Diagramm:
   a) Wie viele Europäer äußern sich mehrheitlich für ein Rauchverbot am Arbeitsplatz?
   b) Wie hoch ist die Unterstützung für ein Rauchverbot in Restaurants und in Kneipen?
10. Was könnten Gründe für eine Zustimmung oder Ablehnung eines Rauchverbots an diesen Orten sein? Diskutieren Sie Ihre Ideen in der Klasse.
11. Befragen Sie Menschen aus Ihrer Lebenswelt zu ihren Einstellung zum Thema Nichtraucherschutz. Die Interviews können Sie als Video- oder Audiodateien aufnehmen. Besondern interessante Aussagen können Sie anschließend in der Klasse präsentieren.

Rauchverbote in den Mitgliedsstaaten

Die EU hat ihre Mitgliedsstaaten dazu aufgerufen, rauchfreie Zonen zu schaffen, Nichtraucher zu schützen und das Rauchen an öffentlichen Orten einzuschränken.
Als erster EU-Staat führte Irland 2004 einen umfassenden Nichtraucherschutz ein, viele Staaten folgten dem Beispiel.

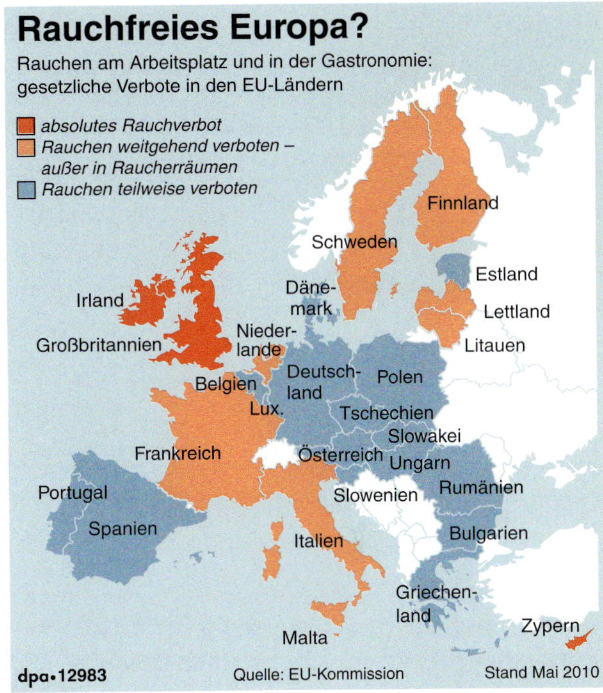

Jetzt sind Sie dran ...

12. Analysieren Sie die Karte: Welche Länder haben kein Rauchverbot und welche haben einen strikten Nichtraucherschutz?
13. Was könnten Gründe für die uneinheitliche Regelung sein?
14. Halten Sie eine europaweite Regelung, die in allen Ländern die gleichen Regeln aufstellt, für besser? Diskutieren Sie in der Klasse.

Nichtraucherschutz in Deutschland
Seit dem 1. September 2007 ist es bundesweit verboten, in öffentlichen Verkehrsmitteln, Taxis, Bahnhöfen und in allen Gebäuden des Bundes zu rauchen. Das Mindestalter für den Kauf von Zigaretten und das Rauchen in der Öffentlichkeit stiegen von 16 auf 18 Jahre.
Die Zigarettenautomaten mussten ab 2009 entsprechend umgerüstet werden. Die Regierungschefs der Bundesländer einigten sich im gleichen Jahr auf ein weitgehendes Rauchverbot in allen Gaststätten. Den Bundesländern blieb es vorbehalten, eigene Regelung zu erlassen, ob und wie in Gaststätten und Kneipen geraucht werden darf.

15. Recherchieren Sie, wie die einzelnen Nichtraucherschutzgesetze in den 16 Bundesländern aussehen (➲ Internetrecherche). Anschließend präsentieren Sie Ihre Ergebnisse der Klasse. Erstellen Sie eine Deutschlandkarte als großes Plakat, auf dem Sie die Ergebnisse in den einzelnen Bundesländern festhalten können.
16. An einem Rauchverbot haben unterschiedliche Gruppen ein Interesse, andere sind dagegen. Sammeln Sie in Partnerarbeit auf einer Pro-und Kontra-Liste Argumente für und gegen das Rauchverbot in Gaststätten und Kneipen und überlegen Sie dabei, welche Interessengruppen diese Positionen vertreten würden.
Mit den gesammelten Argumenten können Sie jetzt eine ➲ Talkshow machen. Die Gäste vertreten dabei jeweils eine Interessengruppe oder Extremposition. Denken Sie sich für die Talkshow-Gäste Namen, Alter und Beruf aus.

Alles klar?

11.5 Überprüfen Sie Ihr Wissen

1. Wissen Sie noch, wie Rechtsakte in der EU entstehen? Suchen Sie eine aktuelle Gesetzgebung und zeichnen Sie den Verlauf nach. In europäischen Nachrichtenportalen wie Euronews oder Euractiv finden Sie Anregungen.
2. In der Europäischen Union und bei den Mitgliedstaaten unterscheidet man drei Arten von Zuständigkeiten:
   - solche, die völlig in der Kompetenz der EU liegen,
   - solche, die den ausschließlichen Wirkungsbereich der Mitgliedstaaten darstellen,
   - und Zuständigkeiten, die EU und Mitgliedstaaten sich teilen.

   Schauen Sie sich noch einmal die Beispiele an, die in diesem Kapitel vorkamen, und ordnen Sie sie in die verschiedenen Tätigkeitsfelder ein, die hier dargestellt sind.

Zuständigkeiten in der europäischen Union

Kompetenzverteilung in der EU

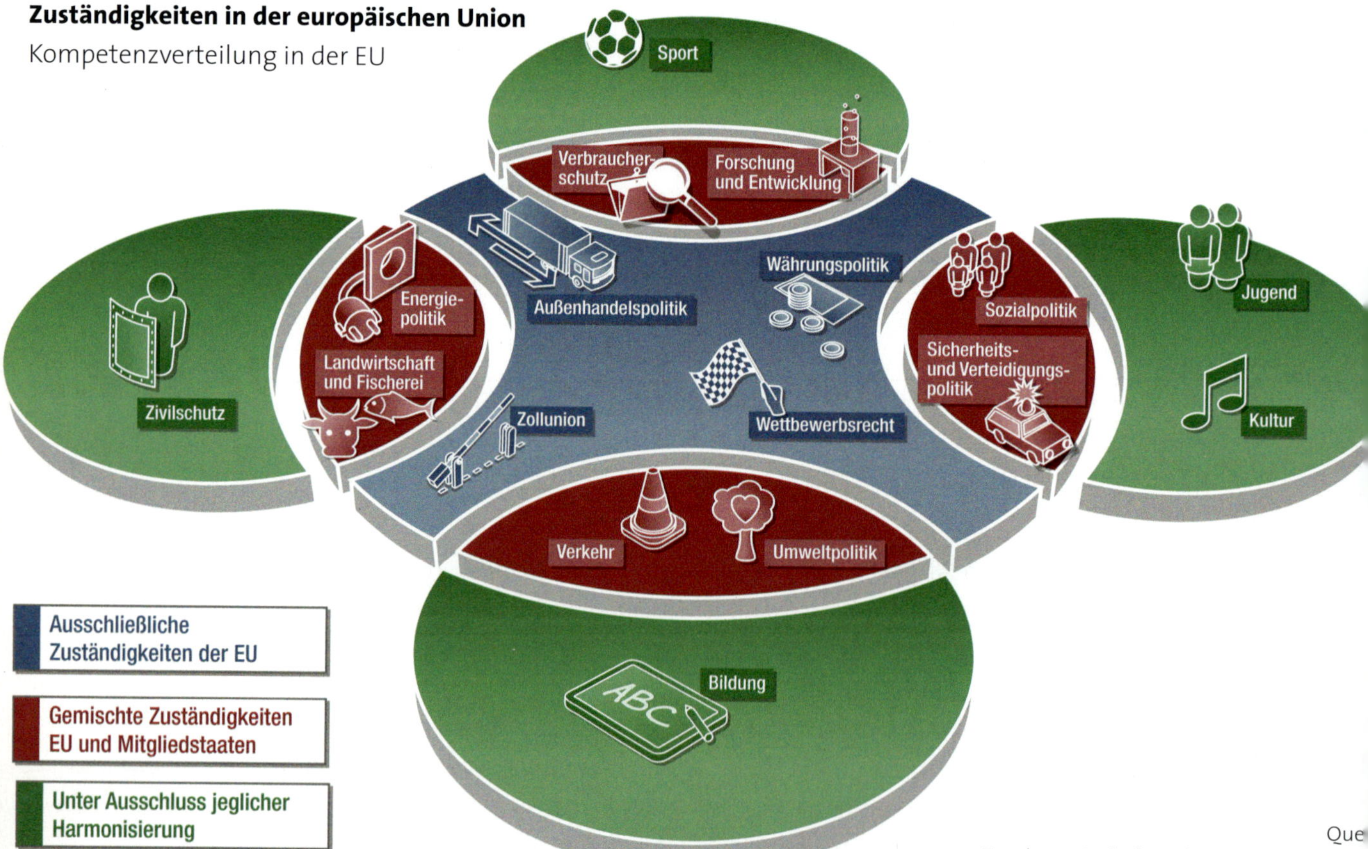

Que
Bundeszentrale für politische Bildung, 20
abgerufen unter: www.bpb

Alles klar?

Mythos Europa

Der Kontinent hat seinen Namen von einer griechischen Sage. Europa war eine phönizische Königstochter. Diese gefiel Zeus, dem griechischen Gott, so gut, dass er sie raubte. Dazu verwandelte er sich in einen Stier und näherte sich ihr. Als Europa Vertrauen zu ihm gefasst hatte und sich auf ihn setzte, entführte er sie. Zeus stürzte sich in die Wellen des Meeres. Auf der Reise in sein Land erzählte er Europa, wer er in Wirklichkeit war. Als sie endlich angekommen waren, fragte Europa nach dem Namen des Landes. Stolz sagte Zeus - inzwischen wieder in Menschengestalt: „Das ist die Insel Kreta und ich bin König dieses Landes. Der Erdteil, der dich nun aufgenommen hat, soll für alle Zeiten deinen Namen tragen: Europa."

3. Lesen Sie den Text zum Mythos Europa. Betrachten Sie anschließend das Foto, das Wandgemälde und die Karikatur. Analysieren Sie nun die Bilder:
   a) Beschreiben Sie die Bilder und die dargestellten Personen und Tiere.
   b) Vergleichen Sie nun die Darstellungen. Wo sind Parallelen und Unterschiede?
   c) Welches Problem der EU wird in der Karikatur angesprochen?
4. Teilen Sie die Meinung des Karikaturisten? Begründen Sie Ihre Antwort!

„und ich dachte immer, Europa würde auf einem Stier sitzen!"

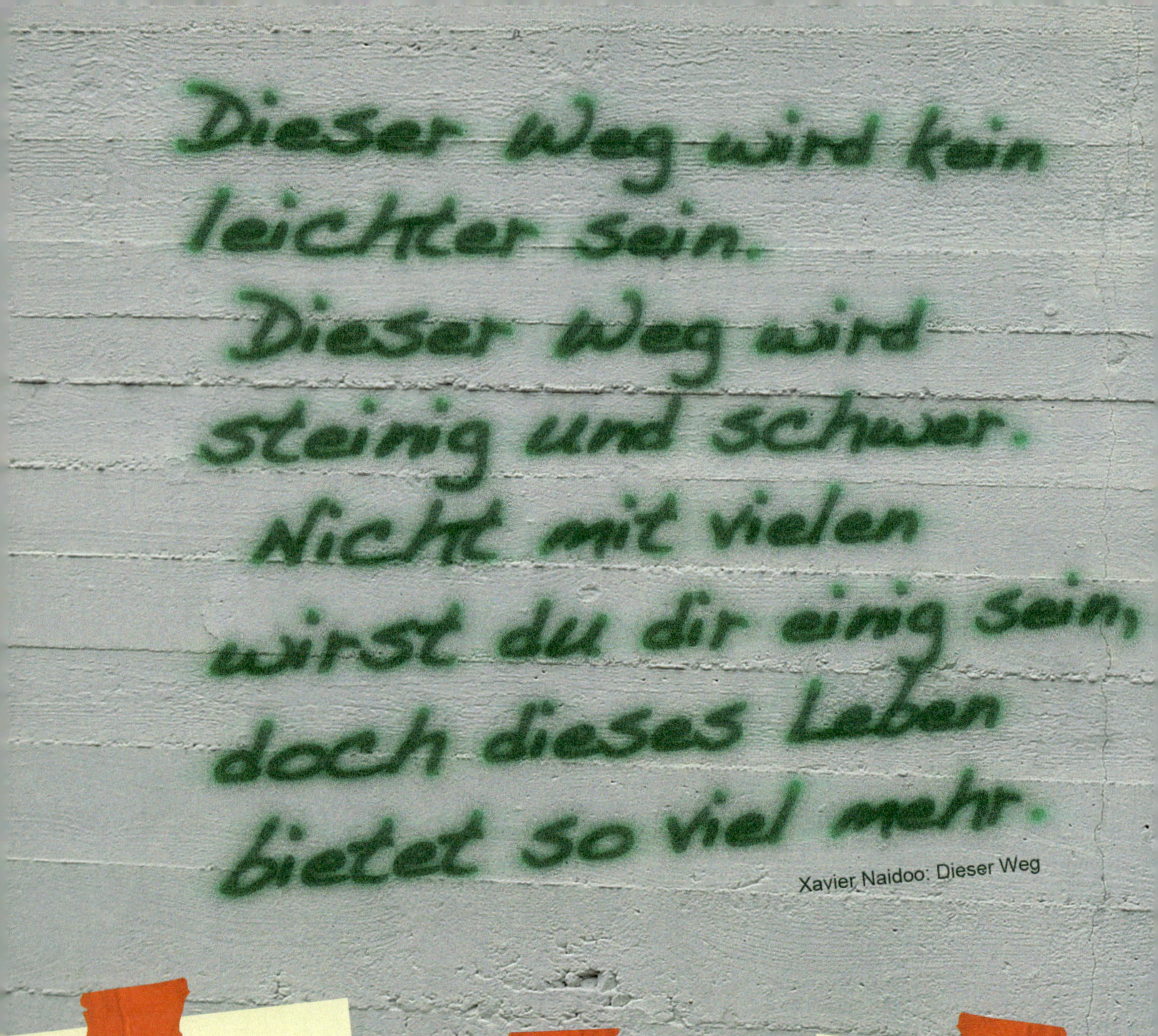

Xavier Naidoo: Dieser Weg

Vernetzen Sie Ihr Wissen:

- Mit dem Thema: Gesellschaft (→ Kapitel 14)
- Mit dem Thema: Medien (→ Kapitel 7)

Diese Methoden brauchen Sie:

- Kreativ sein: Kopfstandmethode, One-Minute-Writing, Kartenabfrage, Postkarten gestalten
- Interpretieren: Grafiken verstehen, Karikaturenanalyse
- Präsentieren: Internettagebuch, Leserbrief schreiben
- Organisieren: Clustern

So arbeiten Sie mit andere zusammen:

- Podiumsdiskussion
- Umfrage
- Rollenspiel

Kein Lebensabschnitt ist so mit schwierigen Entscheidungen, aber auch Gefahren verbunden wie die Jugend. Einerseits möchten Jugendliche möglichst selbstständig sein, andererseits sind sie noch sehr von anderen abhängig.
Jugend ist aber auch die Zeit des Ausprobierens und Kennenlernens. Das gilt für Beziehungen, Arbeitsperspektiven und persönliche Interessen.. Sie lernen in diesem Kapitel, welche Gefahren und Chancen die Jugendzeit bereit hält und wie Sie erfolgreich mit ihr umgehen können.

12 Lebenswelten von Jugendlichen

12.1 Sein Leben selbst in die Hand nehmen

Als Kind und Jugendlicher sammeln Sie Erfahrungen und bewältigen verschiedene Hindernisse. Dabei müssen Sie viele Möglichkeiten abwägen und Entscheidungen treffen.

!

Jetzt sind Sie dran ...

1. Ergänzen Sie diese Entscheidungsfragen um eigene Ideen.
2. Schreiben Sie einen kurzen Text, in dem Sie eine Situation beschreiben, in der Sie sich aus heutiger Sicht falsch entschieden haben.
3. Wie wäre Ihr Leben ohne diese Fehlentscheidung verlaufen? Können Sie sich ein Leben ohne Anstrengung, ohne Misserfolge vorstellen?
4. Schreiben Sie auf, was für Ihr Leben, Ihren zukünftigen Weg wichtig ist. Beziehen Sie dabei das Graffito von der Auftaktseite mit ein.

Die eigenen Interessen vertreten

Gerade die verschiedenen Vorstellungen über die eigene Zukunft führen häufig zu Konflikten mit den Eltern. Warum eigentlich?

„So lange du deine Beine unter meinen Tisch streckst, bin ich noch das Gesetz!"

Vater

„Für mich ist eine Welt zusammengebrochen: Eigentlich war für mich immer klar, dass Kai einmal studieren wird.
Stattdessen hat er nach der zehnten Klasse gesagt, dass er das Gymnasium verlassen will, da er unbedingt eine Ausbildung zum Grafikdesigner machen will.
Seine Noten waren doch nicht schlecht, man wirft doch nicht einfach die Chance weg, Abitur zu machen und nach einem Studium viel Geld zu verdienen. Deshalb habe ich ihm verboten, die Schule abzubrechen. Immerhin bin ich der Erziehungsberechtigte!"

Sohn

„Was bildet der sich eigentlich ein? Nur weil er es im Leben nicht so weit gebracht hat, wie er es sich vorgestellt hat, soll ich jetzt alles besser machen. Ich habe keinen Bock mehr auf die Schule! Das Einzige, was ich kann, ist zeichnen und programmieren. Jetzt habe ich im Berufsinformationszentrum vom Beruf des Grafikdesigners erfahren. Der ist genau für mich gemacht! Also habe ich mich bei einer Agentur beworben und bin prompt genommen worden. Und was macht mein Alter: Er verbietet mir das. Und ohne seine Unterschrift kann ich da nicht anfangen!"

Jetzt sind Sie dran ...

1. Bilden Sie Arbeitspaare. Einer von Ihnen versetzt sich in die Lage des Vaters, einer in die des Sohnes.
   a) Spielen Sie den Konflikt im Rollenspiel nach.
   b) Erstellen Sie jeder eine Liste: Einer hält die Interessen und Wünsche des Vaters, einer die des Sohnes fest.
   c) Versuchen Sie nun gemeinsame Interessen beider zu finden.
   d) Finden Sie eine Lösung für den Konflikt und stellen Sie sie der Klasse vor.
   e) Denken Sie sich weitere Konfliktsituationen aus. Wiederholen Sie die Arbeitsschritte.

12.2 Seinen Weg nicht alleine gehen

Neben den Eltern sind die Freunde die wichtigsten Ansprechpartner in schwierigen Situationen.

Der wahre Freund

Der ist mein Freund, der mir stets
des Spiegel zeigt,
den kleinsten Flecken nicht verschweigt,
mich freundlich warnt, mich ernstlich schilt,
wenn ich nicht meine Pflicht erfüllt'.
Das ist mein Freund – so wenig wie er's scheint!
Doch der, der mich stets schmeichelnd preist,
mir alles lobt, nie was verweist,
zu Fehlern mir die Hände beut[1],
und mir vergibt, eh' ich bereut
– das ist mein Feind –
so freundlich er auch scheint!

Christian Fürchtegott Gellert, 1715–1769

[1] bietet

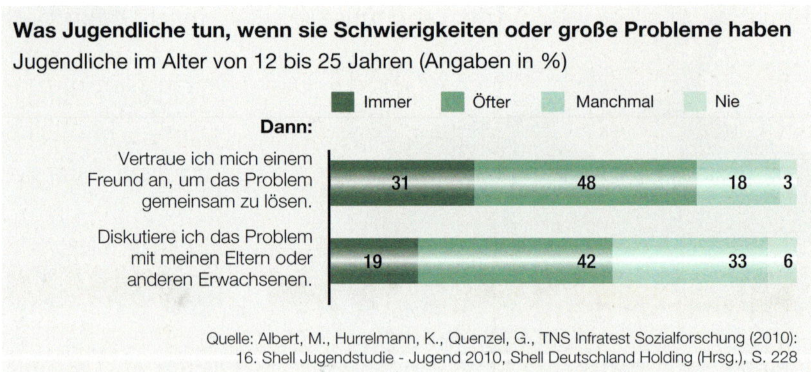

Jetzt sind Sie dran ...

1. Übersetzen sie das Gedicht in Partnerarbeit in „Ihr" Deutsch.
2. Schreiben Sie auf Karteikarten, was Freundschaft für Sie bedeutet (➲ Kartenabfrage). Sammeln und ➲ clustern Sie diese Ideen an der Tafel.
3. Schreiben Sie ein eigenes Gedicht zum Thema Freundschaft.
4. Betrachten Sie die Grafik:
   Wer ist für Jugendliche wichtiger: Freunde oder Eltern?
   Spekulieren Sie im Klassengespräch, warum das so ist.

Die Clique ist mein Freund

Ein Gefühl, das alle Jugendlichen kennen, ist das Gefühl, alleine zu sein. Das ist ganz normal: Je mehr man sich selbst als einzigartiges Wesen – als Individuum – versteht, desto stärker wird die Sehnsucht nach Gemeinsamkeiten mit anderen.

Sandra, 17 Jahre:

„Ich habe meine besten Freunde im Internet kennen gelernt. Wir interessieren uns alle für Mangas und ziehen uns auch an wie die Figuren.
Die Kostüme nähen wir gemeinsam. Wir fahren auch immer zusammen auf Manga-Conventions. Wenn man da alleine im Zug hinfährt, gucken die Leute einen immer komisch an, aber in der Gruppe ist das ein Riesenspaß. Wir reden und benehmen uns dann auch wie die Figuren.
Meistens übernachten wir auch zusammen in einer Jugendherberge und es ist einfach cool, zusammen Spaß zu haben und ein bisschen verrückt zu sein.".

Henry, 17 Jahre:

„Eigentlich chillen wir abends immer auf dem Spielplatz im Volkspark. Am Anfang haben wir nur rumgehangen, Musik gehört, getaggt ... Irgendwann kamen noch ein paar andere Jungs dazu. Die hatten immer Bier dabei oder Wodka oder was zu Rauchen. Wenn wir kein Geld haben, dann holen wir uns die Sachen halt so im Supermarkt.
Wenn einer keinen Bock auf Schule oder so hat, ruft er an und wir treffen uns. Oder einer hat voll Stress zu Hause. Dann besorgen wir was zu Saufen und machen dick Party. Danach geht´s auf jeden Fall besser. Wir halten auf jeden Fall zusammen."

Jetzt sind Sie dran ...

5. Lesen Sie den ersten Text. Warum fühlt sich Sandra so wohl in ihrer Clique? Sammeln Sie die Gründe an der Tafel.
6. Lesen Sie den zweiten Text. Klären Sie im Klassengespräch: Warum fühlen sich die Jugendlichen in dieser Gruppe wohl? Sammeln Sie die Gründe wiederum an der Tafel.
7. Worin unterscheiden sich die beiden Cliquen, worin liegen Gemeinsamkeiten?

Jugendszenen

Zu einer Szene gehören verschiedene Gruppen, die gemeinsame Interessen haben, gleiche Ziele verfolgen oder ihre Lebensbedingungen Gemeinsamkeiten aufweisen. Typische Beispiele in Deutschland sind die Kunstszene, die politische Szene oder die Jugendszene.
Natürlich lässt sich jede Szene in verschiedene kleinere Szenen aufteilen. Wenn man sich die Jugendszene genauer anschaut, findet man hier z.B. eine Hip-Hop-Szene, eine Techno-Szene, eine Punk-Szene, ...
Jede dieser Jugendszenen hat nicht nur ihre natürlichen Besonderheiten – oft versuchen die Gruppen dieser Jugendszenen bewusst sich gegenüber anderen Jugendszenen abzugrenzen. Das geschieht vor allem durch einen bestimmten Stil, also Äußerlichkeiten wie Kleidung, Musik, Sprache und Verhalten.

Jetzt sind Sie dran ...

8. Bilden Sie Arbeitsgruppen. Stellen Sie jeweils eine Szene mithilfe einer Präsentationssoftware oder eines Plakates vor. Sie können dabei auch passende Musik benutzen.
9. Gehören Sie selbst auch einer Szene an? Begründen Sie in einem ➲ One-Minute-Writing, warum Sie sich für diese Szene entschieden haben. Stellen Sie Ihre Ergebnisse der Klasse vor.
10. Warum kann die Zugehörigkeit zu einer Szene das Leben positiver machen?

Radikale Szenen

Sven, 19 Jahre:

„Ich war 16, als ich das erste Mal von einem Kumpel zu einem Konzert mitgenommen wurde. Nachher sind wir noch einen trinken gegangen und haben eigentlich ganz normal über alles geredet. Am nächsten Tag habe ich von meinem Kumpel die CD von der Band bekommen. Die haben da wirklich mal laut ausgesprochen, was ich auch finde. Vor allem, dass man sich als Deutscher doch nicht alles gefallen lassen muss. In den nächsten Monaten sind wir öfters zu solchen Konzerten gegangen. Mir gefielen vor allem die Outfits. Ich habe schnell gelernt, dass Kleidungsstücke mit den Buchstaben NS für Nationalsozialismus stehen und die Zahl 18 für Adolf Hitler.

Im Alltag erkennen wir uns alle an solchen geheimen Zeichen. Mit richtigen Skinheads haben wir nichts zu tun, aber wir setzen uns für unsere Meinung ein, wenn es sein muss auch mal ohne Worte. Weil die Politik nichts macht, muss man halt selber ran."

Lisa, 21 Jahre:

„Ich war 16, als ich das erste Mal von einem Kumpel mit in ein besetztes Haus genommen wurde. Besetzt bedeutet, dass sich ein paar Punks einfach in ein leer stehendes Haus einquartiert haben. Da fand eine riesige Party mit lauter Punk-Musik statt. Die Bands sind vor allem gegen Eigentum und die Polizei. Das fand ich cool. Später bin ich dann auch mit zu Demonstrationen gegen die Räumungen besetzter Häuser. Wir verteidigen unser Recht auf ein selbstbestimmtes Leben. Damit haben der Staat und die Bullen ein Problem. Deshalb gibt es immer wieder Probleme auf den Demos.

Aber ganz ehrlich – was sind schon ein paar Steine gegen Wasserwerfer! Wichtig ist, die Leute wach zu machen: mit Aktionen, Flugblättern und Parolen an den Wänden."

Jetzt sind Sie dran ...

11. Lesen Sie die Texte in Einzelarbeit.
12. Erarbeiten Sie in Partnerarbeit die Gründe, die Sven und Lisa in die radikalen Szenen geführt haben.
13. Worin liegt die gesellschaftliche Gefahr diese radikalen Szenen? Erstellen Sie eine Liste.

12.3 Flucht in die Sucht

Mit legalen Drogen

Egal welcher Szene man als Jugendlicher angehört, beinahe überall wird Alkohol konsumiert.
Worin liegt eigentlich sein Reiz? Und warum ist er so gefährlich?

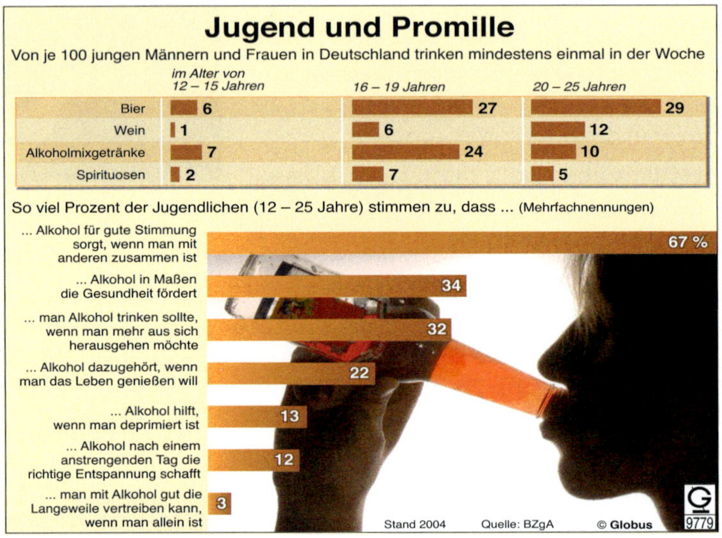

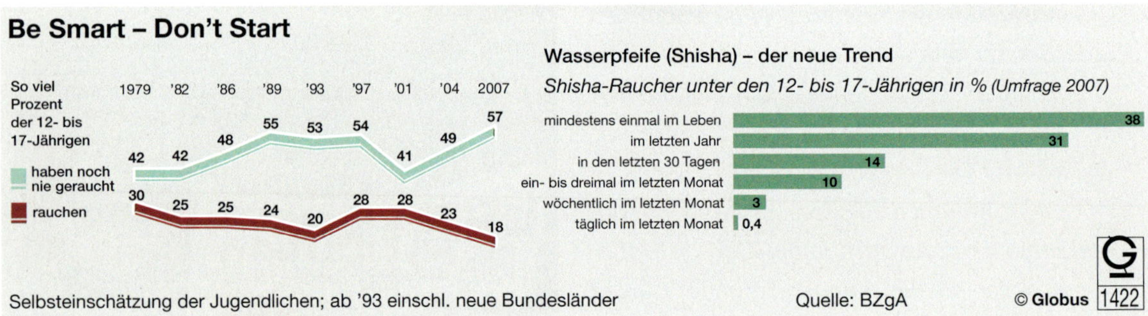

Jetzt sind Sie dran ...

1. Interpretieren Sie die Grafik zum Alkohol (➲ Quellenanalyse). Welcher Aussage stimmen Sie zu? Führen Sie die Umfrage in der Klasse durch.
2. Analysieren Sie in Partnerarbeit die Grafik zum Rauchen. Welche Entwicklung stellen sie fest?
3. Sammeln Sie in Vierergruppen Situationen, in denen Alkohol konsumiert wird und solche, in denen geraucht wird. Überlegen Sie, warum das so ist.
5. Sammeln Sie die Gefahren, die vom übermäßigen Alkoholgenuss und vom Rauchen ausgehen auf einem Plakat. Recherchieren Sie dazu im Internet (➲ Internetrecherche). Erstellen Sie treffende Warnpostkarten.

Cannabis und Co – wenn es doch alle machen ...

Neben Alkohol und Nikotin machen auch illegale Drogen viele Jugendliche neugierig. In manchen Szenen gehört das Konsumieren illegaler Drogen häufig dazu.

Wie das Kiffen in den Horror führte

Seit er 14 war, hat Amon Barth gekifft. Warum? Weil er die Höhenflüge genoß und weil es viele machten.

Mit 19 kam er in die Psychiatrie: schwere Psychose. Heute will er über die Gefahren des Kiffens aufklären.

BARTH: Ich bin in eine irreale Welt abgedriftet, konnte nicht mehr zwischen Realität und Phantasie unterscheiden. Erst in der Psychiatrie hat man mich aus dieser Wahnvorstellung rausgeholt. ...

JOURNAL: Schuld daran war der erste Joint mit vierzehn Jahren?

BARTH: Nein, so kann man das nicht sehen, ich war schon ein Extremfall. Man raucht seinen ersten Joint aus Neugier, das Kiffen ist ja überall präsent. Schon lange vorher wußte ich, wie man dreht, wie es wirkt. Und dann nimmt man so eine alte Reggae-Platte aus dem Schrank und sieht auf dem Cover die Hanfpflanzen und stellt sich all die Leute vor, die in dieser verkifften Musik aufgehen und darin schwelgen – da will man nicht nüchtern bleiben. Ich wußte aber ganz genau, daß ich immer die Finger lassen würde von Koks, Heroin, Crack.

JOURNAL: Die Drogenaufklärung in den Schulen stellt das aber anders dar.

BARTH: So was hatten wir nicht, wir hätten uns auch nur totgelacht darüber. ... Wenn da jemand mit einer Anti-Drogen-Kampagne gekommen wäre, hätten wir Flieger geworfen mit der Aufschrift „Smoke and fly“. Das Kiffen ist ja ein szenespezifisches Ding, man identifiziert sich mit den Szenegöttern, man raucht gemeinsam in der Clique. ...

JOURNAL: Zuerst haben Sie nur in der Gruppe gekifft, dann auch alleine. Wann merkt man, daß man abhängig ist?

BARTH: Relativ spät. Irgendwann kauft man sich den ersten Beutel alleine. Und dann muß man bald immer etwas bei sich haben. Die Menge, die man braucht, um high zu werden, nimmt rapide zu. Und die Tage, an denen man nicht kifft, werden immer seltener. Ich wollte oft aufhören, fiel aber jedes Mal in ein Loch. Alles war grau und eintönig, und ich sehnte mich nach Bewegung, nach dem warmen Gefühl, das sich überall im Körper ausbreitet ...

Quelle:
Garbrecht, A. (2005) abgerufen unter:
www.abendblatt.de/vermischtes/journal/article766357/Wie-das-Kiffen-in-den-Horror-fuehrte.html

Jetzt sind Sie dran ...

6. Notieren Sie die Gründe, warum Amon Barth abhängig wurde.
7. Wie äußerte sich die Abhängigkeit? Erstellen Sie eine Liste.
8. Viele Jugendliche fordern auf Internetseiten, in sozialen Netzwerken und speziellen Zeitschriften die Legalisierung von Marihuana. Schreiben Sie ihnen einen offenen Brief aus der Sicht Amon Barths (➲ Leserbrief schreiben).

Sucht ohne „Stoff": Mediensucht

Mediensucht ist ein Sammelbegriff und meint eine Abhängigkeit z.B. vom Handy, Fernseher, Computer, Internet oder von Videospielen. Betroffene verbringen die meiste Zeit am Tag mit dem jeweiligen Medium und haben nur einseitige Kontakte, leiden unter Schlafmangel und ernähren sich ungesund.

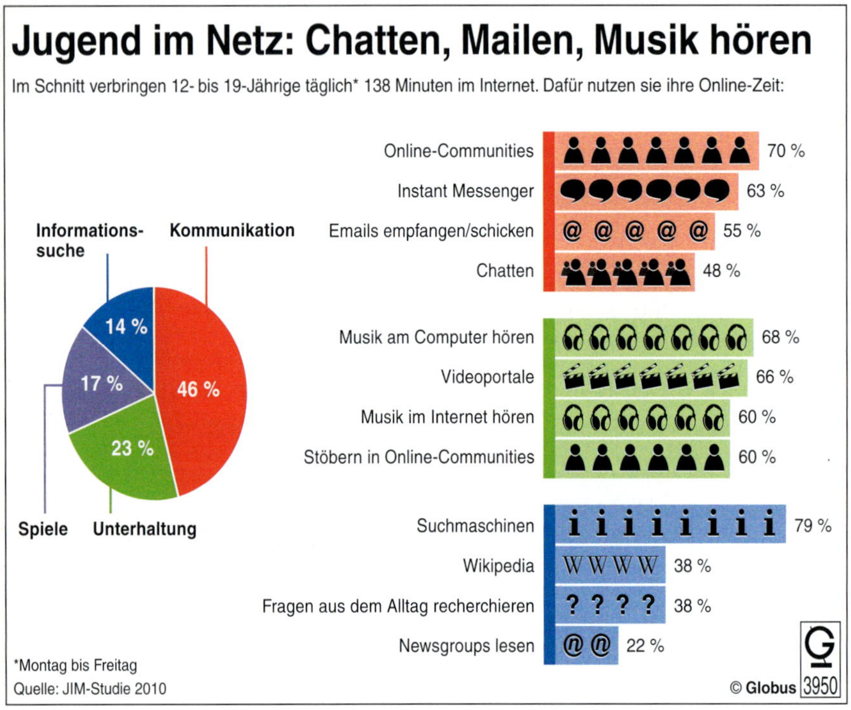

Fallbeispiel

Michael ist 16 Jahre alt. Er verbringt seit einigen Wochen seine meiste Zeit am Computer. Er hat ein Rollenspiel entdeckt und ist davon begeistert. Er könnte es rund um die Uhr spielen.
Seine Eltern finden das nicht gut, denn den ganzen Nachmittag klebt er vor dem Computer und vernachlässigt so die Schule.
Auch Freunde hat er kaum noch, sie treffen sich in der Freizeit nun ohne ihn.
In der Schule fällt es Michael jetzt häufig schwer, sich zu konzentrieren, da er im Gedanken immer bei seinem Computerspiel ist.

Jetzt sind Sie dran ...

9. Analysieren sie die Grafik (➲ Quellenanalyse). Wozu und wie lange nutzen Jugendliche das Internet?
10. Können Sie noch ohne Internet leben?
    a) Führen Sie eine Woche lang ein Online-Tagebuch. Wie lange sind sie online, was machen Sie in der Zeit?
    b) Erstellen Sie mit Ihrem Banknachbarn eine Liste: Welche Auswirkungen hätte es auf Ihr Leben, wenn Sie eine Woche lang auf das Internet verzichten würden?
11. Lesen Sie das Fallbeispiel. Was meinen Sie? Ist Michael computerspielsüchtig? Haben Sie das selbst schon erlebt? Berichten Sie.
12. Spekulieren Sie, welche Ängste und Zwänge hinter einer permanenten Handynutzung stecken könnten. Soziale Kontakte werden hier offensichtlich doch nicht vernachlässigt.

Ess-Störungen als Sucht?

Nicht nur legale und illegale Drogen können süchtig machen.
Ess-Störungen haben auch einen Sucht-Charakter.

Infobox

Magersucht (Anorexie)

Bei dieser Krankheit hungern sich die Betroffenen, meist jugendliche Mädchen, auf ein Gewicht von mindestens 15 % unter ihrem Normalgewicht. Dennoch fühlen sie sich immer noch zu dick. Eine richtige Körperwahrnehmung ist nicht mehr möglich.
Es gibt verschiedene Arten der Magersucht, bei denen der Gewichtsverlust unterschiedlich gesteuert wird: Einschränkung der Nahrungszufuhr, starke körperliche Aktivität, selbstherbeigeführtes Erbrechen oder die Einnahme von Abführmitteln und Medikamenten. Die Betroffenen sind oft stolz auf ihr konsequentes Fasten. Ihr Essverhalten wird für sie zur Droge.
Die körperlichen Schäden sind heftig bis hin zu lebensbedrohend: Ausbleiben der Menstruation, Haarausfall, brüchige Nägel und Knochen, Störungen des Herz-Kreislauf-Systems und des Magen-Darm-Trakts.

Ess-Brech-Sucht (Bulimie)

Diese Form der Ess-Störung geschieht häufig im Verborgenen. Verbreitet ist sie hauptsächlich unter Frauen. Betroffene können unter-, norm- oder übergewichtig sein, aber sie haben Panik vor Gewichtszunahme und meist ein sehr schlankes Körperideal. Sie regeln dies durch einen ständigen Kreislauf von „Fress-Brech-Ritualen". Körperlich sind auf Dauer folgende Symptome zu beobachten: Karies, Haarausfall, Schädigung der Speiseröhre und des Magen-Darm-Trakts. Häufig sind diese Menschen gereizt, haben Stimmungsschwankungen und ziehen sich zurück. Auch Depressionen bis hin zu Selbstmordgedanken sind nicht auszuschließen.

Adipositas und Binge-Eating-Disorder

Diese Ess-Störung tritt in allen Altersgruppen auf. Die betroffenen Menschen verfallen einem suchtartigen Essen. Im Gegensatz zu den Bulimikern, machen sie dies nicht ungeschehen. Die übermäßige Nahrungsaufnahme ist Ersatz für persönliche Zuwendung, Abwehr von Unlust, Langeweile oder auch Ängsten. Übergewicht wird zum Schutzpanzer vor Verletzungen. Junge Menschen, die dick sind, geraten häufig in einen „Teufelskreis". Wegen ihres Aussehens fühlen sie sich ausgegrenzt und von der Gruppe der Gleichaltrigen abgelehnt. Um diese Verletzung auszuhalten, essen sie weiter und schaffen sich ein neues Problem.
Bei einem Übergewicht von mehr als 20 % des Normalgewichts wird das Dicksein gefährlich für die Gesundheit – Herz und Kreislauf werden überlastet. Die Folge können sein: Herzinfarkt, Schlaganfall, Leberschaden, Diabetes, Gelenkleiden. Wirbelsäulenschäden.

Jetzt sind Sie dran ...

13. Teilen Sie die Klasse in drei Gruppen. Erstellen sie Plakat mit den Ursachen, Formen und Folgen jeweils einer Ess-Störung.
Ergänzen Sie Behandlungsmöglichkeiten und Ansätze, Betroffenen zu helfen. Recherchieren Sie dazu im Internet.

12.4 Jugendstrafrecht – Erziehung kommt vor Bestrafung

Wer eine schwerwiegende Verfehlung begangen hat, muss sich dafür strafrechtlich verantworten – das gilt für Jugendliche nicht anders als für Erwachsene. Das Gesetz sieht für junge Täter jedoch ein besonderes Verfahren vor, in dem der Erziehungsgedanke Vorrang hat und die Bestrafung des Schuldigen nur eine Nebenrolle spielt.

Das Jugendstrafrecht findet Anwendung für
- Jugendliche (14- bis 17-Jährige) und
- Heranwachsende (18- bis 20-Jährige).

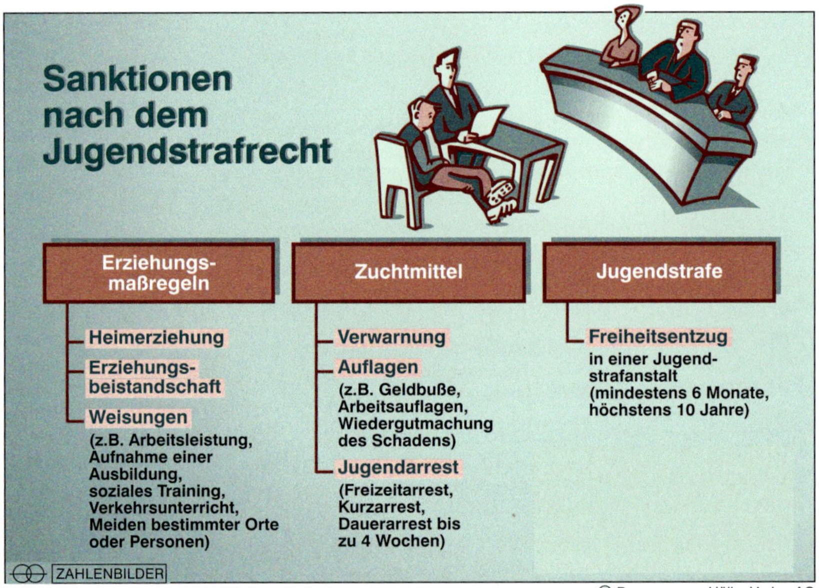

Jetzt sind Sie dran ...

1. Spekulieren Sie, aus welchem Grund jugendliche Straftäter milder bestraft werden als erwachsene Täter.
2. Bei der Bestrafung von jugendlichen Straftätern hat das Jugendgericht drei verschiedene Sanktionsmöglichkeiten.
   a) Bilden Sie in der Klasse drei Gruppen, die sich jeweils mit einer Sanktionsmöglichkeit beschäftigen.
   b) Jede Gruppe bearbeitet folgende Fragen:
      - Welche grundsätzliche Zielsetzung soll mit dieser Sanktion verfolgt werden?
      - Welcher Maßnahmen-Katalog steht bei dieser Sanktion zur Verfügung?
      - Beurteilen Sie die Wirkung dieser Sanktionsmöglichkeit.
   c) Präsentieren Sie das Ergebnis in der Klasse.

Meinungen und Aussagen zum Jugendstrafrecht

Meinung 1

Daniela O., 43, Opfer eines Raubüberfalls bei dem sie mehrere Knochenbrüche und ein Schädel-Hirn-Trauma davongetragen hat.

„Der Mann, der mir das angetan hat, ist zu einer Freiheitsstrafe von 3,5 Jahren verurteilt worden.
Das kann ich einfach nicht verstehen. Wenn der wieder rauskommt, vielleicht wird der ja auch noch vorzeitig entlassen, kann der einfach so normal weiterleben. Ich werde nie normal weiterleben können. Ich finde, man sollte den Täter viel länger einsperren. Stattdessen kann der sogar eine Berufsausbildung im Gefängnis machen."

Meinung 2

Peter K., 41, Sozialarbeiter bei der Jugendgerichtshilfe:

„Wir können ehemaligen Straftätern nur dann einen problemlosen Übergang in die Freiheit gewährleisten, wenn sie die Chance haben, ohne Straftaten weiterzuleben. Das bedeutet konkret: Sie müssen einen Job finden, sie müssen möglichst von ihrem alten Umfeld getrennt werden und sie müssen selbstständig leben können.
Das geht nur, wenn wir ihnen dabei helfen. Die Strafe für seine Tat hat der Täter schließlich verbüßt."

Meinung 3

Albert P., 20, verurteilt wegen mehrfacher schwerer Körperverletzung zu 4 Jahren Haft:

„In der ersten Zeit im Gefängnis war es sehr schwer. Ich habe mich nie daran gewöhnt, eingesperrt zu sein. Man darf ja nichts machen, wann man will und alleine ist man auch nie. Es wurde erst besser, als ich einen Platz in der Schule bekommen habe und meine Mittlere Reife nachmachen konnte. Richtige Kumpels hatte ich keine im Knast, da interessiert sich jeder nur für sich selbst. Jeder, der sagt, im Gefängnis sei es wie im Urlaub, den lade ich gerne mal ein eine Zeit im Knast zu verbringen. Wenn abends die Türen zugehen ist es vorbei mit Urlaub!"

Jetzt sind Sie dran ...

3. Führen Sie eine ➲ Podiumsdiskussion zum Thema: „Jugendliche gehören nicht in den Knast! Ihnen muss in sinnvollen Einrichtungen geholfen werden ein normales Leben zu führen." Bereiten Sie die Diskussion in Vierergruppen vor und entsenden Sie ein Mitglied.

12.5 Jung – und engagiert

„Das ist doch furchtbar: Immer werden Jugendliche mit den Gefahren konfrontiert, denen wir angeblich ausgesetzt sind.
Glaubt denn irgendwer wirklich, wir Jugendlichen würden den ganzen Tag komasaufen und Drogen nehmen?"

Dennis L., 18: *„Ich bin seit zwei Jahren Jugendtrainer in meinem Tischtennisverein. Dort spiele ich schon seit 8 Jahren und als jemand gesucht wurde, der das Jugendtraining leitet, habe ich direkt gesagt, dass ich das mache. Das ist doch selbstverständlich. Vom Verein bekomme ich dafür ein wenig Geld und ich kann mein Hobby noch öfter ausüben.*
Klar ist es manchmal blöd, wenn ich samstags nicht mit auf eine Party kommen kann, weil ich noch mit zu einem Turnier fahren muss. Aber das gehört eben zu meinem Leben."

Yasemin S., 17: *„Ich fahre schon seit drei Jahren als Betreuerin mit auf Ferienfreizeiten. Warum: Es macht einfach einen Riesenspaß.*
Und ich finde, dass man sich engagieren muss. Ein wenig denke ich auch an meine Zukunft.
Ich will Erzieherin werden und da kann ich dann meine Erfahrungen aus der Jugendarbeit gut gebrauchen."

Emilia S., 18: *„Ich arbeite seit zwei Jahren im Altersheim bei mir um die Ecke. Die Arbeit mit den alten Leuten macht mir so viel Spaß, dass ich meist auch nach Feierabend dableibe und beispielsweise noch aus der Zeitung vorlese oder schnell was einkaufen gehe, wenn jemand was braucht.*
In zwei Monaten beginnt mein freiwilliges soziales Jahr, das ich auch hier im Altersheim mache."

Matthias V, 20: *„Ich bin seit 9 Jahren erst in der Jugendfeuerwehr und jetzt in der Freiwilligen Feuerwehr. Am Anfang bin ich da eingetreten, weil ich das irgendwie cool fand, ich meine, jeder Junge träumt doch mal davon Feuerwehrmann zu werden. Viele, die mit mir angefangen haben, sind inzwischen ausgetreten. Aber mal im Ernst: Es ist toll, gebraucht zu werden. Wer kann schon von sich behaupten, dass er Leben rettet? Nicht, dass ich das schon mal getan hätte, aber die Vorstellung gefällt mir."*

Susanne P, 19: *„Seit einem Jahr arbeite ich beim Deutschen Roten Kreuz mit. Ich helfe dabei, Blutspenden abzunehmen oder ich bin auf großen Veranstaltungen, um dort denen zu helfen, die umkippen, z. B. bei Konzerten. Das ist schon stressig, aber ich habe das Gefühl, ich tue was. Zeit genug habe ich dafür, viele meiner Freunde arbeiten auch da mit und wir haben viel Spaß."*

Jetzt sind Sie dran ...

1. Erarbeiten Sie mit Ihrem Banknachbarn die Motive der Jugendlichen, sich zu engagieren.
2. Arbeiten Sie mit der ➲ Kopfstandmethode: Was würde passieren, wenn es keine Jugendlichen mehr gäbe, die sich sozial engagieren? Erstellen Sie eine Liste mithilfe der angesprochenen Tätigkeitsbereiche.
3. Teilen Sie die Klasse in vier Gruppen: Erarbeiten Sie jeweils eine konkrete Möglichkeit, sich zu engagieren. Beziehen Sie Vorschläge aus diesem Buch, aber auch Bekanntes aus Ihrem Heimatort mit ein!

Alles klar?

12.6 Überprüfen Sie Ihr Wissen

1. Analysieren Sie das nachfolgende Diagramm (➲ Quellenanalyse): Schreiben Sie anschließend einen kurzen Text: So ist die Jugend ...

Wertorientierung der Jugendlichen (2002–2010)
Jugendliche im Alter von 12 bis 25 Jahren (Angaben in %)

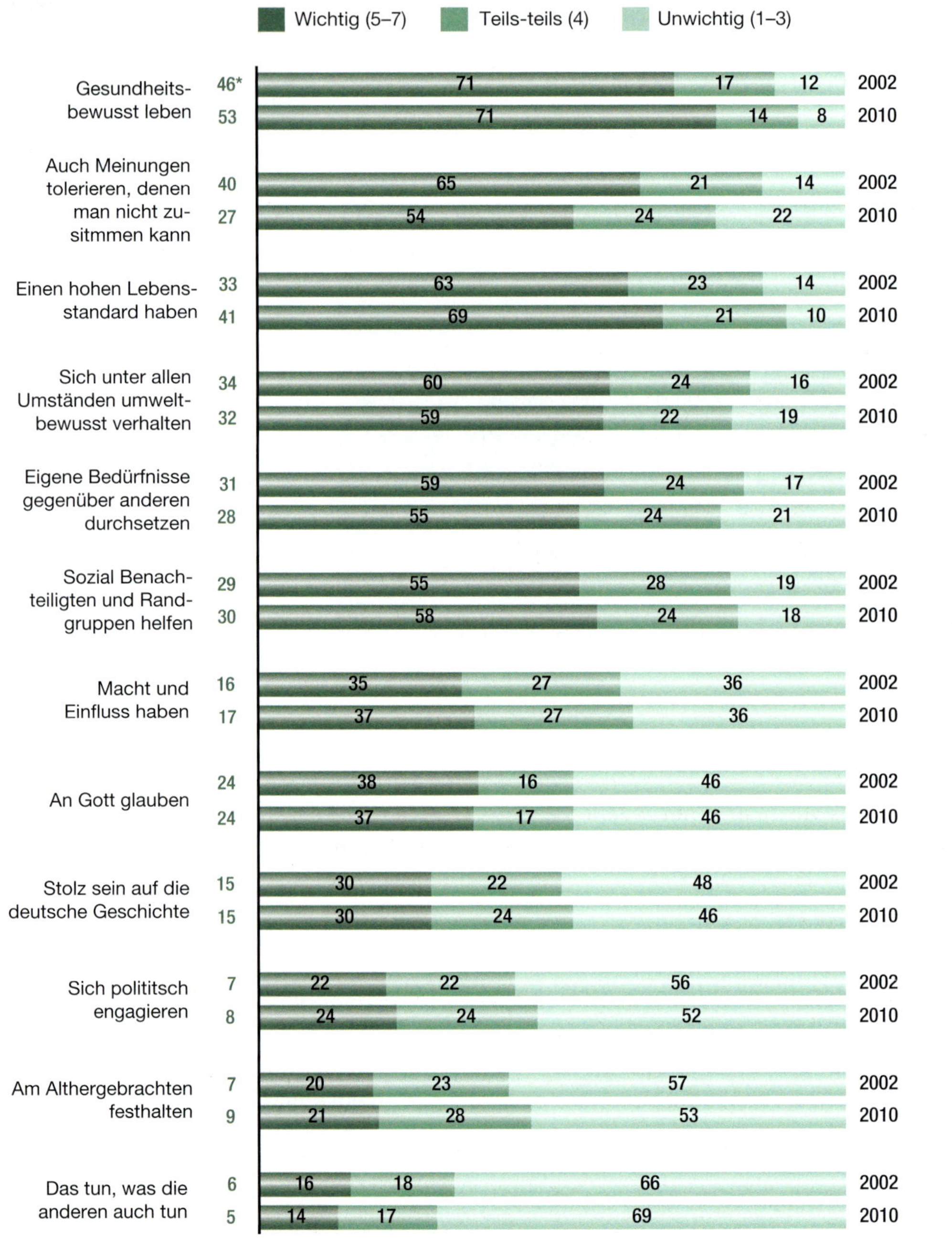

* Anteil: besonders wichtig (Skalenpunkte 6-7)

Shell Jugendstudie 2010 – TNS Infratest Sozialforschung

Alles klar?

2. Analysieren Sie die Karikatur (➲ Karikaturen verstehen) in Partnerarbeit. Beziehen Sie Ihr Wissen aus dem ganzen Kapitel mit ein.

3. Machen Sie eine Umfrage in der Klasse/in der Schule zum Thema Internetsucht. Erarbeiten Sie einen Fragebogen mit geschlossenen Fragen. Geben Sie verschiedene Antwortmöglichkeiten zum Ankreuzen vor.
   a) Sie können folgende Fragestellungen nutzen:
      - Wie oft stellen Sie fest, dass Sie länger gesurft haben, als Sie eigentlich wollten?
      - Wie oft beschweren sich ihre Freunde oder ihre Familie, dass Sie zu viel Zeit im Internet verbringen?
      - Wie oft schauen Sie zuerst, ob Sie eine E-Mail bekommen haben, bevor Sie etwas anderes machen?
      - Wie oft antworten Sie ausweichend, wenn Sie gefragt werden, was Sie im Internet machen?
      - Wie oft ertappen Sie sich dabei, dass Sie sich aufs Surfen, Chatten oder Mailen freuen?
      - Wie oft werden Sie sauer oder aggressiv, wenn Sie jemand stört, während Sie online sind?
      - Wie oft sind Sie am nächsten Morgen hundemüde, weil Sie wieder bis spät in die Nacht im Internet waren?
      - Wie oft wollen Sie die Zeit, die Sie online sind, reduzieren und scheitern dabei?
      - Wie oft surfen, chatten oder mailen Sie lieber, als sich zu verabreden?

      Die Liste können Sie beliebig verändern und ergänzen.
   b) Werten Sie die Fragebögen aus. Vergleichen Sie Ihre Ergebnisse nach Alter, Geschlecht, Bildungsgang, usw.
   c) Präsentieren Sie Ihre Ergebnisse in der Schule.

Vernetzen Sie Ihr Wissen:

- Mit dem Thema: Institutionen (→ Kapitel 2)
- Mit dem Thema: Demokratie (→ Kapitel 1)
- Mit dem Thema: Verbraucher (→ Kapitel 6)

Diese Methoden brauchen Sie:

- Analysieren: Diagramme analysieren
- Informieren: Befragungen durchführen
- Interpretieren: Karikaturen verstehen
- Visualisieren: Flyer erstellen

So arbeiten Sie mit anderen zusammen

- Placemat
- Fishbowl-Diskussion
- Team-Games-Tournament.

Wenn wir über Politik sprechen, führt das nach kurzer Zeit meist dazu, dass wir über Politiker meckern und dass wir uns beschweren, dass „die da oben" eh nichts für uns tun.
Aber warum beginnen wir nicht selbst, uns politisch zu betätigen? Wo könnten wir selbst anfangen, etwas zu verändern, das uns nicht passt? Und was dürfen wir eigentlich?
Mit diesen Fragen sollen Sie sich in diesem Kapitel auseinandersetzen und Möglichkeiten erkennen, sich selbst politisch zu engagieren.

13 Wege politischer Partizipation

13.1 Jugend und Politik – aktuelle Perspektiven

Ich engagiere mich nicht, weil es Leute gibt, die dafür gewählt worden sind und dafür Geld bekommen.

Ich engagiere mich: Ich betreibe einen Internetblog zum Thema Jugend.

Ich engagiere mich nicht, weil mich Politik nicht interessiert.

Ich engagiere mich nicht, weil die Politiker machen, was sie wollen. Ich kann wählen, wen ich will u die tun genau was anderes, a sie versprochen haben.

Ich engagiere mich: Ich gehe wählen.

Ich engagiere mich für die Themen, die mich auch angehen.

Ich engagiere mich: Ich bin Schülersprecher.

Ich engagiere mich nicht, weil mich Politik nicht interessiert.

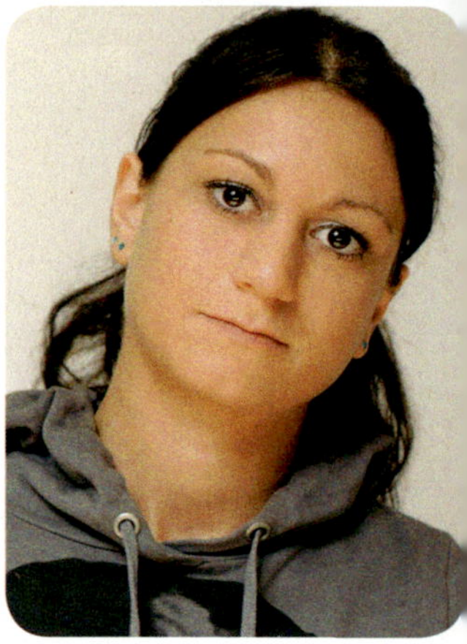

Jetzt sind Sie dran ...

1. Welchen der Aussagen zur Partizipation stimmen sie zu?
2. Ergänzen Sie eigene Aussagen an der Tafel.
3. Spekulieren Sie: Warum lehnen viele Jugendliche politisches Engagement ab?

Jetzt sind Sie dran ...

4. Interpretieren Sie die Karikatur (➔ Karikaturen verstehen).
   a) Was für ein Bild vermittelt sie von der heutigen Jugend?
   b) Was für ein Bild vermittelt sie von der älteren Generation?
   c) Begründen Sie in einem Satz, warum Sie
      - der Kernaussage der Karikatur zustimmen
      - die Kernaussage der Karikatur ablehnen.
5. Interpretieren Sie die Grafik „Zeitreihe politisches Interesse". Ändert sich Ihre Bewertung der Karikatur? Begründen Sie ihre Entscheidung.
6. Befragen Sie Ihre Eltern und Großeltern. Hatten sie früher und haben sie heute politisches Interesse? Wie äußert sich das? Berichten Sie Ihren Mitschülern.
7. Führen Sie eine Umfrage in ihrer Jahrgangsstufe durch. Wie hoch ist der Prozentsatz der Politikinteressierten?
8. Sammeln Sie Beispiele für politisches Engagement an Ihrer Schule. Halten Sie die Beispiele auf einem Gemeinschaftsplakat fest.

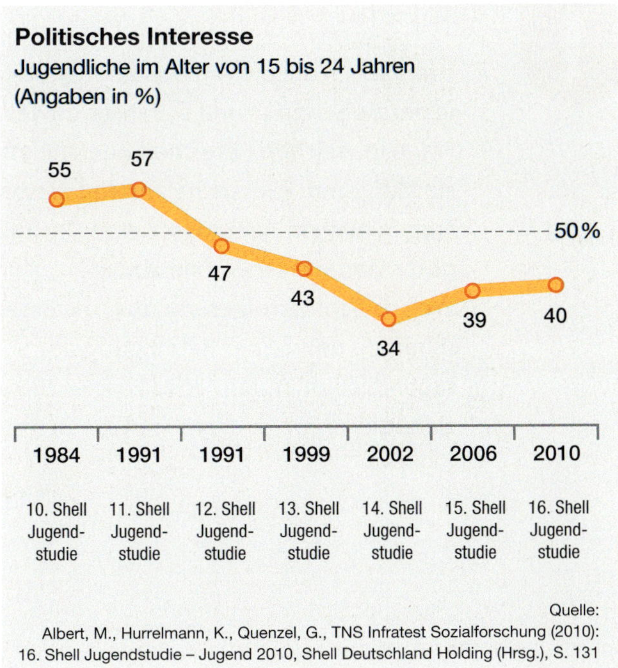

13.2 Politische Beteiligung von Jugendlichen

Die pauschale Aussage, dass Jugendliche sich nicht für Politik interessieren, kann widerlegt werden. Wenn es konkrete Gründe gibt, beginnen Jugendliche sich zu engagieren.

Was an politischen Aktivitäten und Aktionen in Frage käme

Jugendliche im Alter von 12 bis 25 Jahren (Angaben in %)

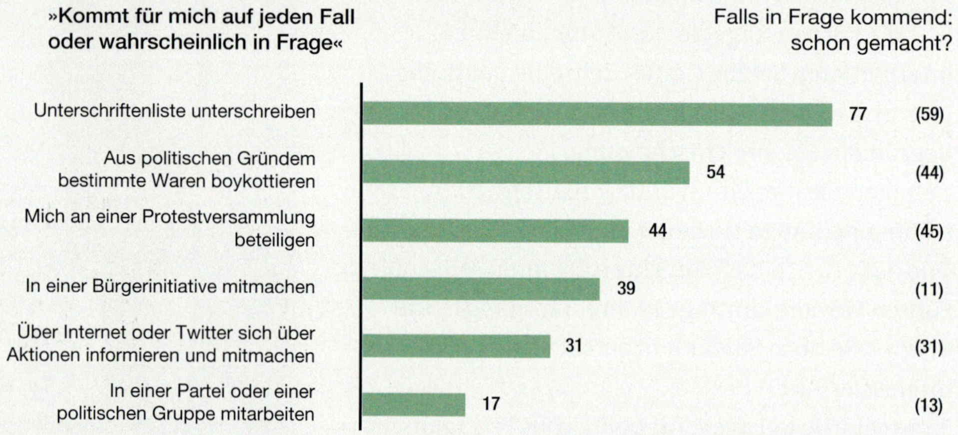

Quelle: Albert, M., Hurrelmann, K., Quenzel, G., TNS Infratest Sozialforschung (2010): 16. Shell Jugendstudie - Jugend 2010, Shell Deutschland Holding (Hrsg.), S. 147

Aktivitäten nach Bereichen

Jugendliche im Alter von 12 bis 25 Jahren

%-Angaben (Erhebungsjahr/Zeile) Fehlende zu 100 = Nie	2010 Oft	 Gelegentlich
Ich bin aktiv für		
Eine sinnvolle Freizeitgestaltung von Jugendlichen	15	33
Die Interessen von Jugendlichen	13	38
Hilfebedürftige ältere Menschen	10	37
Den Umwelt- oder Tierschutz	8	28
Ein besseres Zusammenleben mit Migranten	8	25
Ein besseres Zusammenleben am Wohnort	6	22
Sicherheit und Ordnung am Wohnort	6	20
Behinderte Menschen	5	18
Sozial schwache Menschen	7	32
Menschen in den armen Ländern	6	27
Die Pflege der deutschen Kultur und Tradition	6	17
Soziale und politische Veränderungen	3	17
Sonstiges	7	25

Jetzt sind Sie dran ...

1. Links sehen Sie die Antworten Jugendlicher zwischen 12 und 25 Jahren zu der Frage in welchen Bereichen und wie oft sie aktiv sind. Führen Sie anhand dieser Fragen auch in Ihrer Klasse eine Umfrage durch und werten Sie sie aus.
2. Welche Schlussfolgerung über die Bereitschaft zu politischer Beteiligung der Jugendlichen im Jahr 2010 können Sie ziehen?

Quelle: Albert, M., Hurrelmann, K., Quenzel, G., TNS Infratest Sozialforschung (2010): 16. Shell Jugendstudie – Jugend 2010, Shell Deutschland Holding (Hrsg.), S. 153

Jetzt sind Sie dran ...

3. Betrachten Sie noch einmal die Grafik: Sortieren Sie die angegebenen Aktivitäten in Partnerarbeit mithilfe einer Tabelle in politische und soziale Bereiche. Was fällt Ihnen auf?
   Zur Information: Politisch ist eine Tätigkeit dann, wenn sie das staatliche oder gesellschaftliche Zusammenleben betrifft. Sozial ist einen Tätigkeit, wenn sie zum Wohle anderer Menschen geschieht.

Politische Aktivitäten	Soziale Aktivitäten

4. Diskutieren Sie in Ihrer Klasse: Schließt soziales Engagement politisches Engagement aus?

Moment mal: Wer soll das eigentlich sein – die Jugend?

Der Sozialwissenschaftler Klaus Hurrelmann, der für die Shell-Jugendstudie 2010 verantwortlich war, ging dieser Frage vor der Befragung ausgewählter Jugendlicher ebenfalls nach:

Klaus Hurrelmann: Zunächst muss man klären, was man als Jugend bezeichnet. (...) Jugendstudien gibt es seit 55 Jahren. Seither ist die Spanne des Jugendlich-Seins immer länger geworden. Früher begannen die Untersuchungen mit 16-Jährigen und endeten bei den 18-Jährigen.

ZEIT ONLINE: Und heute?

Hurrelmann: Heute beginnt die Jugend wesentlich früher – mit zwölf. Dann hat bereits mehr als die Hälfte eines Jahrgangs die biologische Geschlechtsreife erlangt. Generell gilt inzwischen die Definition: Man ist kein Kind mehr, wenn man selbst Kinder bekommen kann. Noch viel schwieriger ist es, das Austrittsalter aus der Jugend zu definieren: Dafür gibt es nämlich kein biologisches Kriterium. Wir setzen es, eine Hilfskonstruktion, bei 25 Jahren an: Dann ist die Mehrheit mit der Ausbildung fertig, verdient Geld, denkt über Familiengründung nach. (...)

ZEIT ONLINE: Aber politisch ...

Hurrelmann: Politisch im klassischen Sinn ist die heutige Jugend nicht. Im Gegenteil. Das Interesse für Politik ist auf einem historischen Tiefpunkt: (...) Die Gestalt der Lebensphase Jugend hängt am Ende immer davon ab, wann und zu welchen Konditionen [Bedingungen] die Macht habende ältere Generation die jüngere am gesellschaftlichen Leben teilhaben lässt.

Quelle:
Zeit online, 30. 12. 2010, abgerufen unter:
www.zeit.de/gesellschaft/generationen/2009-12/interview-hurrelmann-shell-studie-2010

Jetzt sind Sie dran ...

5. Erstellen Sie eine eigene Definition: Was ist ein Jugendlicher?
6. Erarbeiten Sie in Vierergruppen eine ➲ Placemat: In welchen Bereichen könnten sich Jugendliche wieder verstärkt politisch engagieren?
7. In welchen politischen Fragen unterscheiden sich die Interessen von Älteren und Jungen besonders deutlich? Sammeln Sie Ihre Ergebnisse in der Klasse und ➲ clustern Sie sie.

Shell-Jugendstudie: Von der Firma Shell erstmals 1953 in Auftrag gegebene wissenschaftliche Befragung Jugendlicher mit dem Ziel, gesellschaftliche Denkanstöße zu den Wünschen und Problemen der Jugendlichen in Deutschland zu geben.

13.3 Konkrete Formen politischer Partizipation

Die meisten Menschen beginnen sich politisch zu engagieren, wenn sie persönlich von politischen Entscheidungen betroffen sind. Doch was können Sie ganz konkret tun, wenn Ihnen etwas nicht passt?

Mitwirkung auf kommunaler Ebene

Beispiel: Die Schüler der Handelsschule beklagen sich bei der Schulleitung, dass es in ihren Klassenräumen unangenehm riecht, es Wasserflecken an den Decken gibt und die Wände an manchen Stellen von Schimmel befallen sind. Daraufhin informiert der Schulleiter das Städtische Gebäudemanagement als Schulträger über die Situation. Dieses sieht keinen Handlungsbedarf.
Eine von den Lehrern beauftragte Schadstoffuntersuchung ergibt aber, dass es im Gebäude eine bedenkliche Belastung für Schüler und Lehrer gibt. Ausweichräume sind an der Schule nicht vorhanden. Wie können die betroffenen Schüler und Lehrer vorgehen, um den Neubau oder die Instandsetzung der Klassenräume durchzusetzen?

Möglichkeit 1
Medieninformation
Die Betroffenen schalten die lokale Presse ein und planen eine Demonstration.
Dazu erstellen sie Plakate und Flyer.

Möglichkeit 2
Informationsveranstaltung
Die Betroffenen organisieren eine Informationsveranstaltung und laden dazu die Kommunalpolitiker aller Parteien am Schulort ein.

Möglichkeit 3
Bürgerantrag
Die Betroffenen stellen einen Bürgerantrag beim Stadtrat. Wenn der Ausschuss von dem Anliegen überzeugt ist, trifft er Maßnahmen, damit sich der Stadtrat und die Verwaltung darum kümmern.

Jetzt sind Sie dran ...

1. Welches Vorgehen ist in Ihren Augen das aussichtsreichste? Führen Sie zunächst eine ➲ Diskussion und stimmen Sie dann ab. Beziehen Sie auch Mischlösungen in Ihre Diskussionen ein.
2. Arbeiten Sie in Gruppen:
   - Erstellen Sie Flyer zur Information der Presse und verfassen Sie ➲ Leserbriefe für die Lokalzeitung.
   - Schreiben Sie eine überzeugende Rede für die geplanten Veranstaltungen.
3. Entwickeln Sie eigene Ideen, wie Sie die Instandsetzung der Klassenräume durchsetzen könnten.

Mitwirken auf Bundesebene: Das Petitionsrecht

Wenn der Bundestag Gesetze verabschiedet, kann es passieren, dass diese von den Bürgern nicht akzeptiert werden. Das will das Parlament verhindern, um den Interessen der Bürger, also der Wähler, möglichst gerecht zu werden. Denn schließlich sollen neue Gesetze das Zusammenleben verbessern und nicht erschweren. In Form von Briefen oder auch Online-Petitionen können die einzelnen Bürger Kritik und Verbesserungsvorschläge äußern. Um diesen mehr Gewicht zu verleihen, unterstützen viele Bürger ihre Petitionen mit Unterschriftenlisten. Manchmal erreichen den Petitionsausschuss auch Vorschläge für neue Gesetze. Im Gegensatz zum Wahlrecht ist das Petitionsrecht in Deutschland nicht an ein Mindestalter oder die Staatsangehörigkeit gebunden: Auch Kinder und Ausländer, die in Deutschland wohnen, dürfen eine Petition einreichen. Die einzigen Bedingungen sind: Eine Petition muss schriftlich erfolgen und eigenhändig unterschrieben sein.

Artikel 17 GG
Jedermann hat das Recht, sich einzeln oder in Gemeinschaft mit anderen schriftlich mit Bitten oder Beschwerden an die zuständigen Stellen und an die Volksvertretung zu wenden.

Weg einer Petiton

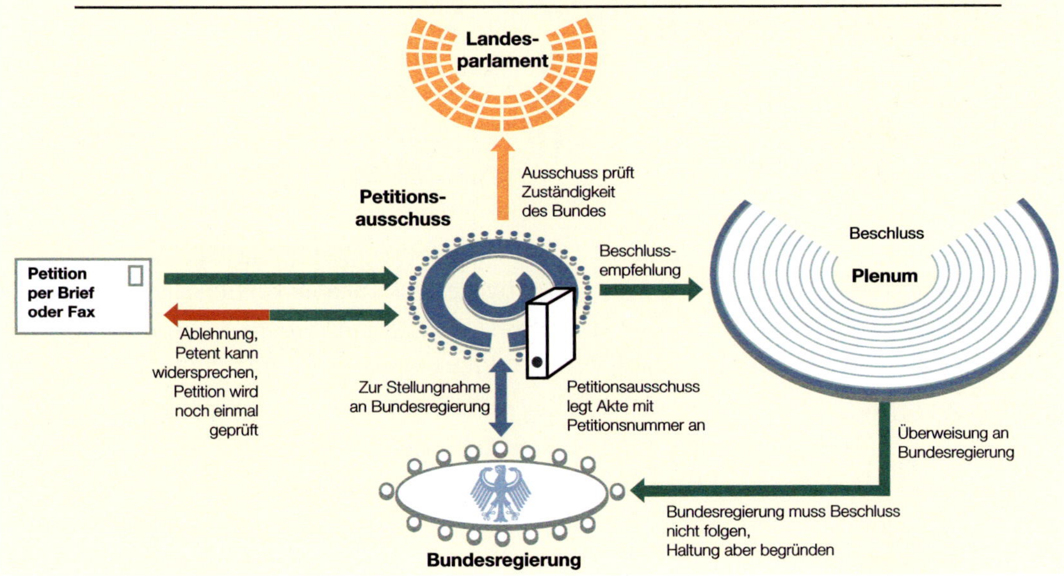

Jetzt sind Sie dran ...

4. Begründen Sie in einem Satz, dass eine Petition eine Form der aktiven politischen Mitbestimmung ist.
5. Verfassen Sie in Partnerarbeit einen Text: Welchen Weg geht eine Petition?
6. Informieren Sie sich im Internet über eine erfolgreiche Petition der letzten Jahre.
7. Sammeln Sie in der Klasse Vorschläge für eine Petition. Wenn Sie sich auf ein Thema geeinigt haben, senden Sie doch auch einmal eine Petition an den Deutschen Bundestag.

Mitarbeit in einer Partei

Eine konkrete Form, politisch mitzuarbeiten, ist die Arbeit in einer Partei. Doch was bewegt einen jungen Menschen, in eine Partei einzutreten?

Dazu der Geschäftsführer der Grünen Jugend Bonn, Kay Mähler, 17 Jahre, im Interview mit dem Autor.

Autor: Kay, wie bist du dazu gekommen, dich in einer Partei zu engagieren?
Kay Mähler: Ich denke mal, das liegt vor allem an meinen Eltern. Bei uns zu Hause wurde schon immer viel über Politik diskutiert. Irgendwann dachte ich mir dann, es wird Zeit sich selbst zu engagieren.
Autor: Und dann bist du einfach mal zu einem Parteitreffen gegangen?
Kay Mähler: Nee, ganz so einfach war das dann doch nicht. Per Zufall bin ich bei der letzten Landtagswahl an einem Stand der Grünen vorbei gekommen und habe einfach mal gefragt, wie ich mitmachen kann.
Autor: Was haben die gesagt?
Kay Mähler: Die haben mir erst einmal ganz viel Infomaterial in die Hand gedrückt und sich viel Zeit genommen, mir zu erklären, wie das in einer Partei so läuft.
Autor: Wie läuft das denn? Ich stelle mir das nicht so einfach vor, ganz alleine zu so einem Parteitreffen zu gehen.
Kay Mähler: Naja, ein wenig nervös war ich schon. Aber dann war das recht locker.
Autor: Wie geht so etwas dann weiter? Was machst du denn jetzt konkret?
Kay Mähler: Ich bin vor Kurzem zum Geschäftsführer der Grünen Jugend gewählt worden. Außerdem betreue ich den Internetaufrtritt der Grünen Jugend in Bonn und kümmere mich um Twitter und Facebookaktualisierungen.
Autor: Und was sagen deine Freunde dazu, dass du in einer Partei bist?
Kay Mähler: Die meisten waren am Anfang skeptisch. Aber inzwischen freuen sie sich, jemanden zu haben, mit dem sie über Politik reden können.

Quelle: Autoreninterview, 10/2010

Jetzt sind Sie dran ...

8. Lesen Sie das Interview und führen Sie ein ➲ Blitzlicht durch: Können Sie sich auch vorstellen einer Partei beizutreten?
9. Bilden Sie Arbeitsgruppen und informieren Sie sich über Jugendorganisationen der Parteien in ihrem Heimatort. Erstellen Sie Plakate und präsentieren Sie sie in der Klasse.
10. Gehen Sie doch einmal zu einer Mitgliederversammlung einer Ihnen sympathischen Partei und berichten Sie der Klasse, wie es war.

Und warum nicht direkt eine eigene Partei gründen? Das Beispiel „Future – Die junge Alternative“

future! – Die junge Alternative ist eine eigenständige Partei, die seit 1999 im Magdeburger Stadtrat und seit 2004 als Stadtratsfraktion mit Geschäftsstelle im Rathaus der Stadt vertreten ist.

Gegründet als future! - die jugendpartei sind wir die erste Jugendpartei Deutschlands. Da wir uns in den Jahren kommunalpolitischer Arbeit immer mehr auch mit anderen Themen intensiv beschäftigt und gemerkt haben, dass der Name Jugendpartei teilweise abschreckend und verzerrend wirkt, engagieren wir uns seit dem Jahr 2009 unter dem Namen „future! – Die junge Alternative“. Damit möchten wir ein Zeichen nach außen setzen, dass wir uns als ernsthafte Alternative zu den etablierten Parteien sehen und vor allem die Leute ansprechen, die wie wir einen demokratischen Veränderungsprozess in der deutschen Politik einleiten wollen.

Wir sind keine Jugendorganisation von und bilden keine Zweckgemeinschaft mit irgendeiner anderen Partei. Wir wollen die Fäden selbst in der Hand halten und keine Marionetten derjenigen Leute sein, die seit vielen Jahren ihren Beitrag dazu „leisten“, dass Politik in Deutschland so ist, wie man sie heutzutage wahrnimmt.

Warum eine eigene Partei?

Wir meinen, dass die Interessen von Kindern, Jugendlichen, jungen Erwachsenen und Familien momentan nicht ausreichend durch die Politik vertreten werden. Prioritäten werden unserer Meinung nach an den falschen Stellen gesetzt - und das wollen wir ändern. ...

Wer sind wir?

Wir sind engagierte junge und ältere Menschen mit einem Durchschnittsalter von 26 Jahren. Damit heben wir uns beachtlich von allen anderen Parteien ab. Wir sind eine bunte Mischung mit unterschiedlichen Interessen und Meinungen und unterschiedlichen Lebensläufen, wir sind Schüler, Studenten, Azubis, Arbeitnehmer, Selbständige. Und wir haben eines gemeinsam: Wir wollen die Politik zurück zu den Bürgern bringen!

Was wollen wir und was machen wir?

Wir sind der Meinung, dass eine ideale Politik aus einer Mischung aus Erfahrungen der „Älteren“ und Flexibilität, politischer Unverbrauchtheit und frischen Ideen junger Menschen besteht. Daher haben wir keine Altersgrenze nach oben. Jeder kann Mitglied werden – man muss allerdings 14 Jahre alt sein (das schreibt uns das Gesetz vor). ...

Quelle: future! – Die junge Alternative, 02/2011, abgerufen unter: www.jugendpartei.de/content/view/12/49/

Jetzt sind Sie dran ...

11. Warum hat sich die Partei „future! – die junge Alternative“ gegründet?
12. Erstellen Sie gemeinsam mit Ihrem Nachbarn eine Pro-Kontra-Liste. Sammeln Sie Vor- und Nachteile einer solchen Parteigründung.
13. Würden Sie sich in einer solchen Partei engagieren? Begründen Sie Ihren Standpunkt mit einem Satz.
14. Informieren Sie sich in Ihrem Wohnort. Gibt es bei Ihnen eine ähnliche Partei? Wenn ja, laden Sie einen Vertreter ein.

13.4 Mitmachen – außerhalb von Parteien

Ein **Flashmob** bezeichnet einen kurzen, spontan verabredeten Menschenauflauf an öffentlichen Plätzen.
Die Teilnehmer tun dann gemeinsam ungewöhnliche Dinge.

Nicht jeder, der etwas bewegen oder verändern will, ist auch bereit in einer Partei mitzuarbeiten. Es gibt aber auch andere Formen der Beteiligung, die mit wenig Aufwand viel erreichen können.
Eine noch recht junge Form, zu protestieren, ist der **Flashmob**. Ursprünglich war es eine Kunstaktion, bei der möglichst viele Leute an einem öffentlichen Ort seltsame Sachen machten, z. B. Hochspringen, Hinlegen, oder eine Kissenschlacht wie auf dem Foto Seite 192/193.

Als ein Unbekannter ein Wahlplakat der CDU mit dem Slogan Die Kanzlerin kommt zusätzlich mit den Worten *und Alle so: „Yeaahh"* verzierte, war eine neue Form des Protest geboren. Bei weiteren Wahlkampfauftritten Angela Merkels riefen meist junge Menschen zwischendurch laut *Yeaahh*. Das führte zu manchen Störungen, aber auch zu komischen Situationen.

Auch in anderen Staaten ist die als **Smartmob** (politische Form des Flashmobs) bekannte Protestform inzwischen zu beobachten. Da angekündigte Demonstrationen z. B. in Weißrussland von den Sicherheitskräften unterbunden werden, sammeln sich Demonstranten zu spontanen Protesten, bei denen beispielsweise hunderte Menschen auf einmal die Regierungszeitung auf einem öffentlichen Platz zerreißen und dann wieder verschwinden.

Smartmobs stoßen aber nicht nur auf Zustimmung: Kritiker sagen, dass das alles nur eine Spaßveranstaltung ohne ernste politische Ziele sei. Viele Teilnehmer sagen aber, dass diese Form des Protests eben durch ihre Einfachheit die beste sei. Denn zu einer Parteiversammlung zu gehen, dafür seien viele Menschen einfach zu faul.
Aber: Kann man mit Smartmobs wirklich Politik gestalten?

Jetzt sind Sie dran ...

1. Erklären Sie Ihrem Sitznachbarn den Begriff Smartmob.
2. Überlegen Sie in Partnerarbeit: Wo könnten solche Smartmobs noch erfolgreich sein? Erstellen Sie eine Möglichkeitenliste.
3. Entscheiden Sie: Sind Smartmobs eine Möglichkeit, politisch eher unbeteiligte Menschen zu mobilisieren?

Eine recht neue Form des aktiven Mitgestaltens ist der **Carrotmob**. Sein Erfinder ist der US-Amerikaner Brent Schulkin. Er schlug 2009 Ladenbesitzern in seinem Wohnviertel in San Francisco Folgendes vor: Er würde sich darum kümmern, dass an einem verabredeten Tag viel mehr Kunden als üblich in ihrem Laden einkaufen würden. Dieses Geschäft wurde danach ausgewählt, welcher Ladenbesitzer bereit war, den größten Teil seiner Mehreinahmen an diesem Tag für ein umweltfreundliches Projekt, beispielsweise verbrauchsarme Kühltruhen, zu verwenden. Damit begann eine Art Auktion.

Den Zuschlag bekam schließlich ein Ladenbesitzer, der sich bereit erklärte, 22 Prozent seines Mehrumsatzes für klimafreundliche Umbaumaßnahmen auszugeben. Schulkin organisierte daraufhin per Internet, Facebook, Twitter, E-Mail-Ketten und MySpace so viel Käufer, dass die Aktion ein voller Erfolg wurde. Inzwischen hat der Carrotmob in vielen Städten Nachahmer gefunden. In Deutschland fanden bereits in Köln, Berlin und München solche Aktionen statt. Der Carrotmob ist ein gutes Beispiel dafür, dass Verbraucher ihre Macht nutzen können, wenn sie es schaffen, sich zu organisieren. Seinen Namen hat der Carrotmob übrigens von einem englischen Sprichwort, das besagt, dass ein Esel erst dann losläuft, wenn man ihm eine Möhre vor die Nase hält.

Jetzt sind Sie dran ...

4. Klären Sie mit Ihrem Banknachbarn anhand des Sprichworts, warum der Carrotmob seinen Namen erhielt.
5. Veranschaulichen sie das Prinzip des Carrotmob in einem Bild.
6. Beurteilen Sie das Prinzip des Carrotmobs, indem Sie Vor- und Nachteile gegenüberstellen.
7. Informieren Sie sich über Carrotmobs in Ihrer Stadt.
8. Initiieren Sie selbst einen Carrotmob: Informieren Sie sich über ein Geschäft in der Nähe ihrer Schule, das in ihren Augen Unterstützung verdient hat. Sprechen Sie mit dem Ladenbesitzer über die mögliche Verwendung des Geldes aus dem Mehrumsatz. Jetzt gilt es, möglichst viele Menschen für das Projekt zu begeistern. Nutzen Sie dafür Plattformen wie Facebook, Schüler-VZ, Infokästen an ihrer Schule etc. Entwerfen Sie Werbepostkarten und Flyer.
9. Nehmen Sie Stellung: Halten Sie es für eine gute Maßnahme, das Prinzip umzudrehen um einzelne Läden zu boykottieren?

13.5 Nicht alle dürfen wählen, aber alle dürfen sich engagieren

Das Zusammenleben in einem Staat wird durch die unterschiedlichen Interessen und Bedürfnisse der Menschen, die in ihm leben, zum einen erschwert, zum anderen bereichert. Wie ist das denn eigentlich als Ausländer in Deutschland: Welche Rechte zur politischen Mitgestaltung haben sie? Wo sind ihnen Grenzen gesetzt?

Wenn ein neuer Stadt- oder Gemeinderat gewählt wird, dürfen zwar Migranten aus EU-Staaten wählen, diejenigen aus Nicht-EU-Staaten haben allerdings kein Wahlrecht.

„Demokratische Mitwirkung ist ein Menschenrecht. Das sollte nicht auf Nationalitäten beschränkt sein.“

Klaus Uwe Benneter, SPD

„Wer auf Dauer bei uns in Deutschland leben möchte und sich gut integriert hat, der ist eingeladen, die deutsche Staatsbürgerschaft zu erwerben. Dann hat er volle politische Teilhabe.“

Reinhard Grindel, CDU

„Wer dauerhaft in Deutschland lebt, soll demokratisch mitbestimmen“

Josef Winkler, Bündnis 90/Die Grünen

„Migranten müssen mehr Rechte erhalten. Das Wahlrecht ist dabei zentral.“

Sevim Dagdelen, Die Linke

Jetzt sind Sie dran ...

1. Belegen Sie in Gruppenarbeit, dass das kommunale Wahlrecht die Situation von Migranten ohne deutschen Pass positiv beeinflussen könnte.
2. Sammeln Sie anschließend Gründe, die gegen das kommunale Wahlrecht für Migranten sprechen könnten.
3. Führen Sie eine ➲ Pro-Kontra-Debatte durch: „Wer in Deutschland Steuern zahlt, soll auch uneingeschränkt wählen dürfen“.

Ausländerbeirat

Da nicht alle Ausländer in Deutschland auf kommunaler Ebene mitwählen dürfen, haben Kommunen mit mehr als 5 000 ausländischen Einwohnern die Pflicht, Ausländerbeiräte (auch Integrationsräte genannt), einzuführen und zu unterstützen. In diesen Gremien sollen Ausländer, die in Deutschland wohnen, konkret an der Kommunalpolitik mitwirken. Die Mitglieder des Ausländerbeirats haben ein Vorschlagsrecht für Themen, die der Stadtrat behandeln soll.
Zudem soll er mit seiner Arbeit die sozialen, kulturellen und religiösen Aktivitäten der ausländischen Bürger stärken.

Themen von Ausländerbeiräten

Einstellung von Lehrkräften mit Migrationshintergrund	Muttersprachlicher Unterricht in den Schulen
Zugang zu öffentlichen Sportanlagen für Migranten-Sportvereine	Bau von Gotteshäusern und deren Akzeptanz
Organisation von Festen der Kulturen	Organisation von Demos gegen Fremdenfeindlichkeit
Antidiskriminierungsarbeit in Unternehmen	Muttersprachliche Hörfunk- und Fernsehsendungen
Durchführung regelmäßiger Gesprächskreise mit Deutschen und Ausländern	Integration in Kindergärten

Jetzt sind Sie dran ...

4. Sortieren Sie in Partnerarbeit die Themen, mit denen sich Ausländerbeiräte befassen, nach Wichtigkeit. Begründen Sie die Wahl Ihrer drei wichtigsten Themen.
5. Analysieren Sie die Grafik (➲ Quellenanalyse). Welche Auswirkung hat diese Wahlbeteiligung auf die politische Durchsetzbarkeit der Forderungen des Ausländerbeirats?
6. Diskutieren Sie mit Hilfe der ➲ Fishbowl-Methode: Ist das Wahlrecht für Ausländer oder aber die Bildung von Ausländerbeiräten die bessere Lösung?

Alles klar?

13.6 Überprüfen Sie Ihr Wissen

1. Übertragen Sie folgendes Schema in Ihr Heft und füllen Sie es aus.

Was ich gelernt habe:	Was ich noch wissen möchte:
Was ich tun werde:	

a) Klären Sie anschließend das Feld „Was ich noch wissen möchte". Stellen Sie dazu der Klasse Ihre Fragen. Alle Fragen, die nicht geklärt werden können, werden auf einem Plakat notiert. Aufgabe der gesamten Klasse ist nun, diese Fragen gemeinsam zu klären.

b) Suchen Sie Partner, mit denen Sie bei der Frage „Was ich tun werde" gemeinsame Interessen haben. Überlegen Sie sich einen Aktionsplan: Was tun Sie nun konkret?

2. Führen Sie ein Team-Games-Tournament durch:

Schritt 1: Teilen Sie Ihre Klasse in Dreiergruppen ein.

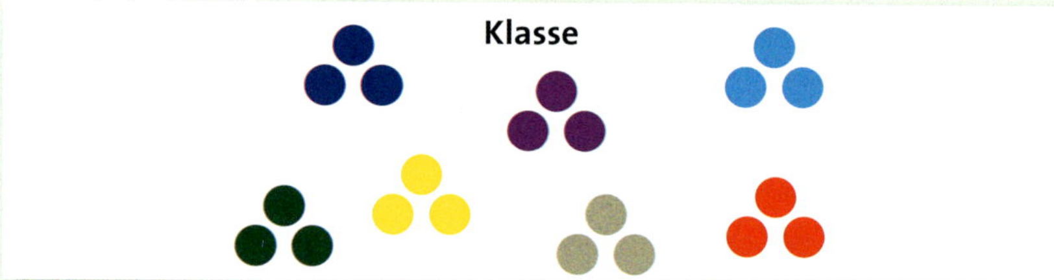

Schritt 2: Innerhalb Ihres Teams überlegen Sie sich nun zwölf Fragen zu dem Kapitel „Wie kann ich mitmachen? – Wege politischer Partizipation". Jeder in Ihrem Team schreibt dann jede Frage auf die Vorderseite einer Karteikarte.
Schreiben Sie die Antwort zur Frage in kleiner Schrift unten auf die Vorderseite der Karteikarte.

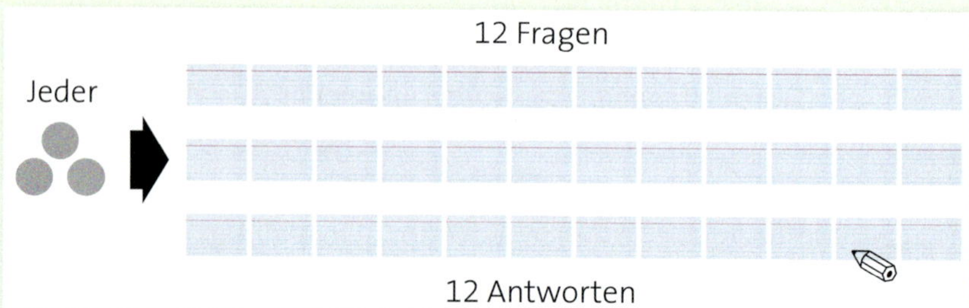

Alles klar?

Schritt 3: Bilden Sie nun neue Gruppen und nehmen Sie Ihre geschriebenen Karteikarten mit in die neue Gruppe. Wichtig ist dabei nur, dass niemals zwei Personen aus einem vorherigen Team an einem Tisch sitzen.

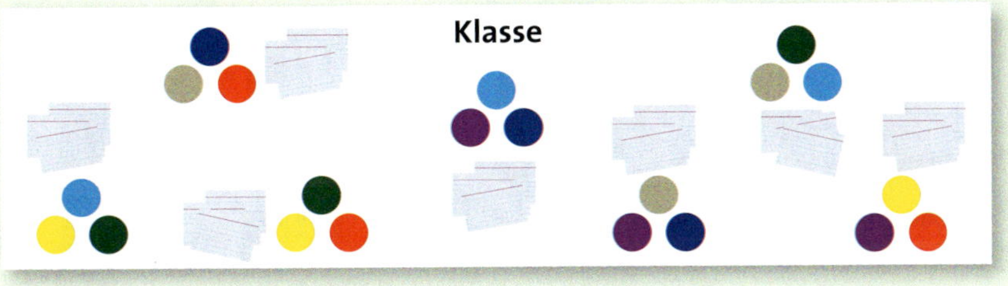

Schritt 4: In der neuen Dreiergruppe stellen Sie nun reihum abwechselnd Ihre ausgedachten Fragen. Sollten Fragen doppelt vorkommen, ist das nicht schlimm. Jeweils der rechte Nachbar darf zuerst antworten, antwortet er falsch oder gar nicht, ist der linke Nachbar an der Reihe. Für jede richtige Antwort erhält der Beantworter die Karteikarte mit der Frage und erhält so einen Punkt. Wenn es Streitigkeiten gibt, ob die Antwort richtig ist, entscheidet der Fragesteller.

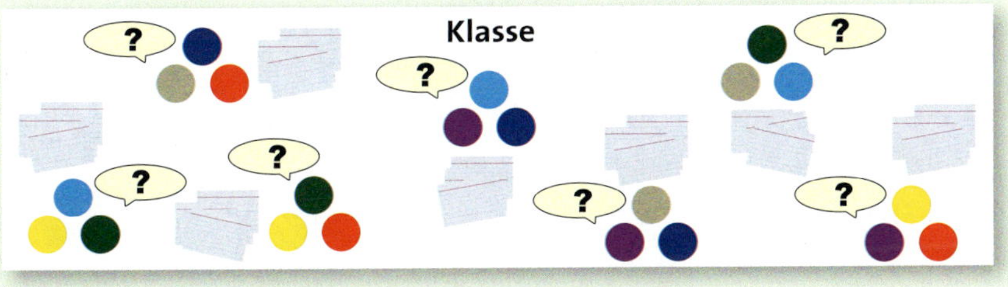

Schritt 5: Haben Sie in der neuen Gruppe alle 36 Fragen gestellt, treffen Sie sich mit ihrem ursprünglichen Team wieder. Das Team mit den meisten Punkten hat gewonnen.

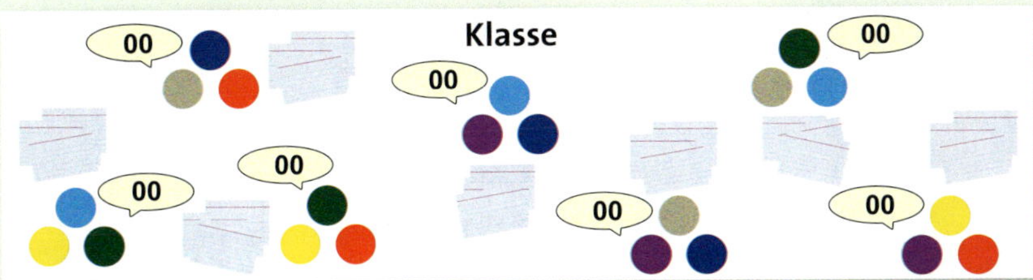

Achtung: Um das Spiel noch spannender zu machen, können Sie einen Preis aushandeln, z.B. müssen die Gewinner keine Hausaufgaben machen oder Ähnliches.

3. Analysieren Sie die Karikatur (➲ Karikaturen verstehen)

Vernetzen Sie Ihr Wissen

- Mit dem Thema: Sozialstaat (→ Kapitel 3)
- Mit dem Thema: Migration (→ Kapitel 9)
- Mit dem Thema: Jugend (→ Kapitel 12)

Diese Methoden brauchen Sie:

- Analysieren: Karikaturen, Diagramme und Schaubilder verstehen
- Kreativ sein: Kopfstandmethode, Blitzlicht

So arbeiten Sie mit anderen zusammen

- Placemat
- Jahrmarkt
- Pro-Kontra-Debatte

Es ist für uns selbstverständlich, dass wir Menschen zusammen in einer Gesellschaft leben. Denn wir Menschen sind soziale Wesen: Wir brauchen unsere Mitmenschen, sei es um miteinander zu reden, zu arbeiten oder zu leben. Die kleinste Form des Zusammenlebens ist die Familie, in die wir hineingeboren werden. Sie unterliegt ebenso wie alle Formen des Zusammenlebens bestimmten Regeln und Vereinbarungen.

In diesem Kapitel lernen Sie, was der Begriff Gesellschaft bedeutet und Sie bekommen Anregungen, sich mit unserer aktuellen Gesellschaft auseinanderzusetzen.

14 Zusammenleben in der heutigen Gesellschaft

14.1 Gesellschaft – was ist das?

Der Mensch ist ein schwieriges Wesen – auf der einen Seite ist er sehr auf seine Individualität bedacht, auf der anderen Seite lebt er in einer Gemeinschaft mit anderen Menschen, von denen er teils abhängig ist. Aber was verbindet uns Menschen eigentlich miteinander?

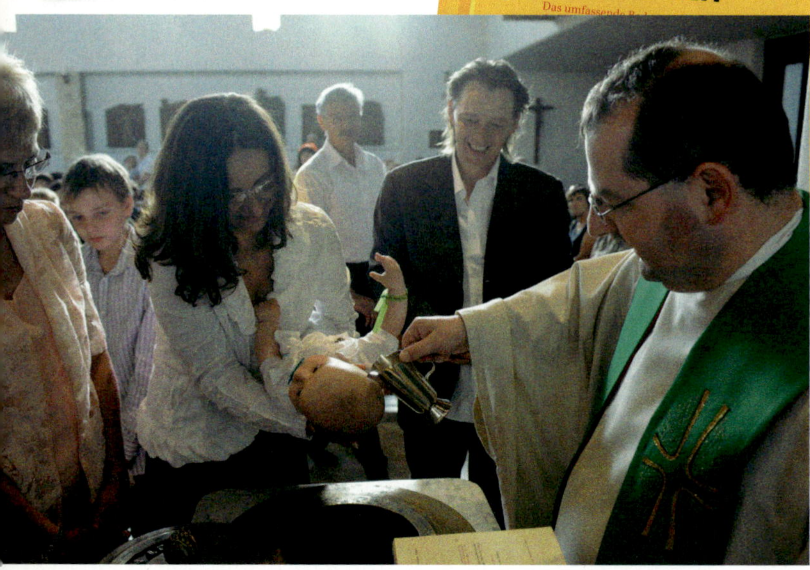

Jetzt sind Sie dran ...

1. Welches der Bilder spiegelt in Ihren Augen die deutsche Gesellschaft? Einigen Sie sich mit Ihrem Sitznachbarn und begründen Sie Ihre Wahl vor der Klasse.
2. Erstellen Sie in Partnerarbeit eine Liste mit den abgebildeten Merkmalen und Eigenschaften unserer Gesellschaft:

Merkmale und Eigenschaften
- *Solidarität*

3. Ergänzen Sie diese Liste in Vierergruppen und erstellen Sie ein Plakat. Finden Sie weitere passende Bilder, um das Plakat zu gestalten.

Familie – was ist das eigentlich?

Die vielleicht wichtigste Form des Zusammenlebens in unserer Gesellschaft ist die Familie. Sie haben jedoch schon im Kapitel 3 gelernt, dass sich viele Menschen gegen die Gründung einer Familie entscheiden. So entstehen neue Formen des Zusammenlebens, die die Stelle der ursprünglichen biologischen Familie einnehmen.

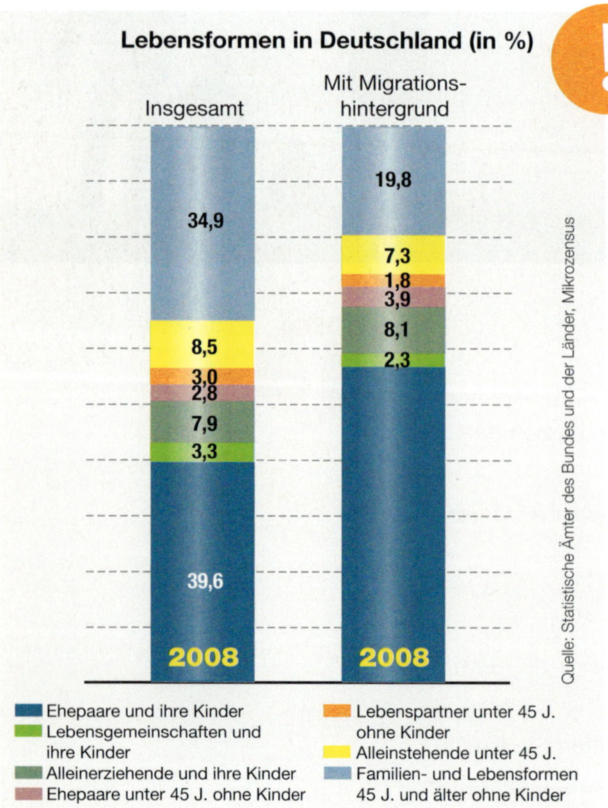

Jetzt sind Sie dran ...

4. Vergleichen Sie in Partnerarbeit die beiden Familienbilder. Welche Unterschiede fallen Ihnen auf? Notieren Sie sie.
5. Erarbeiten Sie zu viert eine ➲ Placemat zum Begriff Familie.
6. Verfassen Sie anschließend in ihrer Gruppe eine Definition des Begriffs Familie.
7. Interpretieren Sie die nebenstehende Grafik.
   Welche Lebensformen entsprechen für Sie einer Familie? Welche nicht?
   Erstellen Sie dazu eine Tabelle und begründen Sie Ihre Antwort.

Lebensform	Familie, weil ...	Keine Familie, weil ...

Artikel 6 GG:
„Ehe und Familie stehen unter dem besonderen Schutze der staatlichen Ordnung."

Homo-Ehe endlich der Ehe gleichstellen

Fast auf den Tag genau seit neun Jahren gibt es in Deutschland die Homo-Ehe. Was genau sich dahinter verbirgt ist einem großen Teil der Bevölkerung bis heute allerdings unbekannt. Dass viele das nicht wissen, liegt nicht zuletzt daran, dass die Homo-Ehe eben keine richtige Ehe ist, sondern nur so etwas Ähnliches.

Der Staat ermöglicht es gleichgeschlechtlichen Paaren, ihre Partnerschaft zu registrieren – sogar auf dem Standesamt – aber „verheiratet" dürfen sie sich danach nicht nennen. Bei der Bezeichnung fängt es an: Den Ausdruck Homo-Ehe gibt es offiziell gar nicht, denn eine Ehe ist es eben nicht – juristisch korrekt heißt es Lebenspartnerschaft. Auf Formularen müssen die Lebenspartner ihr Kreuzchen weiterhin bei „ledig" machen – und nicht bei „verheiratet". ...

Besonders deutlich wird der Unterschied zur Ehe wenn es um Kinder geht. Ein Adoptionsrecht gibt es nicht. Dabei wachsen in Deutschland Tausende Kinder bei gleichgeschlechtlichen Paaren auf, weil einer der Partner ein Kind aus einer vorherigen heterosexuellen Beziehung mitgebracht hat. Die Homo-Ehe ist eine Mogelpackung, eine Ehe zweiter Klasse.

Der Gesetzgeber hat das ganz bewusst so gemacht. Die Ehe soll weiterhin besonders geschützt werden, so wolle es ja schließlich auch die Verfassung. Mit der gesellschaftlichen Realität in Deutschland im Jahre 2010 hat das allerdings nichts mehr zu tun. Der besondere Schutz der Ehe ist vor allem eins: ein Vorwand.

Quelle: Götschenberg, M. (2010) abgerufen unter: www.tagesschau.de/inland/homoehe126.html

Jetzt sind Sie dran ...

8. Lesen Sie den Text. Erklären Sie Ihrem Banknachbarn anschließend den Begriff Homo-Ehe.
9. Erstellen Sie eine Liste: Welche Rechte fehlen gleichgeschlechtlichen Ehen?
10. Bilden Sie Arbeitsgruppen. Bereiten Sie eine ➲ Pro-Kontra-Debatte zum Thema „Die Homo-Ehe muss der Ehe gleichgestellt werden" vor und führen Sie sie durch. Beziehen Sie ihre Überlegungen aus der Aufgabe 2 (Seite 211) mit ein.

14.2 Alles Multikulti oder was?

Multikulti ist ein Begriff, mit dem unsere Gesellschaft häufig charakterisiert wird. Er bezeichnet das Zusammenleben von Menschen verschiedener Herkunft, wobei ethnische und kulturelle Gruppen sich gegenseitig respektieren und tolerieren. Immer wieder wird in Deutschland diskutiert, ob wir eine multikulturelle Gesellschaft sind.

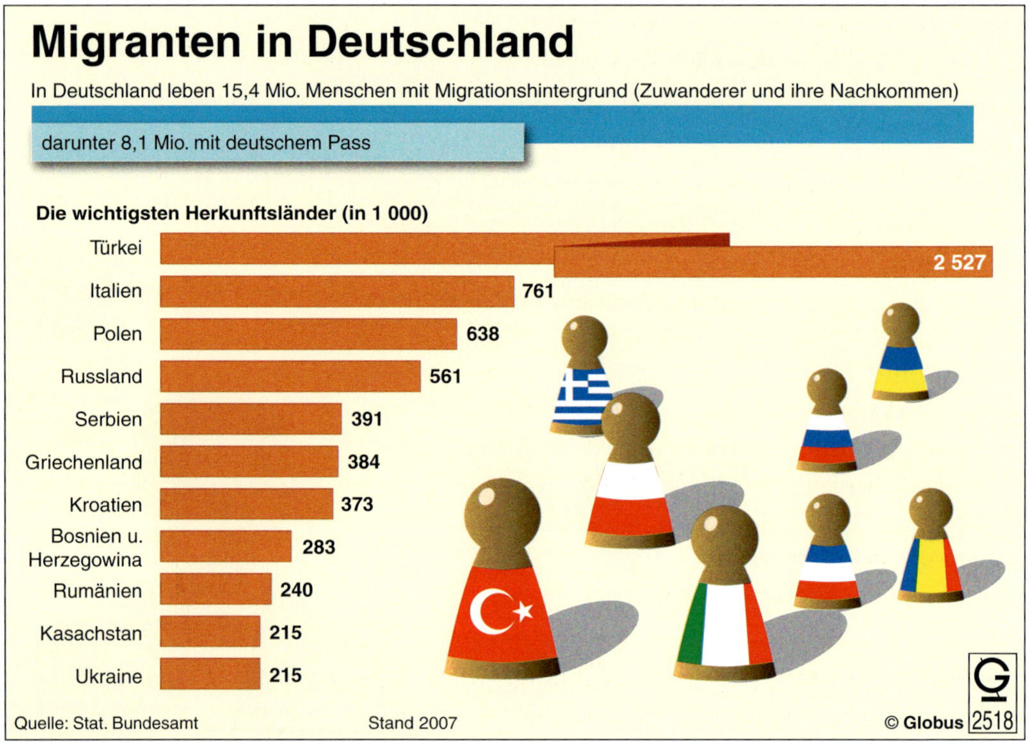

Jetzt sind Sie dran ...

1. Klären Sie mithilfe der Grafik im Klassengespräch, ob wir in einer multikulturellen Gesellschaft leben.
2. Arbeiten Sie mithilfe der ➲ Kopfstandmethode. Nennen Sie in Partnerarbeit zehn Maßnahmen, wie Multikulti nicht klappen kann. Bilden Sie anschließend mit einem anderen Paar eine Vierergruppe und erstellen Sie eine Rangliste der fünf besten Maßnahmen.
3. Drehen Sie die Methode nun um: Was muss man tun, damit Multikulti funktioniert? Arbeiten Sie wiederum in Partner- und dann in Gruppenarbeit.
4. „Der Ansatz für Multikulti ist gescheitert, absolut gescheitert!“ Diskutieren Sie dieses Zitat von Angela Merkel in Ihrer Vierergruppe. Einigen Sie sich auf einen gemeinsamen Standpunkt und stellen Sie ihn der Klasse vor.

Familie – was ist das eigentlich?

Viele Migranten, die nach Deutschland kommen, stehen vor großen Problemen: Die Sprache und Kultur sind fremd, ihre Zeugnisse und Berufsabschlüsse werden nicht anerkannt und sie verstehen die Formulare von Behörden, wie der Arbeitsagentur nicht und können sie nicht ausfüllen.

Projekt für Jugendliche mit Migrationshintergrund
In Magdeburg können junge Migranten zwischen 14 und 27 Jahren und ehrenamtliche Deutsche am „Magdeburger-Tandem-Projekt" teilnehmen. Die Tandempartner treffen sich ein bis zweimal in der Woche. Die ehrenamtlichen Deutschen helfen den jungen Migranten bei allen Schul- und Alltagsproblemen und bringen ihnen die deutsche Sprache und Alltagskultur nahe. Im Gegenzug erklären sich die Migranten bereit, ihrem deutschen Tandempartner ihre eigene Sprache und Kultur zu erklären oder ehrenamtlich zu arbeiten.

Jetzt sind Sie dran ...

5. Erklären Sie Ihrem Banknachbarn das Magdeburger Modell in eigenen Worten.
6. Erstellen Sie in Partnerarbeit eine Tabelle: Was kann ein Migrant von einem Deutschen lernen; was lernt ein Deutscher von einem Migranten?
7. Schreiben Sie einen Kommentar (➲ Leserbrief) zum Magdeburger Modell. Denken Sie, dass das Zusammenleben von Migranten und Deutschen dadurch verbessert wird?
8. Betrachten Sie die Grafik: Welche Aussagen können Sie über die Multikultigesellschaft ableiten?

Zuwanderer und die deutsche Freunde nach Herkunftsland
Zustimmung von Zuwanderern zur Aussage: „Ich habe viele deutsche Freunde" nach Herkunftsland

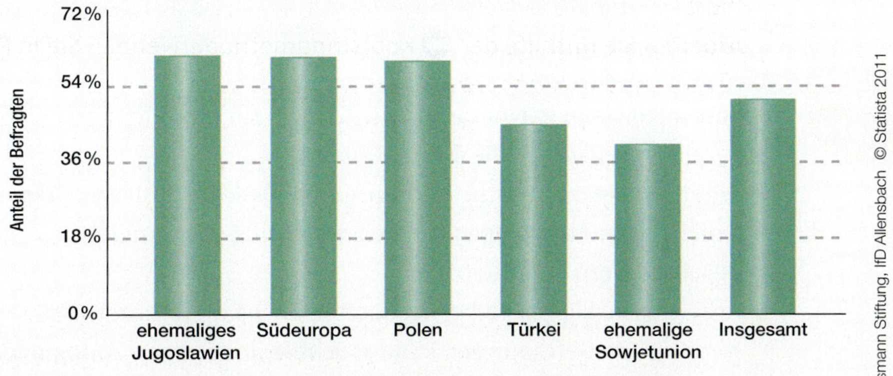

Deutschland; ab 16 Jahre; Personen mit Migrationshintergrund aus der Türkei, der ehemaligen Sowjetunion, dem ehemaligen Jugoslawien, Polen, Italien, Griechenland und Spanien; 1.581 Befragte

Lesehilfe: 45 Prozent der türkischstämmigen Zuwanderer geben an, viele deutsche Freunde zu haben.

14.3 Gründe für Parallelgesellschaften

Häufig wird in den Medien im Zusammenhang mit gescheiterter gesellschaftlicher Integration von „Parallelgesellschaften" gesprochen. Der Begriff besagt, dass es mehrere verschiedene Gesellschaften gibt, die gar nicht oder nur kaum Kontakt miteinander haben. Doch welche Gründe gibt es dafür?

Interview mit der Soziologin Necla Kelek über Integration

tagesschau.de: Ihr Vater ist 1966 als Gastarbeiter nach Deutschland gekommen, ein Jahr später hat er seine Familie nachgeholt. Sind Sie in einer Parallelgesellschaft groß geworden?

Kelek: Nein. Wir kamen aus Istanbul, sind also als Europäer nach Europa gekommen. ... Mein Vater hat schnell Kontakte zu Deutschen geknüpft und wir hatten deutsche Freunde.

tagesschau.de: Wann hat sich das gewandelt?

Kelek: Schon in den ersten fünf Jahren. ... Mein Vater bemerkte, dass die Deutschen in Bezug auf Sexualität viel freizügiger leben, besonders die Töchter. Meine ältere Schwester hatte in Istanbul viel mehr Freiheiten als ich später in Deutschland. Sie durfte ihre Freundinnen und Freunde treffen, ohne dass sie kontrolliert wurde. Aber hier war das anders: Mein Vater meinte, dass die Jugendlichen auch sexuelle Kontakte hätten und das war entsetzlich für ihn.

tagesschau.de: Dass Einwanderer versuchen, weiter in der Kultur ihrer Heimat zu leben, bedeutet ja nicht automatisch, dass sie dem Gastland gegenüber nicht loyal sind. Muss uns beunruhigen, was in türkischen Gemeinden geschieht?

Kelek: Es haben sich Parallelgesellschaften gebildet, ganz klar. ...

tagesschau.de: ... Warum verschleiern sich gerade so viele junge Frauen?

Kelek: Mit dem Kopftuch wird gezeigt: Wir leben anders, wir haben eine andere Vorstellung von der Frau. ... Männer und Frauen sind nicht gleich, sie haben unterschiedliche Aufgaben und damit eine unterschiedliche Stellung in der Gesellschaft.

Quelle: www.tagesschau.de/inland/meldung203016.html

Jetzt sind Sie dran ...

1. Sammeln Sie in Partnerarbeit die Gründe für das Entstehen einer Parallelgesellschaft, die der Text nennt.
2. Ergänzen Sie die Liste in Vierergruppen: Welche familiären Aspekte sind in Ihren Augen noch für die Entstehung von Parallelgesellschaften verantwortlich?
3. Arbeiten Sie klassenteilig: Recherchieren Sie im Internet und mithilfe von Befragungen in Ihrer Schule und Familie zu folgender Frage: „Wie ist das Bild und die Rolle der Frau in der islamischen Kultur und wie in der deutschen Gesellschaft?"

Neben den kulturellen Ursachen für das Entstehen von Parallelgesellschaften gibt es auch soziale Ursachen. In vielen Städten haben sich Viertel herausgebildet, in denen beinahe ausschließlich Deutsche oder ausschließlich Menschen mit Migrationshintergrund wohnen.
Ein Grund hierfür ist das häufig geringere Einkommen von Familien mit Einwanderungsgeschichte. Ein anderer ist der, dass die Familien, deren Einkommen steigt, aus solchen Gebieten wegziehen.
Das gilt unabhängig von der Nationalität. Diejenigen, die zurückbleiben, haben meist ähnliche Probleme: geringes Familieneinkommen, geringer Bildungsstand, schlechte Infrastruktur vor Ort und eine hohe Kriminalitätsrate. Dies hat auch für die kommenden Generationen Folgen: Kinder, die in solchen „Ghettos" aufwachsen, laufen überdurchschnittlich oft Gefahr, ohne Schulabschluss und Chancen auf dem Arbeitsmarkt zu bleiben.

Jetzt sind Sie dran ...

4. Betrachten Sie das Bild. Führen Sie ein ➲ Blitzlicht durch: Würden Sie gerne dort wohnen?
5. Lesen Sie den Text: Tauschen Sie sich anschließend in der Klasse aus: Gibt es in Ihrem Heimatort auch solche Viertel?
6. Erarbeiten Sie in Arbeitsgruppen Möglichkeiten, aus solchen Problembezirken lebenswerte Wohngegenden zu machen. Jede Gruppe muss mindestens 30 Ideen sammeln: wer die meisten hat, gewinnt. Arbeiten Sie anschließend eine Idee aus und stellen Sie sie vor. Nutzen Sie Präsentationssoftware (➲ Präsentieren).

14.4 Bildung in der Gesellschaft

Der einfachste und gleichzeitig schwerste Weg des sozialen Aufstiegs liegt in den Chancen guter Bildung.

Aus dem Bildungsbericht 2010

Bestandsaufnahme:
Der Bildungsstand der Bevölkerung hat sich im Zeitverlauf erhöht, aber:
- der Anteil der Kinder ohne Schulabschluss hat sich erhöht.
- Kinder aus sozial benachteiligen Familien haben immer noch geringere Chancen ein Gymnasium zu besuchen.
- der Übergang in die Hochschule ist nach wie vor stark von Herkunftsbedingungen des Elternhauses geprägt.
- Kinder mit Migrationshintergrund weisen im Durchschnitt einen niedrigeren Bildungsstand auf.

Perspektive:
Personen ohne allgemeinbildenden oder beruflichen Abschluss haben in einem größeren Umfang Probleme auf dem Arbeitsmarkt. Auch aus Gründen der Chancengleichheit und der Teilhabe am gesellschaftlichen Leben ist es anzustreben, dass die Schulabbrecherquote gesenkt und die Zahl der beruflichen Bildungsabschlüsse erhöht wird. Um das Bildungspotenzial auszuschöpfen und die Anteile der Hochqualifizierten zu steigern, sind deshalb besondere Anstrengungen erforderlich, um den Bildungsstand und die Bildungsbeteiligung anzuheben.

Quelle: gekürzt und vereinfacht nach: „Bildung in Deutschland 2010", Im Auftrag der Ständigen Konferenz der Kultusminister der Länder in der Bundesrepublik Deutschland und des Bundesministeriums für Bildung und Forschung

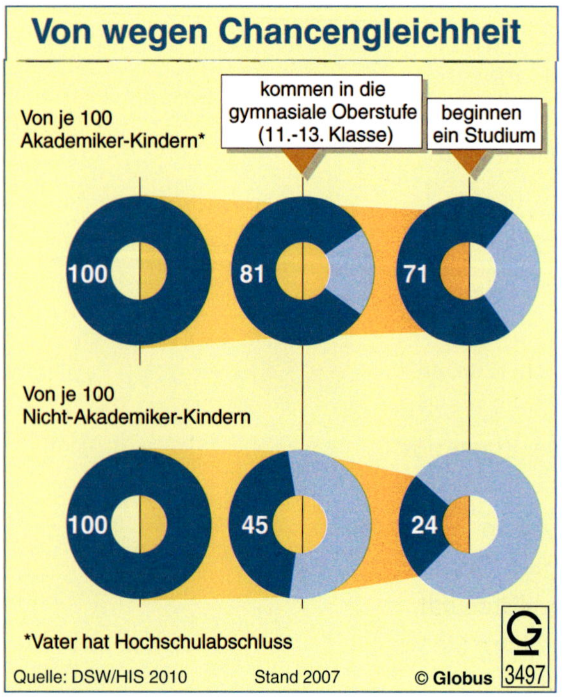

Jetzt sind Sie dran ...

1. Analysieren Sie die Grafik (➲ Quellenanalyse). Fassen Sie ihre Grundaussage in einem Satz zusammen.
2. Wie könnte der Lebenslauf eines Akademikerkindes und eines Nicht-Akademikerkindes verlaufen? Entwickeln Sie dazu in Vierergruppen einen tabellarischen Lebenslauf. Beziehen Sie Ihre eigenen Erfahrungen mit ein.
3. Entscheiden Sie in der Klasse: Ist das allgemeine Recht auf Bildung in Deutschland gewährleistet?

Bildung hat nicht nur Einfluss auf den Beruf von Menschen. Sie bestimmt auch viele andere Lebensbereiche. In manchen Fällen erscheint das logisch: Jemand, der keine Ahnung von Kunst hat, wird nicht ins Museum gehen. Aber wie sieht das bei sportlichen Aktivitäten aus?

Umfang der wöchentlichen sportlichen Aktivitäten nach Sozialschicht

Quelle: Telefonischer Gesundheitssurvey 2003

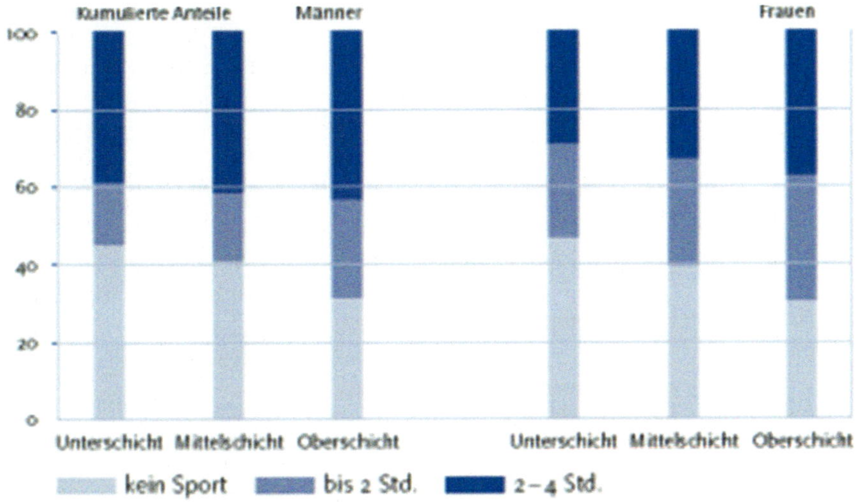

Jetzt sind Sie dran ...

5. Analysieren Sie die Grafik: Welche Aussage über die Verbindung von Sport und sozialer Schicht können Sie treffen?
6. „Sport ist im Verein am schönsten!" Führen Sie eine kurzes ➲ Blitzlicht durch: Wer von Ihnen treibt in einem Verein Sport, wer nicht?
7. Versuchen Sie Gruppen mit Vereins-Sportlern und Nicht-Vereinssportlern zu bilden.
   Erstellen Sie eine Tabelle nach dem Muster:

Gesellschaftliche Vorteile von Vereinssport	Darum kommt ein Verein nicht für mich in Frage

   Entscheiden Sie: Überwiegen die Vor- oder Nachteile?
8. Diskutieren Sie im Klassenplenum: Ist kostenloser Vereinssport, wie ihn einige Städte und Gemeinden in Deutschland bereits anbieten, eine Möglichkeit zur besseren gesellschaftlichen Integration in Deutschland? Achtung: Die Diskussion ist frühestens beendet, wenn jeder in der Klasse mindestens einmal etwas beigetragen hat. Dazu stehen alle im Kreis vor ihren Stühlen, wer etwas gesagt hat, darf sich hinsetzen. Wenn Sie noch etwas ergänzen wollen, warten Sie bitte, bis alle dran waren.

14.5 Armut und Reichtum in Deutschland

Für viele gibt es neben der fehlenden gesellschaftlichen Aufstiegschance aufgrund fehlender Bildung noch ein großes weiteres Problem: Armut.
Doch was ist Armut? Und wer ist arm?

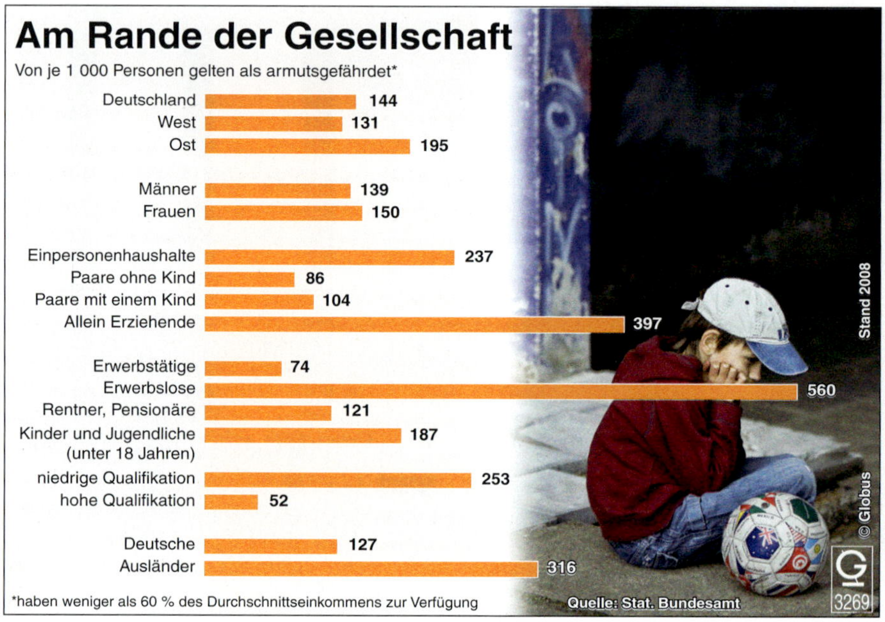

Infobox

Armut ist eine gesellschaftliche Erscheinung mit vielen Gesichtern. Wenn in Deutschland von Armut gesprochen wird, ist nicht die existenzielle Armut gemeint (absolute Armut), unter der die Menschen in Entwicklungsländern leiden. In Deutschland geht es um relative Armut. In Deutschland gilt danach als arm, wer weniger als 60 % des durchschnittlichen Einkommens zur Verfügung hat.

Jetzt sind Sie dran ...

1. Erfassen Sie in Partnerarbeit in einem Satz, welche Personen in Deutschland der höchsten Armutsgefährdung ausgesetzt sind.
2. Erklären Sie Ihrem Banknachbarn den Begriff relative Armut, er erklärt Ihnen im Gegenzug absolute Armut.
3. Versuchen Sie nun in Partnerarbeit eine Grenze zu ziehen: Was denken Sie, muss ein Mensch in Deutschland haben, um nicht arm zu sein? Gehen Sie noch einen Schritt weiter: Wann ist jemand für Sie reich? Stellen Sie Ihre Ergebnisse grafisch dar.
4. Vergleichen Sie Ihre Ergebnisse mithilfe eines ➲ Jahrmarkts in der Klasse.

Neben der Armut gibt es in Deutschland auch einen enormen Überfluss. Supermärkte werfen z. B. jeden Tag viel Ware in den Müll, weil sie sich nicht mehr verkaufen lässt. Es gibt aber Menschen, die das unnötig finden und die diese Waren aus den Mülleimern holen, um sie zu essen. Das nennen sie „Containern".

Ist Containern illegal?
Christof N. (24) und Frederik V. (32) wurden nachts auf dem Parkplatz eines Discounters von zwei Polizisten angehalten, mit abgelaufenen Lebensmitteln. Monate später kamen Strafbefehle über 10 und 20 Tagesgeldsätze wegen Diebstahls ins Haus: Beiden wird vorgeworfen, Lebensmittel aus dem Container des Discounters entwendet zu haben. ...

Was genau ist Containern?

Christof N.: Lebensmittel oder Gebrauchsgegenstände zu nehmen, die niemand mehr haben will, die für den Müll bestimmt oder schon darin gelandet sind. Diese Waren sind teilweise abgepackt und noch eingeschweißt. Ihr Mindesthaltbarkeitsdatum ist gerade erst abgelaufen oder noch nicht einmal überschritten. Nur weil z. B. neue Produkte in die Regale sollen oder die Verpackungen nicht mehr perfekt aussehen, wird inzwischen ein Drittel bis die Hälfte aller Lebensmittel weggeschmissen.

Frederik V.: Oft landen an sich gute Lebensmittel auf dem Müll, um Marktpreise stabil zu halten. Das ist pervers. Lieber wird eine Knappheit künstlich erzeugt, als Waren verbilligt abzugeben oder zu verschenken. Wer containert, schwächt zumindest die Nachfrage nach neuen Produkten. ... Mit nur einem Drittel der Menge an Lebensmitteln, die in Europa und Nordamerika weggeworfen werden, könnte man den Welthunger besiegen.

Quelle:
Sigrid Lehmann-Wacker in Graswurzelrevolution 354 (12/2010www.graswurzel.net/354/container.shtml

Jetzt sind Sie dran ...

5. Klären Sie den Begriff Containern in der Klasse.
6. Führen Sie eine Gerichtsverhandlung durch: Christof N. und Frederik V. sind des Diebstahls angeklagt. Bereiten Sie in Kleingruppen die Anklage und die Verteidigung vor. Recherchieren Sie ggf. im Internet, was Diebstahl bedeutet. Nach 15 Minuten tauschen sich alle „Verteidiger" und „Ankläger" gemeinsam aus. Die Kleingruppen vervollständigen danach ihre Unterlagen. Eine Gruppe trägt dann die Anklage vor, eine die Verteidigung. Anschließend übernimmt die ganze Klasse die Aufgabe des Richters und beschließt die Schuld oder die Unschuld der Angeklagten.
7. Nicht alle Supermärkte werfen beinahe abgelaufene Nahrungsmittel weg. Es gibt auch die Einrichtung der Tafeln. Die Lebensmittel werden eingesammelt und an Bedürftige verteilt. Informieren Sie sich, ob es eine solche Einrichtung in Ihrer Stadt gibt und stellen Sie deren Arbeit vor.

Alles klar?

14.6 Überprüfen Sie Ihr Wissen

1. Szenario: Sie haben in diesem Kapitel gelernt, welche gesellschaftlichen Probleme es in Deutschland gibt. Zu einigen gibt es schon gute Lösungsvorschläge, andere Probleme scheinen aus heutiger Sicht nicht lösbar. Überlegen Sie nun, wie die Gesellschaft in Deutschland in 50 Jahren aussehen würde.
Gehen Sie dazu folgendermaßen vor:

a) Teilen Sie die Klasse in fünf Arbeitsgruppen und entwerfen Sie ein Zukunftsmodell für „Ihr“ Problem.

b) Ergänzen Sie die Tabellen. Sie können auch ein Thema aufgreifen, für das es noch keinen Tabellenvorschlag gibt.

Thema : Multikulti

So ist es heute	So könnte es in 50 Jahren sein

Thema : Parallelgesellschaften

So ist es heute	So könnte es in 50 Jahren sein

Thema : Bildung

So ist es heute	So könnte es in 50 Jahren sein

Thema : Armut

So ist es heute	So könnte es in 50 Jahren sein

c) Erstellen Sie ein Plakat oder eine Präsentation, in der Sie zeigen, wie sich die verschiedenen gesellschaftlichen Problembereiche in den nächsten 50 Jahren entwickelt haben werden.

2. Führen Sie eine akademische Diskussion
(➲ Pro-Kontra-Debatte).
Das bedeutet, dass Sie sich mit zwei Seiten einer These auseinandersetzen müssen.
These: Wer in Deutschland arm ist, ist selbst schuld.

① Teilen Sie die Klasse in zwei Hälften: in die A- und die B-Hälfte.
Die A-Hälfte nimmt zum Thema nun die Pro-Position ein, die B-Hälfte die Kontra-Position.

② Sammeln Sie zunächst in Einzelarbeit in zehn Minuten alle Argumente, die Ihnen zu ihrer eingeteilten Position einfallen. Halten Sie ihre Argumente auf einem DIN A-4-Blatt fest.

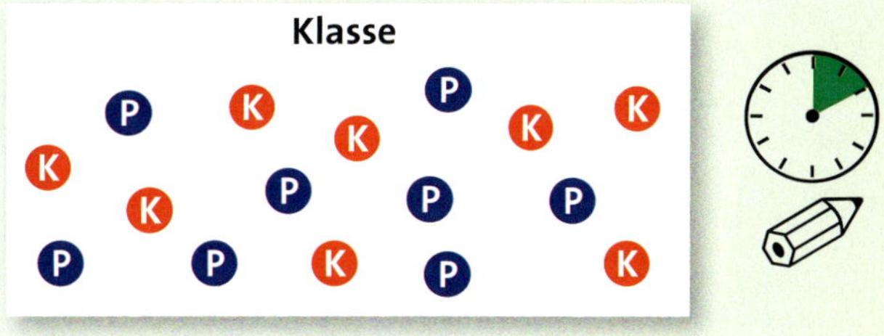

③ Danach treffen sich die Pro- und die Kontra-Gruppe auf je einer Seite des Klassenraums. Beide Gruppen tauschen intern fünf Minuten lang ihre Argumente aus.

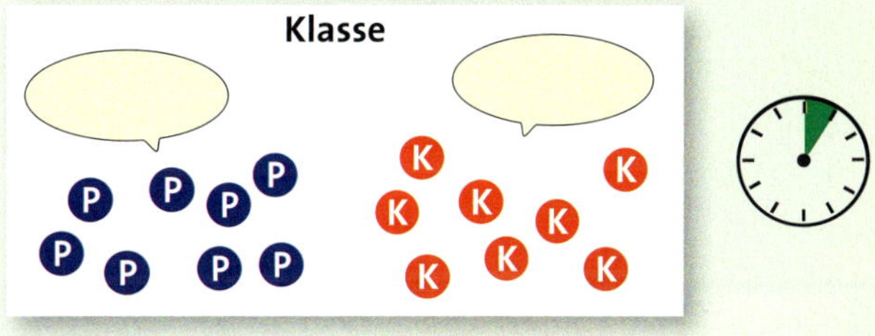

④ Bilden sie nun in der Pro- und in der Kontra-Gruppe Zweiergruppen. Tauschen Sie sich in den Zweiergruppen zehn Minuten lang über sämtliche Argumente aus, die Sie gesammelt haben und ergänzen Ihre Aufzeichnungen.

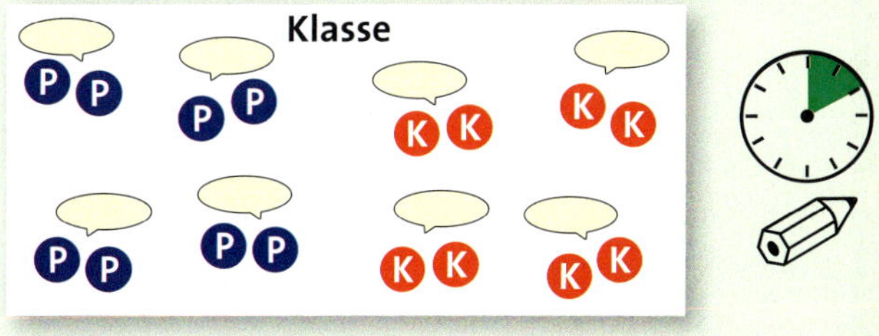

⑤ Bilden Sie nun Vierergruppen aus Pro- und Kontra-Paaren. Jede Seite stellt nun in zwei Minuten in einem kurzen Statement ihre Argumente zum Thema dar.

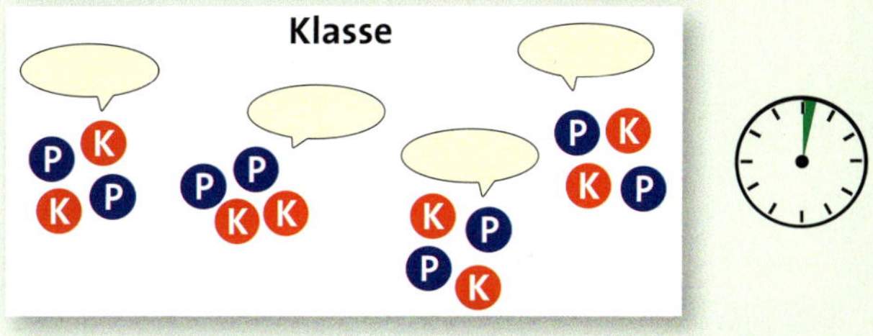

⑥ Machen Sie zwei Minuten Pause.

⑦ Tauschen Sie nun in der Klasse die Positionen und Ihre Aufzeichnungen: Die Pro-Teilnehmer werden nun zu Kontra-Teilnehmern und umgekehrt.

⑧ Wiederholen Sie die Schritte 2, 4 und 5.
Ergänzen Sie die Aufzeichnungen, die Sie bekommen haben, um Ihre eigenen Argumente.

⑨ Führen Sie nun in 10 Minuten eine Gruppendiskussion zu viert. Einigen Sie sich auf eine gemeinsame Meinung innerhalb der Gruppe und halten Sie sie schriftlich fest.

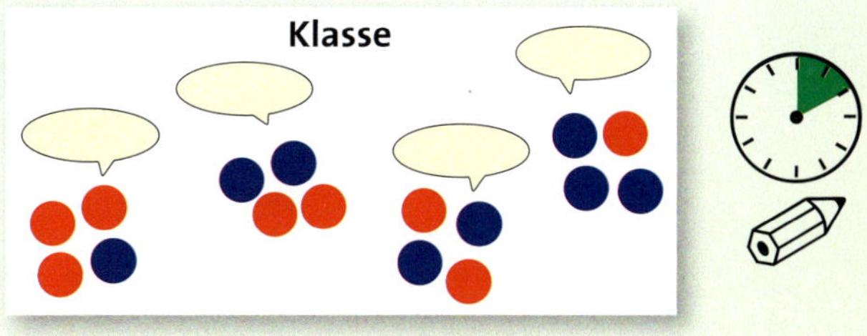

⑩ Vertreten Sie Ihren gemeinsamen Standpunkt (Konsens) aus der Gruppendiskussion vor der Klasse.

⑪ Schaffen Sie es, sich als Klasse zu einigen?

Vernetzen Sie Ihr Wissen:

- Mit dem Thema: Globalisierung (→ Kapitel 8)
- Mit dem Thema: Demokratie (→ Kapitel 1)
- Mit dem Thema: Medien (→ Kapitel 7)

Diese Methoden brauchen Sie:

- Analysieren: Diagramme lesen
- Informieren: Internetrecherche

So arbeiten Sie mit anderen zusammen:

- Pro-Kontra-Debatte
- Jahrmarkt

Unsere Erde, ein Planet, der alles zur Verfügung stellt, was Menschen, Tiere und Pflanzen zum Leben brauchen: Wasser, Luft, Boden, Rohstoffe und Nahrung. Doch schon seit mehreren Jahrzehnten wissen wir, dass wir diesen Planeten nicht beliebig beanspruchen dürfen. Naturkatastrophen, Waldsterben, verschmutztes Trinkwasser und schmelzende Gletscher sind Alarmzeichen.
Sie werden in diesem Kapitel die Auswirkungen menschlichen Handelns auf die Natur unter die Lupe nehmen. Sie setzen sich aber auch damit auseinander, wie Sie Ihre natürliche Lebensgrundlage schützen können.

15 Mensch und Umwelt

15.1 Umwelt – was ist das eigentlich?

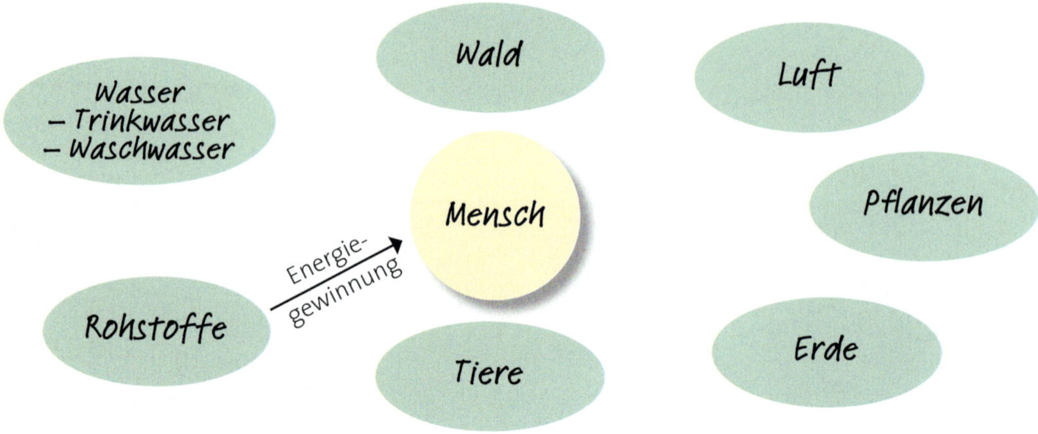

Jetzt sind Sie dran ...

1. Zeichen Sie das Schema in Ihr Heft. Ergänzen Sie, wenn nötig, weitere Ellipsen.
2. Ergänzen Sie in den Ellipsen, was die einzelnen Überbegriffe genau beinhalten. (Beispiel: Wasser)
3. Ergänzen Sie Pfeile zwischen den einzelnen Ellipsen und beschriften Sie sie mit ihrer Bedeutung für den Menschen.
4. Versuchen Sie mit Ihrem Tischnachbarn eine Definition für Umwelt zu finden. Einigen sie sich anschließend in der Klasse auf **eine Definition**. Schreiben Sie diese auf ein Plakat und hängen Sie es auf.

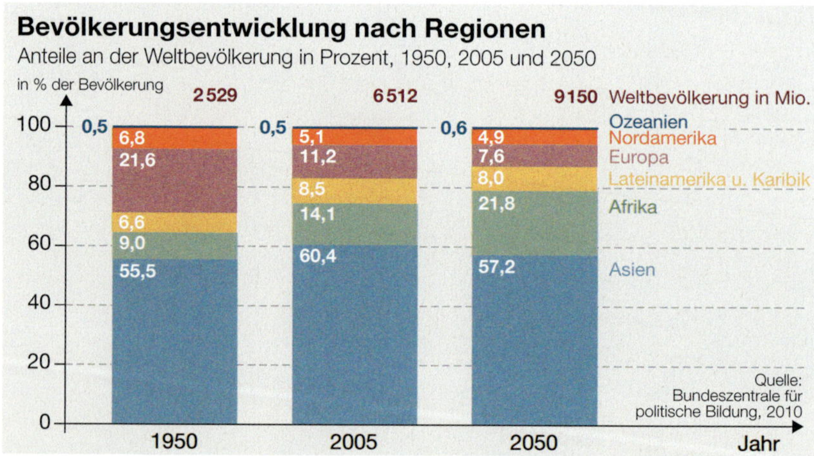

5. Analysieren Sie das Diagramm. Welche Auswirkungen hat die Entwicklung der Weltbevölkerung auf die einzelnen Umweltbereiche? Erstellen Sie eine Tabelle nach folgendem Muster:

Umweltbereiche	Auswirkungen
Rohstoffe	???
Nutzpflanzen	???

Der „ÖFI“ – unser ökologischer Fußabdruck

Um zu berechnen, wie stark jeder Einzelne durch seinen persönlichen Lebensstil die Umwelt belastet, gibt es den ökologischen Fußabdruck: den „ÖFI“.
Mit ihm wird bemessen, wie viel Fläche unseres Planeten zur dauerhaften Erhaltung dieses Lebensstils notwendig ist. Dazu gehören Flächen zum Anbau von Nahrung, aber auch zum Abbau von Müll. Die Organisation „Global Fooprint Network“ hat errechnet, dass die Erdbevölkerung bei stabiler Lebensgewohnheit im Jahr 2030 zwei Planeten Erde „ver“brauchen würde.

Jetzt sind Sie dran ...

6. Testen Sie Ihr eigenes Umweltverhalten. Beantworten Sie die folgenden Fragen mit „Ja“ oder „Nein“.
   a) Fahren Sie weniger als 10 000 km im Jahr mit dem Auto?
   b) Fahren Sie mehr als 500 km Fahrrad im Jahr?
   c) Sitzen Sie weniger als vier Stunden pro Jahr im Flugzeug?
   d) Bauen Sie und Ihre Familie Obst und Gemüse für den täglichen Bedarf selbst an?
   e) Schalten Sie vor dem Zubettgehen alle Elektrogeräte ganz aus? (Achtung: nicht in den Standby-Betrieb)
   f) Heizen Sie die Wohnräume auf weniger als 20 Grad Celsius?
   g) Essen Sie seltener als drei Mal Fleisch pro Woche?
   h) Benutzen Sie Solarladegeräte für Ihre elektronischen Geräte (Handy, ...)?
   i) Fahren Sie in einer Fahrgemeinschaft zur Schule?
   j) Drehen Sie den Wasserhahn zu, bevor Sie sich einseifen?
   k) Kaufen Sie keine Einwegplastikflaschen?
   l) Verbraucht Ihr Auto oder das Ihrer Eltern weniger als durschnittlich 6 Liter / 100 km?
   m) Besitzen Sie eine Monatskarte für den ÖPNV (Öffentlicher Personennahverkehr)?
   n) Schalten Sie Ihren Computer aus, wenn Sie das Haus verlassen?
7. Ermitteln Sie Ihren persönlichen „ÖFI“. Werten Sie dazu Ihre Antworten aus:
   a) Mehr als 10 Mal ***ja***: Super, Ihr „ÖFI“ ist nur zwergengroß!
   b) 5 bis 9 Mal ***ja***: Naja, Sie können Ihren „ÖFI“ noch was verkleinern!
   c) 0 bis 4 Mal ***ja***: Riesen-“ÖFI“! Sie brauchen mehr als eine Erde!

persönlicher „ÖFI“
lässt sich auch mit dem Footprint-Rechner im Internet ermitteln

15.2 Umweltprobleme durch den Treibhauseffekt

Der Mensch und die Umwelt gehören zusammen. Schwierig wird es dann, wenn der Mensch der Umwelt mehr abverlangt, als sie vertragen kann. Dann rächt sie sich und lässt es auf Dauer wärmer werden. Das sind **Auswirkungen des Treibhauseffekts.**

Infobox

Treibhauseffekt

Warum steigen die durchschnittlichen Temperaturen auf der Erde? Die Erwärmung der Luft entsteht durch den so genannten Treibhauseffekt. Den kann man sich vorstellen, wenn man sich in ein Treibhaus stellt. Dort ist es auch ohne Heizung viel wärmer als draußen. Im Treibhaus werden die Sonnenstrahlen sozusagen eingesperrt: Die warmen Strahlen kommen zwar rein, aber nicht wieder raus. Von dieser Funktionsweise eines Treibhauses hat auch der Treibhauseffekt der Erde seinen Namen. Er funktioniert nämlich genau so. An Stelle der Glasscheiben im Gewächshaus hat die Erde eine schützende Lufthülle, die sie umgibt: die Atmosphäre. Diese Atmosphäre besteht aus verschiedenen Gasen wie zum Beispiel Sauerstoff, Stickstoff, Methan oder Kohlendioxid (CO_2).

Eigentlich sorgen diese Klimagase in der Atmosphäre dafür, dass wir auf der Erde überhaupt Temperaturen haben, mit denen wir Menschen leben können. Gäbe es die Gashülle nicht, läge die durchschnittliche Temperatur auf unserem Planeten bei ca. –18°Celsius. Zu kalt für Menschen, Tiere und vor allem Pflanzen, die Grundlage allen Lebens auf der Erdoberfläche. Das Problem ist nun, dass diese Gasschicht aus dem Gleichgewicht gerät, wenn z.B. zu viel Kohlendioxid in die Atmosphäre gelangt: Es verhindert, dass die Sonnenstrahlen wieder zurück ins Weltall geworfen werden. Es bildet sich also eine Schicht, in die Sonnestrahlen hineinkommen, aber nicht mehr genügend hinausgelangen können.

Verantwortlich für diese Entwicklung ist der Mensch: Er benötigt immer mehr Energie, die vor allem aus der Verbrennung so genannter fossiler Brennstoffe – also Erdöl und Kohle – gewonnen wird. Bei diesem Verbrennungsprozess entsteht Kohlendioxid. Da ein Ende des Energiehungers des Menschen nicht abzusehen ist, wird es zwangsläufig immer wärmer im „Treibhaus Erde“.

Jetzt sind Sie dran ...

1. Zeichen Sie ein Bild zu dem Text in der Infobox auf ein DIN A3-Plakat (➲ Präsentieren/Visualisieren). Stellen Sie Ihre Bilder anschließend in der Klasse aus!
2. Erstellen Sie gemeinsam mit Ihrem Tischnachbarn eine Liste, welche Folgen eine Erwärmung der Luft für das Leben auf der Erde haben kann. Bilden Sie anschließend eine Vierergruppe und erstellen Sie eine Rangliste mit den drei größten Problemen durch die Erwärmung. Beziehen sie die Bilder auf der nächsten Seite mit ein.

Folgen des Klimawandels

Infobox

Was ist eigentlich Klima und was ist Wetter?
Spricht man vom **Wetter**, sind damit immer die augenblickliche Temperatur, der Luftdruck und die Feuchtigkeit an einem Ort auf der Erde gemeint. Also das, was man sieht, wenn man aus dem Fenster schaut.

Von **Klima** spricht man dann, wenn man die Temperatur, den Luftdruck und Feuchtigkeit an einem Ort auf der Erde über einen langen Zeitraum hinweg betrachtet.

Beispiel: Nur, weil es an einem Ort in einem Jahr seltener geregnet hat als im Vorjahr, sprechen wir noch nicht von einem Klimawandel. Erst, wenn es über einen langen Zeitraum, z.B. 30 Jahre, weniger regnet, können wir von einem Klimawandel sprechen.

Abb. 2

Abb. 3

Abb. 1

Abb. 4

Jetzt sind Sie dran ...

3. Welche Folgen des Klimawandels stellen die Abbildungen dar? Sammeln Sie weitere Folgen an der Tafel. Welches Szenario halten Sie für realistisch?
4. Recherchieren Sie im Internet unter „flood maps“, welche Auswirkungen ein klimabedingter Anstieg des Meeresspiegels auf Deutschland hätte.

15.3 Maßnahmen jedes Einzelnen gegen die Klimaerwärmung

Wenn wir verhindern wollen, dass sich unsere Erde dauerhaft aufheizt, müssen wir uns überlegen, wie wir die Klimagase, also z.B. Methan und Kohlendioxid (CO_2) einsparen können.

Verändern der Ernährung

Die Massentierhaltung von Rindern und Schafen hat große Auswirkungen auf die Erwärmung des Erdklimas. Denn etwa alle 40 Sekunden müssen Wiederkäuer, zu denen diese Tiere gehören, rülpsen. Diese Rülpser enthalten hauptsächlich Methangas. Dieses Treibhausgas heizt die Atmosphäre sogar 20-mal mehr auf als Kohlendioxid. Man schätzt, dass allein die Rinder in Deutschland im Jahresschnitt etwa 500.000 Tonnen Methan an die Umwelt abgeben. Weltweit gelangen so sogar 80 Millionen Tonnen Methan in die Atmosphäre. Es gibt noch einen zweiten Störeffekt des Klimas: Die Haltung von Rindern benötigt Platz. Deshalb werden in vielen Teilen der Erde Wälder abgeholzt, um Weideland zu schaffen. Jetzt verdoppelt sich das Problem: Die fehlenden Bäume können kein Kohlendioxid mehr in Sauerstoff umwandeln und die weidenden Rinder vergrößern den Methanausstoß. Umweltschützer fordern deshalb, den Rindfleischverbrauch und den Verzehr von Milchprodukten erheblich zu reduzieren.

Denn die Tierhaltung beansprucht mit allen ihren Folgen inzwischen etwa 30 Prozent der gesamten Landoberfläche und ist auch für die Erd- und Wasserverschmutzung hauptverantwortlich. Hinzu kommt, dass die Erzeugung von Fleisch durch das Verfüttern großer Mengen an Getreide und Wasser viel Energie verbraucht. Das setzt sich bei der anschließende Schlachtung, dem Transport und der Einlagerung des Fleisches fort.

Eine Umstellung der Ernährung hin zu weniger Verzehr von Fleisch- und Milchprodukten ist ein Beitrag, um den Treibhauseffekt zu bremsen.

Jetzt sind Sie dran ...

1. Erstellen Sie eine Liste mit den Nahrungsmitteln, die Sie alltäglich zu sich nehmen und die aus Rindern erzeugt werden.
2. Führen Sie eine ➲ Pro- Kontra-Debatte zu dem Thema: „Für die Umwelt müssen wir uns fleischlos ernähren".

Goodbye Standby

Eine weitere Möglichkeit, weniger Klimagase zu produzieren, ist ein geringerer Stromverbrauch. Das Gute dabei: Das spart auch noch eine Menge Geld.

Stromverbrauch elektronischer Geräte in einem durchschnittlichen deutschen Haushalt im Standby-Betrieb

Gerät	Wh
DVB-T-Receiver	7
DVD-Player	4
SAT-Empfänger	7
Röhrenfernseher	10
LCD-Fernseher	2
Stereoanlage	7
Playstation 3	1
Laptop	10
Desktop-PC	15
Drucker	15
W-LAN-Router	8
Anrufbeantworter	5
Telefon schnurlos	3
FAX	7
Ladegerät Mobiltelefon	2
Blue Ray Player	1
Waschmaschine	9
Wäschetrockner	4
Kaffeemaschine	2
Mikrowelle	5,5

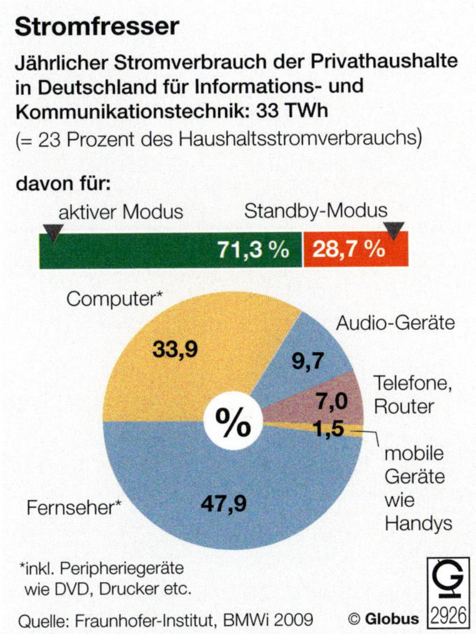

Bye bye, Stand-by

Stromfressern gehts an den Kragen

Die EU will Elektrizitätsfressern an den Kragen. Seit Wochenbeginn ist eine neue Verordnung in Kraft, die den Stromverbrauch von Büro- und Haushaltselektronik im Stand-by-Modus regeln soll. Sie gilt voll ab 2010 und besagt, dass Neugeräte ab dann nur noch 1 Watt aufnehmen dürfen, drei Jahre später nur noch 0,5 Watt.

Quelle: tageszeitung, 07.01.2009

Jetzt sind Sie dran ...

3. Ermitteln Sie, wie viel Geld ein Haushalt pro Jahr sparen kann, der alle Geräte mit einer ausschaltbaren Steckdosenleiste ausrüstet und sie nicht mehr im Standby betreibt. Errechnen Sie dazu, was Ihre Geräte ein Jahr lang im Standby-Betrieb kosten.
(Hinweis: Ein Gerät mit 1 Watt Leistungsaufnahme verbraucht im Jahr Strom im Wert von ca. 1,55 Euro.)
4. Machen Sie den Check: Leihen Sie sich ein Strommessgerät bei Ihrem Energieversorger oder suchen Sie im Internet nach einem Anbieter. Wie hoch ist Ihr Einsparpotential?

Das richtige Verkehrsmittel wählen

Eine weitere Möglichkeit den Kohlendioxidausstoß zu verringern, besteht darin, ein angemessenes Verkehrsmittel zu benutzen. Doch was heißt das? Wer die Umweltbilanz verschiedener Verkehrsmittel kennt, kann besser entscheiden.

Infobox

Umweltbilanz von Verkehrsmitteln

Schienenverkehrsmittel Insgesamt verbraucht die Bahn bei durchschnittlicher Auslastung am wenigsten Energie und erzeugt am wenigsten CO_2. Dabei entfallen über die Hälfte der Umweltbelastungen auf die Betreibung der Bahnhöfe und des Streckennetzes und nicht auf die Fahrten. Beim Fahrbetrieb entstehen durch die Stromerzeugung in Kohlekraftwerken und Kernkraftwerken viel Schwefeldioxid, Schwermetalle und auch Atommüll.

Flugzeuge Sie verbrauchen bei der Fortbewegung ca. 3-mal so viel Energie wie Eisenbahnen, aber wesentlich weniger für die Betreibung der Flughäfen und der Strecken im Vergleich zu den Eisenbahnen. Daher landen sie im Gesamt-Energieverbrauch recht knapp hinter der Bahn. Es gibt hierbei eine einfache Faustregel: Je größer das Flugzeug, desto besser die Umweltbilanz pro Personenkilometer.

Busse Hier ist die Auslastung der entscheidende Faktor: Vollbesetzte Busse glänzen mit der besten Umweltbilanz aller untersuchten Verkehrsmittel. Schwach besetzte Busse hingegen schneiden insgesamt am schlechtesten ab und stellen sich somit als die größten Umweltsünder des Personenverkehrs heraus.

Pkw Privatfahrzeuge sind im Durchschnitt schlecht ausgelastet und nutzen eine aufwändige Infrastruktur. Deshalb liegen sie in der Energie- und CO_2-Bilanz hinter Eisenbahnen und Flugzeugen.
Die Wahl des Modells und die Anzahl der beförderten Personen hat einen wesentlichen Einfluss auf die Umweltbilanz pro Personenkilometer: Ist man zu Viert in einem 5-Liter-PKW unterwegs, so ist das umweltfreundlicher als Flugzeug oder Eisenbahn – nur ein restlos voll besetzter Bus kann dann noch mithalten.

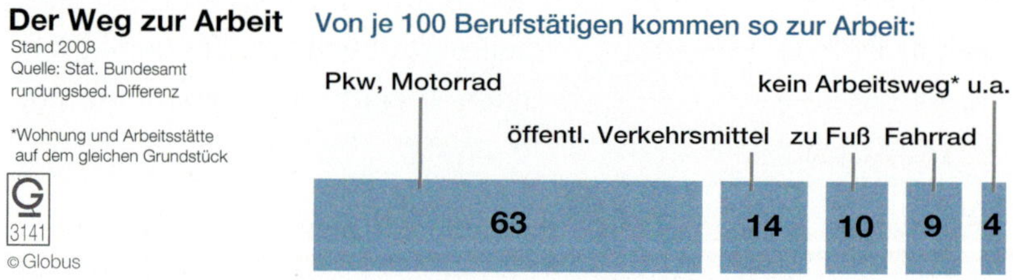

Jetzt sind Sie dran ...

6. Erstellen Sie in Partnerarbeit eine Liste: Bei welchen Anlässen benutzen Sie ein Verkehrsmittel?
7. Verfassen Sie anschließend einen kurzen Leitfaden: Welches Verkehrsmittel sollte man jeweils nutzen, um möglichst umweltfreundlich zu reisen? Hängen Sie die Leitfäden in Ihrer Schule aus.
8. Betrachten Sie die Grafik. Sammeln Sie Gründe, warum das Auto das meist genutzte Verkehrsmittel auf dem Weg zur Arbeit ist.

Eine Lösung: Fahrgemeinschaften bilden

Das Privatauto kann ein umweltfreundlicheres Verkehrsmittel sein, wenn es mit mehreren Personen genutzt wird. Schaut man sich auf Deutschlands Straßen um, stellt man schnell fest, dass in den meisten Autos nur eine Person sitzt. Warum ist das so? Was muss man tun, um das zu ändern?

Warum Fahrgemeinschaften nicht beliebt sind

„Ich will morgens meine Ruhe haben." „Ich will meine eigene Musik hören." „Ich möchte morgens keine Umwege fahren." „Klar könnte ich mit einer Fahrgemeinschaft Geld sparen, aber das ist es mir nicht wert." „Ich will von der Arbeit nach Hause fahren, wenn ich fertig bin, nicht wann mein Kollege fertig ist." „Fahrgemeinschaft – gute Idee. Aber in meinem Wohnort bin ich der einzige, der in dieser Stadt arbeitet". „Ich will doch nicht früher aufstehen."

Infobox

High-occupancy vehicle lanes (in etwa: Fahrgemeinschaftsspuren) sind Fahrbahnen in den USA und Kanada für Fahrzeuge, in denen mehr als eine Person sitzt. Sie sollen die Bildung von Fahrgemeinschaften fördern, da auf diesen Spuren keine Fahrzeuge fahren dürfen, in denen nur eine Person sitzt. Diese Fahrbahnen sind in der Regel weniger stark befahren, sodass man auf ihnen erheblich schneller am Ziel ist und Staus vermeidet.

Jetzt sind Sie dran ...

9. Führen Sie eine Befragung in Ihrer Klasse und bei Ihren Lehrern durch. Wie hoch ist der Anteil derjenigen, die eine Fahrgemeinschaft bilden?
10. Ergänzen Sie in Partnerarbeit die Aussagen. Welche Gründe gegen Fahrgemeinschaften fallen ihnen noch ein?
11. Welche Argumente für die Bildung von Fahrgemeinschaften fallen Ihnen ein? Bilden Sie eine Vierergruppe und erstellen Sie ein Plakat. Hängen Sie es in Ihren Schulflur.
11. Schreiben Sie einen Kommentar zu dem Vorschlag, auch in Deutschland Fahrgemeinschaftsspuren einzurichten. Beziehen Sie dabei die Begebenheiten in Ihrem Heimat- bzw. Schulort mit ein.

15.4 Woher kommt unser Strom und wie wird das entschieden?

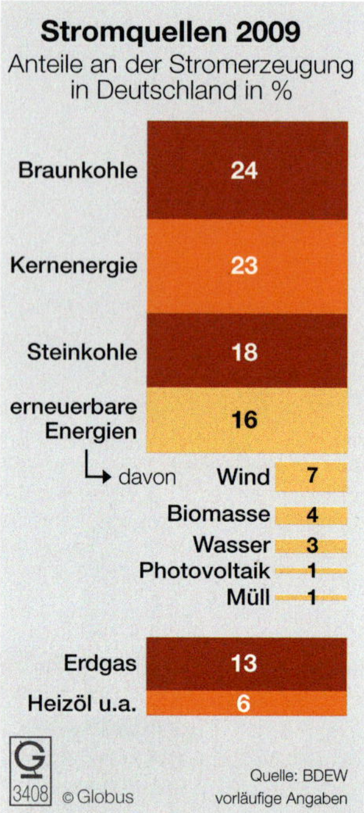

Sie wissen nun, wie Sie Ihre persönlichen CO_2-Emmissionen verringern können. Aber einen großen Anteil an der CO_2-Emission Deutschlands haben die Stromerzeuger. Woher kommt eigentlich der Strom, den wir in Deutschland verbrauchen und wer entscheidet das?

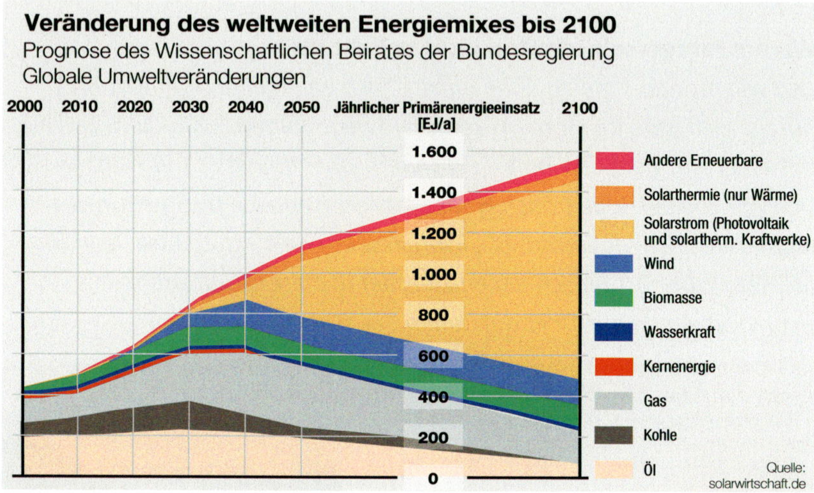

Infobox

Erneuerbare Energien: Energie, die aus Wind-, Wasser- oder Sonnenenergie gewonnen wird. Hierbei fallen keine Abfallprodukte an.

Fossile Energie: Energie, die durch Verbrennung gewonnen wird. Hierbei wird Kohlendioxid frei gesetzt.

Kernenergie: Energie, die bei der Kernspaltung von Atomen frei wird. Hierbei wird kein Kohlendioxid frei gesetzt, allerdings fällt Atommüll an, dessen radioaktive Strahlung für Mensch, Tier und Pflanzen schädlich ist.
Für eine unschädliche Entsorgung gibt es bis heute noch keine Lösung.

Emmissionen
Schadstoffe, die an die Umwelt abgegeben werden

Jetzt sind Sie dran ...

1. Errechnen Sie, wie hoch der Anteil der fossilen Energieträger am Gesamtstromverbrauch Deutschlands ist.
2. Teilen Sie die Klasse in sechs Gruppen. Jeweils zwei befassen sich mit einer Energieform. Tragen Sie die Ergebnisse auf einem Plakat in Form einer Collage zusammen. Recherchieren Sie im Internet und in Zeitungen zu folgenden Fragen: Wie sehen die jeweiligen Kraftwerke aus? Welche Besonderheiten weisen sie neben den oben genannten auf? Informieren Sie den Rest der Klasse mithilfe ihrer Plakate in Form eines ➲ Jahrmarkts.
3. Betrachten Sie die Grafik. Welche geplanten Veränderungen fallen auf?
4. Diskutieren Sie: Ist die dargestellte Entwicklung realistisch?
5. Auf welche Energielieferanten hat diese prognostizierte Entwicklung die weitreichendste Auswirkung?

Die Ziele der Bundesregierung und die Interessen der Energielieferanten – unvereinbar?

Deutschland als Vorreiter im internationalen Klimaschutz

Die Bundesregierung ist eine treibende Kraft im internationalen Klimaschutzprozess. Zum einen geht Deutschland national mit ehrgeizigen Emissionsreduktionszielen voran: Bis 2020 wird Deutschland seine Emissionen um 40 Prozent gegenüber 1990 senken – unabhängig von den notwendigen Anstrengungen anderer Staaten ...

Quelle: BMU (April 2010): Internationale Klimapolitik, www.bmu.de/klimaschutz/internationale_klimapolitik/doc/37650.php:

„Das ist ja gut und schön, dass Sie die CO_2-Emissionen reduzieren wollen. Wir helfen Ihnen dabei: Wenn Sie uns mit Steuergeldern unterstützen, bringen wir unsere Kraftwerke auf den neuesten Stand, sodass wir weniger CO_2 ausstoßen. Schließlich brauchen Sie unseren Strom – oder wollen sie, dass die Stromversorgung zusammenbricht?“

Betreiber von Kohlekraftwerken

„Ich versichere Ihnen, dass wir, die Vertreter der Atomindustrie, Ihre Ziele, den Klimawandel aufzuhalten, voll und ganz unterstützen. Wenn Sie uns mit teuren und aufwändigen Modernisierungsauflagen verschonen, sorgen wir dafür, dass es in Deutschland genügend CO_2-freie Energie gibt.“

Betreiber von Atomkraftwerken

Hersteller von Solaranlagen

„Meine liebe Bundesregierung, die Sache ist doch ganz einfach: Sie unterstützen mich und meine Firma und wir stellen preisgünstige Solaranlagen her, die sich jeder Bundesbürger aufs Dach setzen kann. Glauben Sie mir: Nur durch uns wird der Kohlendioxidausstoß minimiert.“

Jetzt sind Sie dran ...

6. Arbeiten Sie noch einmal in den Arbeitsgruppen aus Aufgabe 2. Ihr Ziel ist es, Mitglieder der Bundesregierung davon zu überzeugen, dass gerade „Ihre“ Energieform besonders förderungswürdig ist. Entwerfen Sie gemeinsam einen Plan (ein so genanntes Strategiepapier), wie Sie dieses Ziel erreichen können.
7. Stellen sie sich vor, Sie wären Mitglied der Bundesregierung. Treffen Sie eine Entscheidung für die Zukunft der Energieversorgung in Deutschland.
   Für welche Energieform entscheiden Sie sich, wenn Sie:
   den Kohlendioxidausstoß minimieren wollen; möglichst viele Arbeitsplätze erhalten wollen; die Entwicklung neuer Technologien in Deutschland vorantreiben wollen; wiedergewählt werden wollen etc.
   Vertreten Sie Ihre Entscheidung vor der Klasse.

Alles klar?

15.5 Überprüfen Sie Ihr Wissen

Sie haben in diesem Kapitel einige Möglichkeiten kennen gelernt, umweltfreundlicher zu leben. Am besten beginnen Sie mit der Umsetzung direkt vor Ort – z. B. an Ihrer Schule!

1. Bilden Sie drei Arbeitsgruppen:

Gruppe 1: Sie befassen sich mit Mobilität. Ermitteln Sie, wie viele Schüler an Ihrer Schule mit öffentlichen Verkehrsmitteln, in Fahrgemeinschaften, mit dem Fahrrad oder zu Fuß zur Schule kommen. Überlegen Sie sich, wie Sie dazu beitragen können, dass mehr Fahrgemeinschaften gebildet werden (Mitfahrzentrale am Schwarzen Brett, etc.). Planen Sie evtl. ein Gewinnspiel, bei dem die Klasse einen Preis gewinnt, die in einem Monat die meisten Fahrradkilometer zusammenbringt.

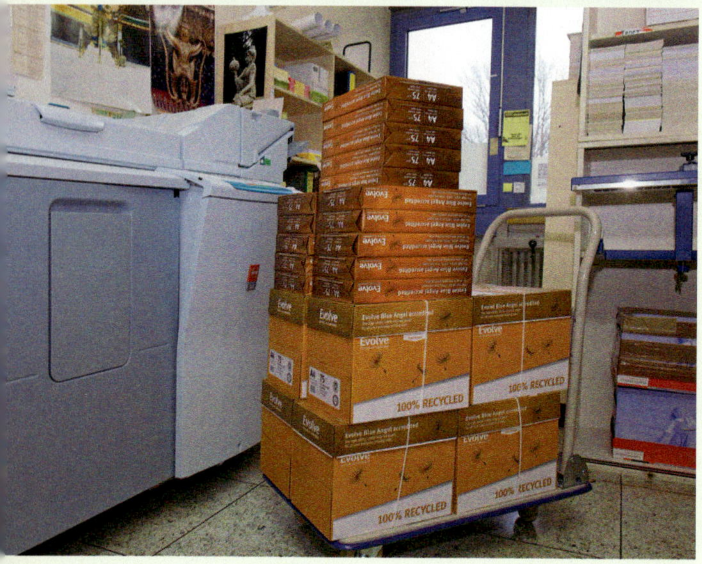

Gruppe 2: Sie befassen sich mit der Energieversorgung Ihrer Schule. Finden Sie heraus, ob es Solaranlagen gibt, woher der Strom an Ihrer Schule kommt, etc. Ermitteln Sie unnötige Energiefresser und erarbeiten Sie ein Programm, wie Ihre Schule weniger Strom verbrauchen kann. Suchen Sie Partner (z. B. andere Klassen, Lehrer, Schulleitung) für die Durchführung. Um den Erfolg Ihrer Arbeit zu kontrollieren, bringen Sie die Verbrauchswerte Ihrer Schule vor und nach Ihrem Projekt in Erfahrung.

Gruppe 3: Sie befassen sich mit dem Materialverbrauch an Ihrer Schule. Bringen Sie in Erfahrung, wie viel Papier zum Kopieren und Drucken an Ihrer Schule pro Jahr verbraucht wird, ob Recyclingpapier benutzt wird, ob Abfall sinnvoll getrennt und entsorgt wird, etc.
Überlegen Sie sich, wie die Materialmenge an der Schule reduziert werden kann. Außerdem verfassen Sie einen Leitfaden, wie Ihre Mitschüler möglichst umweltfreundliches Schulmaterial finden und verwenden können und wie Sie Abfall vermeiden. Recherchieren Sie im Internet zu *umweltfreundlichen Suchmaschinen*. Nutzen Sie diese bei Ihrer weiteren Arbeit. Überlegen Sie, welche Form zur Verbreitung Ihres Leitfadens die umweltverträglichte ist.

Alles klar?

2. Sie sind nun Experten in Umweltfragen. Überprüfen Sie das Erlernte, indem Sie das folgende Silbenrätsel in Ihrem Heft lösen.

Silben:
Fahr–fuß–en–sion–haus–ma–nen–ab–Stand–lar–spur–lo–ef–Um–schutz–So–gisch–Treib–gie–fekt–welt–zel–than–er–er–le–E–by–en–ge–druck–Kli–mis–mein–welt–Kern–mit–Öko–Schie–schafts–tel–ver–Um–kehrs–Me

1. alles außer dem Menschen
2. der persönliche Einfluss auf die Umwelt
3. Ursache der Erwärmung des Planeten
4. langfristiges Wetterbedingungen
5. Treibhausgas von Rindern
6. Warten aufs Eingeschaltetwerden
7. durchschnittlich ausgelastetes umweltfreundlichstes Verkehrsmittel
8. sie sorgen für Begleitung im Auto
9. Spaltung für die Steckdose
10. anderes Wort für Ausstoß
11. eine Aufgabe, die uns alle angeht
12. macht aus Sonne Strom

3. Analysieren Sie die Karikatur (➲ Karikaturen verstehen). Diskutieren Sie Ihre Ergebnisse mit Ihrem Tischnachbarn.

WAS DIE NASA BIS HEUTE VERSCHWEIGT....

Methoden und Techniken

➲ Befragung ➲ Umfrage

➲ Blitzlicht

In einem Blitzlicht äußert sich jeder Teilnehmer einer Gruppe zu seiner aktuellen Stimmungslage. In der Regel leitet ein Moderator das Blitzlicht mit einer Frage ein, z. B. „Wie fühlst du dich?“ oder „Wie war der Tag für dich?“ Es gibt keine Diskussionen während des Blitzlichts. Der Moderator kann ein Blitzlicht nutzen, um beispielsweise latent vorhandenen Unmut, der die Arbeit beeinträchtigt, ins Bewusstsein aller zu rücken. (➲ Moderationstechnik).

➲ Blog ➲ Umfrage

➲ Buddy Book (Faltbuch)

Ein Buddy Book ist ein kleines Buch mit acht Seiten, das als Notizbuch genutzt werden kann. Es eignet sich als Gedächtnisstütze für einen Vortrag oder für andere Eintragungen, die Sie später noch einmal nachlesen möchten. Mit der folgenden Faltanleitung ist das Buddy Book ohne Schere und Kleber aus einem DIN A4 Blatt schnell hergestellt:

1. Schritt: Falten Sie das DIN A4 Blatt entlang der Mittellinie (im Foto unterbrochene schwarze Linie), ziehen den Falz mit den Fingernägeln nach und falten es dann wieder auseinander.

2. Schritt: Verfahren Sie wie in Schritt 1 entlang der kurzen Mittellinie (im Foto durchgezogene schwarze Linie).

3. Schritt: Falten Sie erneut entlang der unterbrochenen Linie. Falten Sie dann entlang der durchgezogenen Linie und halbieren die dadurch entstandenen DIN A6 Fläche noch einmal durch Falten. Legen Sie das Blatt wieder vollständig auseinander.

4. Schritt: Falten Sie jetzt wieder entlang der durchgezogenen Linie und reißen das Blatt von der geschlossenen Kante her entlang der unterbrochenen Linie bis zur Mitte.

5. Schritt: Bringen Sie das Blatt wieder in die Faltposition von Schritt 1 und stellen es mit der geöffneten Reißkante vor sich auf.

6. Schritt: Schieben Sie von außen nach innen die Doppelseiten zusammen.

7. Schritt: Zum Schluss falzen Sie alle Kanten noch einmal nach. Sie haben jetzt ein Buch von 8 Seiten vor sich liegen.

➲ Brainstorming

Mit Brainstorming (Geistesblitz) lassen sich in kurzer Zeit viele Ideen/Lösungsvorschläge zu einem Thema/Problemstellung sammeln. Zunächst wird das Thema für alle sichtbar und verständlich gemacht. Dann werden die Ideen einem Moderator zugerufen. Der notiert sie unkommentiert und ungeordnet an der Tafel. Nach Ablauf der festgelegten Zeit werden sie gemeinsam strukturiert und das Ergebnis für alle sichtbar gemacht. Nach gemeinsamer Bewertung können die Vorschläge mit der größten Zustimmung besonders berücksichtigt werden. (➲ auch Moderationstechnik)

➲ Clustern ➲ Metaplantechnik

➲ Concept-Map

Wenn Sie Informationen zu einem Thema strukturieren und diese Strukturen darstellen wollen, eignen sich Concept-Maps.
Zunächst werden Begriffe/Ideen/Namen, die mit dem Thema in Verbindung gebracht werden, gesammelt. Anders als bei einer ➲ Mindmap werden diese Begriffe aber nicht hierarchisch geordnet. Vielmehr geht es darum, mögliche Beziehungen zwischen Begriffen, Ideen oder Personen darzustellen. Concept-Maps benötigen deshalb mehr Platz als Mindmaps.

Ablauf:

1. Sie sammeln Begriffe, die Sie mit einem Thema in Verbindung bringen.
2. Sie gruppieren die Begriffe auf einem Blatt Papier. Dinge, die miteinander zu tun haben, stehen nahe beieinander.
3. Mit Pfeilen werden die Beziehungen zwischen den Begriffen verdeutlicht.
4. Die Pfeile werden beschriftet, z. B. mit Texten wie „gehört zu", „ist Teil von", „ist verantwortlich für".

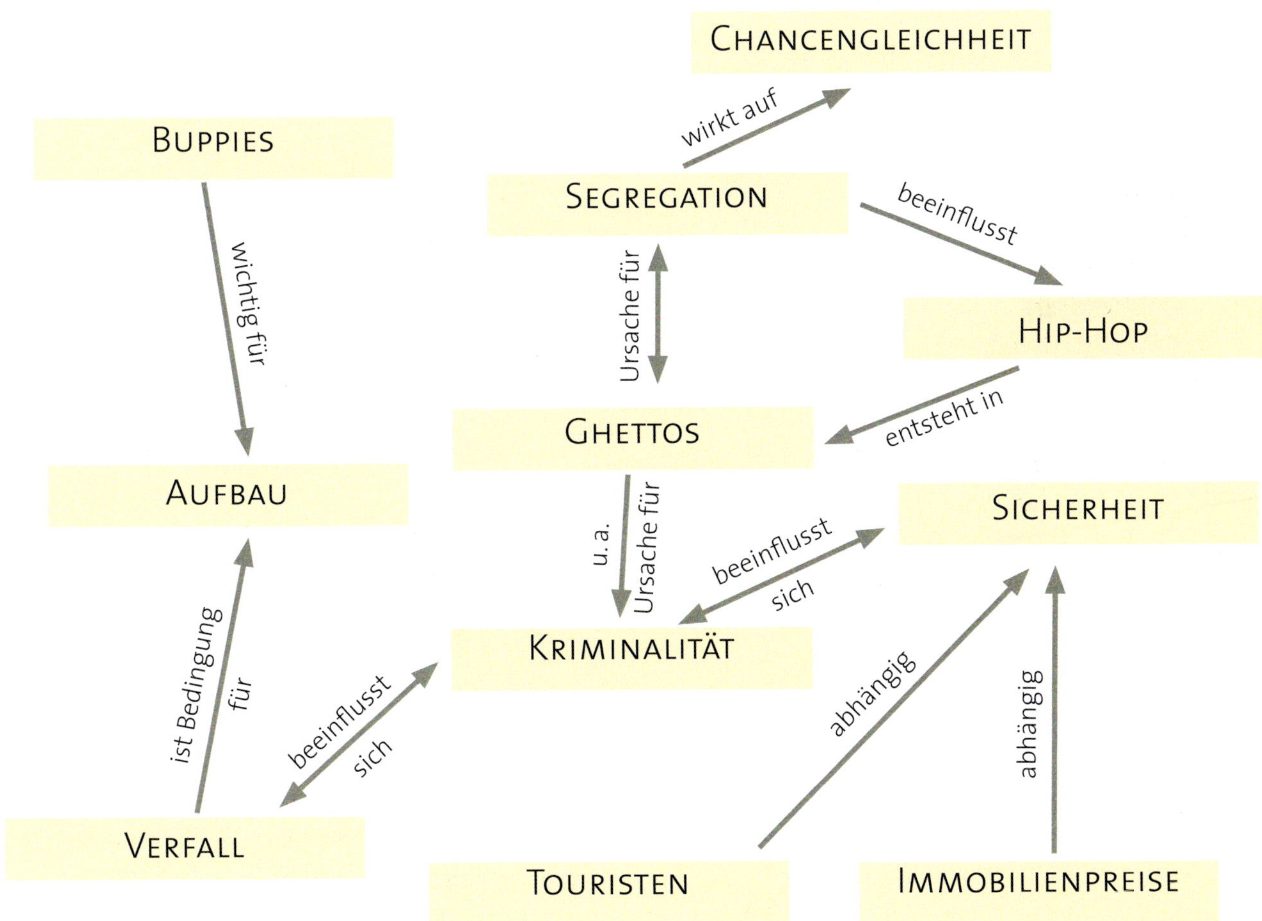

Diagramme, Schaubilder erstellen und verstehen

Diagramme setzen Zahlen aus Statistiken in anschauliche Bilder um. So ermöglichen sie, wenn sie gut gemacht sind, dem Betrachter, ihren Inhalt intuitiv, d.h. ohne nachzudenken, zu erfassen.

Schaubilder machen das ebenso. Der Inhalt bei Schaubildern sind meist Sachinformationen in Textform, die durch grafische Übersichten schnell erfassbar werden.

Ein Beispiel dafür ist das **Organigramm**, das die hierarchische Struktur einer Organisation oder eines Unternehmens darstellt.

Für das Erstellen von Diagrammen ist die Auswahl des passenden Diagrammtyps entscheidend.

Ein **Balken- bzw. Säulendiagramm** verdeutlicht Unterschiede in den Größenverhältnissen (Beispiel: Vergleich der Einkommen einer bestimmten Gruppe in den Jahren 1950, 2000 und 2010). Die Säulen stehen senkrecht, Balken waagerecht. Da Balken bzw. Säulen beschriftet werden, eignen sich Säulen besser für eine Beschriftung mit Zahlen, z.B. Jahreszahlen, Balken dagegen für eine Beschriftung mit Wörtern.

Ein **Kreisdiagramm** wird zur Darstellung einer Grundgesamtheit (100 %) benutzt, zerlegt in entsprechende Anteile.

Ein **Liniendiagramm** stellt den Entwicklungsverlauf über eine Zeitperiode dar.

Privathaushalte in Deutschland nach Zahl der Personen (März 2008)

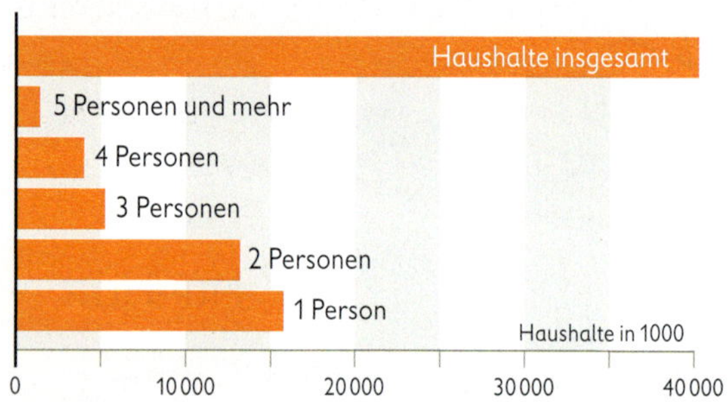

Statistisches Bundesamt: Statistisches Jahrbuch 2009, Wiesbaden 2009, S. 46

Familienhaushalte in Deutschland nach Zahl der Kinder unter 18 Jahren (2008)

Statistisches Bundesamt: Statistisches Jahrbuch 2009, Wiesbaden 2009, S. 47

Allein Erziehende in Deutschland mit Kindern unter 18 Jahren (2008)

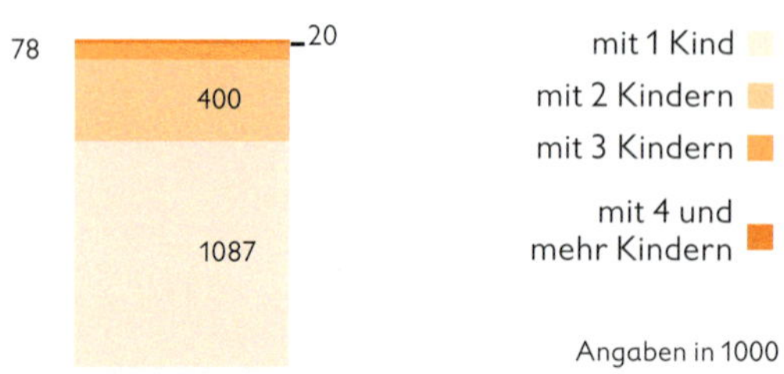

Statistisches Bundesamt: Statistisches Jahrbuch 2009, Wiesbaden 2009, S. 47

Zahl der Privathaushalte in Deutschland

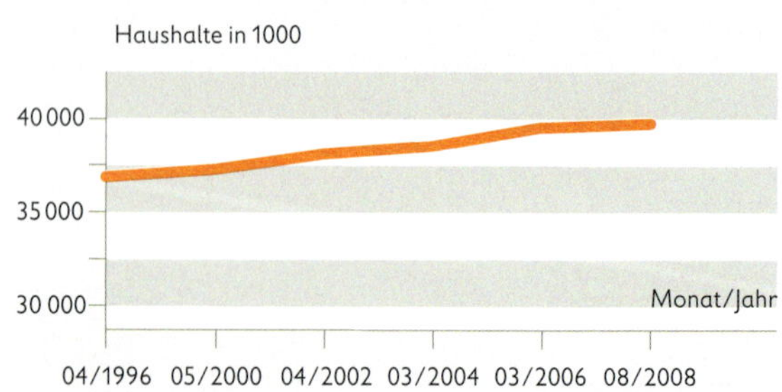

Statistisches Bundesamt: Statistisches Jahrbuch 2009, Wiesbaden 2009, S. 46

Diskussion

Die Diskussion soll zielgerichtet und ergebnisorientiert einen Austausch innerhalb einer Gruppe ermöglichen. Diskussionen können leicht ausufern und die Teilnehmer oder Zuhörer dadurch langweilen.
Damit Diskussionen über ein bestimmtes Thema nicht planlos und ausufernd werden, empfiehlt es sich, zunächst das Diskussionsthema knapp und verständlich festzulegen.
Benennen Sie dazu in einem vollständigen Satz das Problem (z.B: „Ich möchte herausfinden, warum.")
Bestimmen Sie dann einen Diskussionsleiter und einen Zeitrahmen.
Sie können auch noch einen Schriftführer für das Protokoll und einen „Controller" für das Überwachen der Regeln einsetzen.
Der Diskussionsleiter hat im Weiteren die Aufgaben:

- Beiträge koordinieren
- Gesprächsverlauf lenken
- Ergebnisse zusammenfassen und offenen Fragen herausstellen
- die Diskussion beenden

Entscheidungsmatrix

Für eine Vielzahl von Problemen oder Aufgaben gibt es alternative Lösungswege. Entsprechend schwer ist es, sich nach eindeutigen und nachvollziehbaren Kriterien für einen Weg zu entscheiden.
Mit der Methode „bewertete Entscheidungsmatrix" kann man unterschiedliche Lösungswege miteinander vergleichen und Vor- und Nachteile der einzelnen Möglichkeiten abwägen. Am Ende erhält man ein klares Votum für einen bestimmten Weg.
1. Schritt: Listen Sie alle Kriterien auf, die für eine Entscheidung von Bedeutung sein sollen. Dann erstellen Sie eine Matrix nach folgendem Muster:
Wichtige Kriterien erhalten einen hohen Faktor, unwichtige einen niedrigeren.
2. Schritt: Stellen Sie fest, wie gut Ihre Lösungen die einzelnen Kriterien erfüllen. Sie können dafür einen Punkteschlüssel von 1 bis 10 verwenden, 10 Punkte für besonders gut, 1 Punkt für besonders schlecht. Die Punkte tragen Sie in die Spalte „einfache Bewertung" ein.
3. Schritt: Anschließend wird jeder Wert mit dem entsprechenden Faktor multipliziert. Das Ergebnis tragen Sie unter „gewichtete Bewertung" ein.
4. Schritt: Abschließend addieren Sie für jede Lösung die Punkte unter „gewichtete Bewertung". Die Lösung mit den meisten Punkten verspricht am Besten den gewünschten Erfolg.

		Lösung A		Lösung B		Lösung C		Lösung D	
Kriterium (maximal 6 Punkte)	Faktor	Einfache Bewertung	Gewichtete Bewertung	Einfache Bewertung	Gewichtete Bewertung	Einfache Bewertung	Gewichtete Bewertung	Einfache Bewertung	Gewichtete Bewertung
Kriterium A	1								
Kriterium B	3								
Kriterium C	2								
Kriterium D	2								
Kriterium E	1								
Summe									

Expertengespräch/Expertenbefragung

Das Expertengespräch ist eine besonders direkte und oft einprägsame Art der Informationsgewinnung.

Gehen Sie folgendermaßen vor:

1. Schritt: Sammeln Sie Fragen, zu denen Sie einen Experten befragen wollen.

2. Schritt: Informieren Sie sich, wer ein geeigneter Experte in Ihrer Nähe sein könnte. Nehmen Sie Kontakt zu dieser Person auf, erläutern Sie Ihr Anliegen und vereinbaren Sie, falls möglich, einen Termin und einen Ort.

3. Schritt: Bereiten Sie die Befragung vor. Legen Sie fest, wer von Ihnen die Gesprächsleitung hat und welche Fragen in welcher Reihenfolge gestellt werden sollen. Überlegen Sie, wie Sie die Antworten Ihres Gegenübers festhalten wollen. Für eine Aufzeichnung (Video/Ton) benötigen Sie die Zustimmung des Befragten

4. Schritt: Führen Sie die Befragung durch. Vergessen Sie nicht, sich am Ende zu bedanken!

5. Schritt: Werten Sie die Befragung aus.

Fallanalyse

Bei der Fallanalyse geht es darum, am Beispiel eines konkreten Falls alternative Lösungsmöglichkeiten zu suchen, sich für eine Lösung zu entscheiden und die eigene Entscheidung mit dem tatsächlichen Ausgang des Falles in der Realität zu vergleichen.

1. Schritt: Ein Moderator stellt den Teilnehmern den Fall vor.

2. Schritt: Die Teilnehmer analysieren in Gruppen die Problemsituation, stellen fest, welche Informationen sie benötigen und informieren sich anhand des bereitliegenden Informationsmaterials.

3. Schritt: Die Teilnehmer diskutieren in ihren Gruppen mögliche Lösungswege und deren Auswirkung auf den Fall.

4. Schritt: Jede Gruppe entscheidet sich für eine Lösung, indem sie Vor- und Nachteile sowie mögliche Konsequenzen abwägt. Hilfreich ist eine ➲ Entscheidungsmatrix.

5. Schritt: Die Gruppen präsentieren und begründen ihre Entscheidung vor der Gesamtgruppe/Klasse.

6. Schritt: Der Moderator präsentiert die Entscheidung, die im wahren Leben getroffen wurde. Die Gruppenlösungen werden mit dem Vorgehen in der Realität verglichen, Abweichungen werden diskutiert.

Fischgrät-Diagramm

Mit dem Fischgrät-Diagramm kann man, ähnlich einer Mindmap, Lösungen für Probleme strukturieren. Es lassen sich sowohl unterschiedliche Ursachen von Problemen (Fehlerquellen) darstellen als auch alternative Lösungswege. Dazu werden in ein Fischgerippe mit sich gegenüberliegenden Hauptgräten, Kopf und Schwanz gezeichnet.

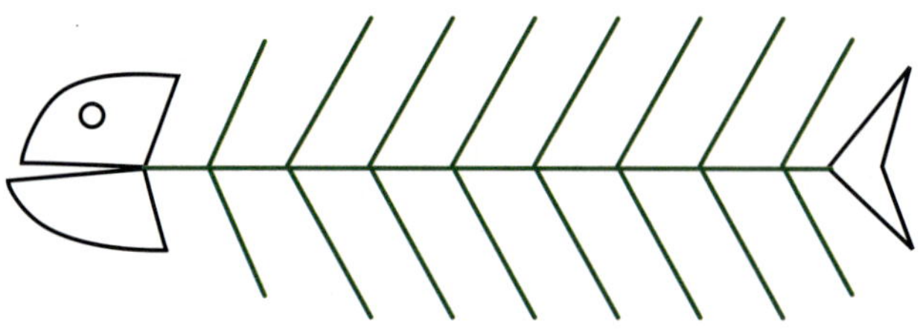

An die Hauptgräten der oberen Hälfte werden Stichwörter zur Problemstellung geschrieben. Entsprechend untersucht man, beispielsweise über ➲ Brainstorming, welche Lösungen es zu den genannten Stichwörtern geben kann.

Diese werden an die unteren Hauptgräten geschrieben.

➲ Fishbowl-Diskussion

Die Fishbowl-Methode ist eine sehr intensive Form der ➲ Diskussion in größeren Gruppen. Sie ist benannt nach ihrer Form, die einem runden Goldfischglas ähnelt.

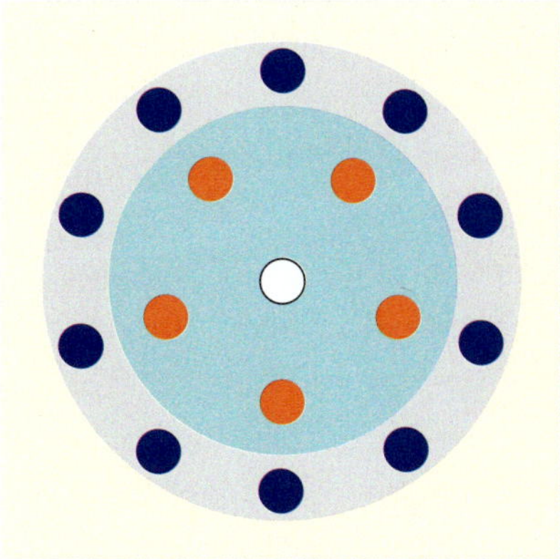

Eine Gruppe wird aufgeteilt in einen kleinen Innenkreis (4–6 Teilnehmer) und einen größeren Außenkreis, in dem die Beobachter sitzen. Im Innenkreis steht ein Stuhl mehr als die Anzahl der Teilnehmer. Diskutiert wird in der kleineren Gruppe im Innenkreis. Teilnehmer des äußeren Kreises machen sich Notizen zu den Inhalten und zum Diskussionsverhalten der Diskutanden. Falls ein Teilnehmer der äußeren Gruppe mitdiskutieren möchte, setzt er sich auf den freien Stuhl im Innenkreis. Anders als in einer Podiumsdiskussion haben die Beobachter die Möglichkeit, sich selbst aktiv einzubringen.

➲ Fünf-Schritt-Lesetechnik ➲ Quellenanalyse

➲ Gruppenpuzzle, Experten-Jigsaw, Experten-Puzzle

Mit dieser Methode können Sie in arbeitsteiliger Gruppenarbeit Kenntnisse erarbeiten und diese mit den anderen Gruppen austauschen.

1. Schritt: Es werden Gruppen zu je 4 Personen gebildet; jede Gruppe bearbeitet einen Aspekt oder eine Informationsquelle zu einem Problem. Ideal sind 4 Gruppen. Sie werden so zu Experten für einen Aspekt des Problems.

2. Schritt: Nach einer vorab festgelegten Bearbeitungszeit werden die Gruppen neu gebildet, so dass in jeder neuen Gruppe ein Mitglied aus einer der 4 Ursprungsgruppen sitzt.

3. Schritt: Die Experten informieren die anderen Gruppenmitglieder über ihr „Arbeitsgebiet“.

4. Schritt: Zum Abschluss gehen die Experten wieder in ihre Ursprungsgruppe zurück. Es erfolgt ein Austausch innerhalb der Gruppe oder im Plenum über die gewonnenen Erkenntnisse.

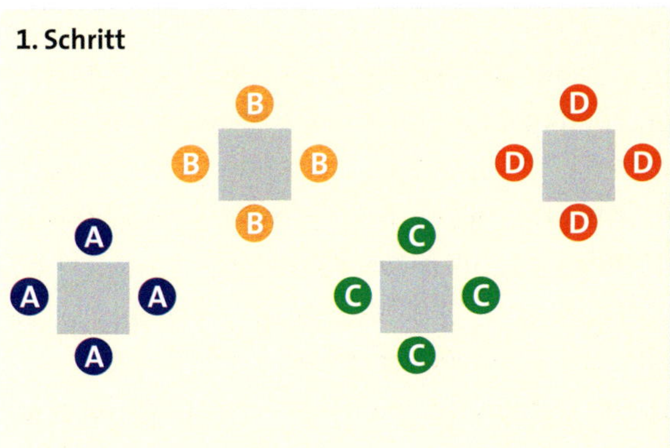

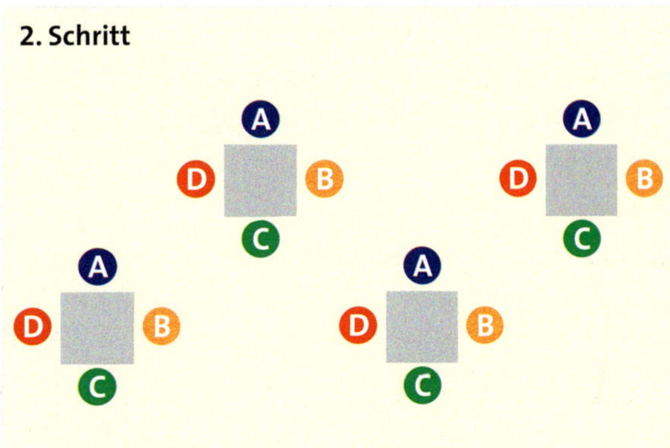

➲ Internetrecherche:

Das Internet bietet eine unerschöpfliche Quelle an Informationen. Leider wissen wir nicht immer, wer die Informationen ins Netz gestellt hat. Onlinerecherche erfordert deshalb sorgfältiges Auswählen.

Für eine erste Orientierung eignen sich Online-Lexika. Einige Online-Lexika haben eine eigene Redaktion, andere greifen auf Experten zurück, z.B. die Seite der Bundeszentrale für politische Bildung. Diese Informationen sind geprüft. Andere sind so angelegt, dass jeder etwas beitragen kann (Beispiel Wikipedia). Diese Quellen sollten überprüft werden. Wer dort auf das Dialogfeld Diskussion klickt, kann herausfinden, wann die letzte Überarbeitung stattgefunden hat.

Ein anderer Weg zur Recheche führt über Suchmaschinen. Tipps zur Internetrecherche mit Suchmaschinen:

- Geben Sie möglichst präzise Begriffe ein.
- Über die „erweiterte Suchfunktion" können Sie die Auswahl weiter einschränken.
- Über die Suchfunktionen „Bilder" oder „News" können Sie entsprechende Ergebnisse zu einem Stichwort direkt erhalten.

➲ Interview/Teaminterview

Bei der Methode Interview lernen Sie von Ihren Mitschülern, indem sie sich gegenseitig zu einem Thema befragen, über das Sie sich vorab informiert hatten. Die Methode dient dem Austausch und der Vertiefung der gewonnenen Informationen. In Dreierteams interviewt Schüler A die Schülerin B zu einem bestimmten Thema, während C die Aussagen protokolliert. Danach wechseln die Rollen. Haben Sie Vierergruppen, interviewt Schüler A die Schülerin B, Schüler C die Schülerin D. Anschließend berichten A an C und B an D, was sie gelernt haben.

➲ Jahrmarkt ➲ Markt der Möglichkeiten

➲ Karikaturen verstehen

In einer Karikatur versucht ein Zeichner, Personen, Dinge oder Begebenheiten des öffentlichen Lebens auf eine humorvolle Art darzustellen und häufig zu kritisieren. Karikaturisten arbeiten in der Regel mit dem Stilmittel der Übertreibung und/oder der Verfremdung.

Die Deutung einer Karikatur geschieht in 4 Schritten:

1. Schritt: Lassen Sie die Karikatur auf sich wirken; versuchen Sie das Thema zu erfassen und einzuordnen.

2. Schritt: Beschreiben Sie möglichst genau, was Sie sehen. Achten Sie dabei nicht nur darauf, was dargestellt wird, sondern besonders auch darauf, wie etwas dargestellt wird. Was fällt besonders auf?

3. Schritt: Deuten Sie die Karikatur, indem Sie überlegen, an welchen Betrachter die Karikatur gerichtet ist und was der Zeichner dem Betrachter mitteilen will. Informieren Sie sich auch über politische und gesellschaftliche Hintergründe, die für das Verständnis der Aussageabsicht wichtig sind.

4. Schritt: Beurteilen Sie die Karikatur und begründen Sie Ihre Meinung.

Kartenabfrage

Die Kartenabfrage dient dazu, Ideen zu einem Thema zu sammeln. Ein Thema können ein Begriff oder eine Fragestellung sein, die in der Regel von einem Moderator vorgegeben werden. In einer festgesetzten Zeit notieren Teilnehmer schriftlich ihre Ideen auf vorbereitete Karten. Es genügen Stichworte. Erste Strukturierungsmöglichkeiten ergeben sich durch unterschiedlich farbige Karten (doppelte Kartenabfrage), z. B. bei der Planung des Tagesablaufs: rote Karten für die Frage: „Was sollten wir heute auf jeden Fall schaffen?", gelbe Karten für Aussagen zu: „Das hat Zeit bis morgen." ➲ Metaplantechnik, ➲ Moderationstechnik.

Kopfstandmethode:

Die Kopfstandmethode gehört zu den Techniken, mit denen sich Lösungsansätze für Problemstellungen und Arbeitsaufträge finden lassen. Wenn Sie feststellen, dass Sie mit einem Problem nicht weiter kommen, ist es möglicherweise hilfreich, eine andere Perspektive – vergleichbar mit einem Kopfstand – einzunehmen.

1. Schritt: Benennen Sie Ihr Problem in einer Frage oder einem Satz.

2. Schritt: Formulieren Sie dann das genaue Gegenteil (z. B. „Was muss passieren, damit ich möglichst reich werde?" Gegenteil: „Was muss passieren, damit ich möglichst arm werde?")

3. Schritt: Sammeln Sie dann alle Antworten, die Ihnen oder der Klasse zu Frage 2 einfallen, z. B. auf Karten.

4. Schritt: Formulieren Sie dann zu allen negativen Antworten die positive Entsprechung.

Kugellager /Karussellgespräch

Diese Methode eignet sich für den Austausch von Gedanken und Informationen.

Aus den Stühlen aller Gruppenmitglieder werden zwei Kreise gebildet, ein Innenkreis und ein Außenkreis. Je zwei Personen sitzen sich gegenüber und tauschen Informationen zu einem Thema aus.

Dafür kann es unterschiedliche Regeln geben, z. B. nur die Personen im Innenkreis reden oder tragen vor. Personen im Außenkreis fragen nach.

Nach Ablauf einer festgelegten Zeit rutschen die Personen des Innenkreises zwei Stühle im Uhrzeigersinn weiter.

Jetzt reden die Personen im Außenkreis, anschließend rutschen sie zwei Stühle entgegen dem Uhrzeigersinn, wieder redet der Innenkreis, usw. Den Abschluss bildet eine Auswertung der Ergebnisse im Plenum.

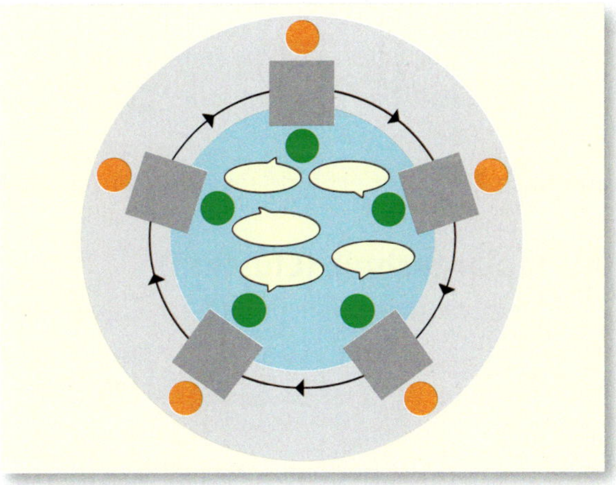

Leserbrief/Kommentar/Blogeintrag schreiben

Leserbriefe sind schriftlich verfasste Meinungen von Lesern zu einem Zeitungs- oder Zeitschriftenartikel. Sie sind in allen Redaktionen sehr willkommen, denn sie sind eine Möglichkeit der Kommunikation zwischen Journalist/Redakteur und Leser. Besonders kontroverse Meinungen sind in Leserbriefen gerne gesehen. Allerdings dürfen Leserbriefe, wie normale Zeitungsartikel

auch, niemanden beleidigen oder ihm eine Straftat unterstellen; die redaktionelle Verantwortung hat die Zeitung.
Die meisten Tageszeitungen haben heute auch eine Online-Ausgabe, in der Artikel veröffentlicht werden. Oft werden Artikel extra für die Online-Ausgabe bearbeitet. Das hat damit zu tun, dass der Leser (User) im Netz weniger Zeit aufwenden will, als der Zeitungsleser.
Am Schluss eines Online-Artikels findet sich meist ein Fenster, in dem zum persönlichen Kommentar aufgefordert wird. Eine besondere Form der Veröffentlichung im Netz ist das Weblog, kurz das Blog genannt. Der Herausgeber (Blogger) stellt einen Text ins Netz, Leser können den Beitrag online an vorgesehener Stelle kommentieren. Auf Kommentare anderer kann ebenfalls geantwortet werden.

Tipps:
- Schreiben Sie den Leserbrief möglichst zeitnah zum Erscheinen des Artikels.
- Nennen Sie den Artikel, auf den sich Ihr Beitrag bezieht.
- Schreiben Sie kurz, beschränken Sie sich auf 2–3 Punkte.
- Bringen Sie Ihre Aussage auf den Punkt.
- Schreiben Sie verständlich, verwenden Sie kurze Sätze. Vermeiden Sie Schachtelsätze
- Nennen Sie immer Namen, Anschrift und Telefonnummer.

Bei Kommentaren im Netz werden Sie meist aufgefordert, sich zu registrieren. Lesen Sie die Allgemeinen Geschäftsbedingungen, die Sie dabei akzeptieren müssen. Entscheiden Sie im Einzelfall, ob Sie das wollen.

➲ Markt der Möglichkeiten

Diese Methode dient dem Austausch und der Präsentation von Arbeitsergebnissen. Sie besteht aus zwei Phasen.
In Phase 1 erarbeiten sich die Teilnehmer Expertenwissen wie bei der Methode ➲ Gruppenpuzzle.
In Phase 2 präsentiert jede Expertengruppe ihre Arbeitsergebnisse in einem dafür vorbereiteten Raum. Jede Gruppe gestaltet eine Art Stand, auf dem die Arbeitsergebnisse für die Besucher anschaulich dargestellt werden. Dazu eignen sich besonders Plakate, Kollagen oder auch Gegenstände. Die Experten stehen für Fragen zur Verfügung.

➲ Metaplantechnik (Clustern)

Die Metaplantechnik, benannt nach dem Hersteller der benötigten Karten und Moderationskoffer, ist eine Weiterentwicklung der ➲ Kartenabfrage.
Sie eignet sich besonders, wenn es darum geht, Ideen zu sammeln und zu strukturieren oder Gruppenprozesse zu visualisieren. Ein oder zwei Moderatoren leiten und begleiten den Arbeitsprozess.

Erforderliche Hilfsmittel:
- Stellwände mit Nadeln oder Heftzwecken
- Packpapier/Tapeten zum Bespannen der Stellwände
- Karten in unterschiedlichen Farben und Formen (Rechtecke, Kreise, Ovale)
- Filzschreiber in unterschiedlichen Stärken und Farben
- Klebepunkte zur Bewertung/Gewichtung durch die Teilnehmer
- Fotoapparat, mit dem die gestalteten Stellwände abgelichtet werden, z. B. für ein Protokoll

Mindmap (Concept Map)

Mindmaps dienen dazu, Informationen zu strukturieren und zu visualisieren.
Zunächst wird ein Oberbegriff oder eine Fragestellung in die Mitte eines Blattes Papier geschrieben. Um das Thema herum werden wichtige Begriffe oder Aspekte gruppiert. Die Gruppierung hat die Form von Ästen, die sich zum Ende hin immer mehr verzweigen. Die Begriffe können durch Bilder oder Symbole ergänzt und veranschaulicht werde.

Moderationstechniken

Diese Techniken helfen, in einer Gruppe Probleme oder Ideen zu sammeln, sie zu strukturieren, übersichtlich darzustellen und zu diskutieren.
Zu den Moderationsstechiken zählen Blitzlicht, Brainstorming, Kartenabfrage und Placemat. Zu Beginn der Moderation wird ein Moderator bestimmt.
Als methodischer Helfer begleitet, strukturiert, organisiert er die Arbeit einer Gruppe und fasst zusammen.

Zu seinen Aufgaben gehören:
- Den Einstieg in ein Thema oder ein Projekt organisieren
- Auf die Einhaltung von Zeiten und Regeln zu achten
- Durch geeignete Anregungen die Bereitschaft der Teilnehmer zur Mitarbeit zu fördern
- Den Überblick über den Arbeitsfortschritt zu behalten
- Ergebnisse durch geeignete Methoden zusammen zu fassen und zu visualisieren (Metaplantechnik)

One-Minute-Writing

Mit Hilfe dieser Methode kann eine Gruppe in kurzer Zeit ein Feedback geben.
Die Teilnehmer antworten schriftlich in jeweils einer Minute auf folgende zwei Fragen:
1. Was war das wichtigste, was ich heute gelernt habe?
2. Welche Frage wurde nicht beantwortet, welches Problem nicht angesprochen?
Der Moderator/Lehrer kann die unbeantworteten Fragen zum „Aufhänger" für die nächste Sitzung/Stunde nehmen.

Paar-Check/Pairs-Check

Paar Check gehört zu den problemlösenden Methoden. Paare werden gebildet und bearbeiten Aufgaben/Fragen wechselseitig: wenn die eine Person eine Frage beantwortet oder ein Problem löst, hilft die andere. Bei der nächsten Frage wechseln die Rollen.

Placemat

Placemat gehört zu den Moderationstechniken. Auf diesem Weg können Sie Ideen finden oder Informationen zu einem Thema austauschen.
Bilden Sie Viererteams. Legen Sie ein Blatt von der Größe DIN A1 oder A2 so auf einen Tisch, dass jedes Gruppenmitglied an einer der vier Seiten des Blattes sitzen kann. Teilen Sie das Blatt mit einem Lineal wie in der Abbildung auf:

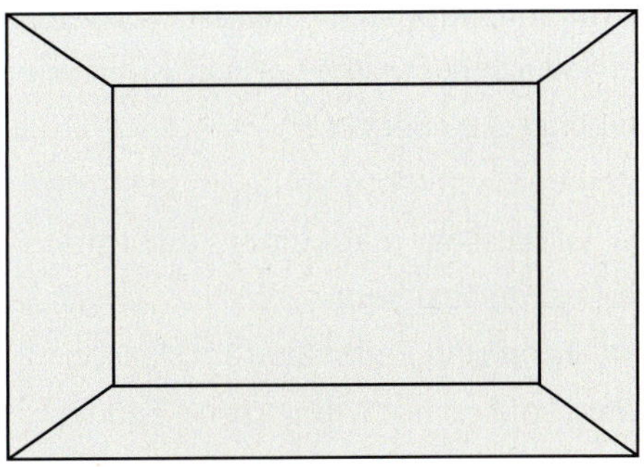

Jetzt trägt jedes Teammitglied in das vor ihm liegende Trapez ein, was es bereits sicher zu dem gewählten Thema weiß oder welche Lösungsvorschläge ihm zu einem Problem einfallen.
Vergleichen Sie anschließend Ihre Ergebnisse und notieren Sie in der Mitte des Blattes, was Sie bereits jetzt zum Thema sagen können oder welche Lösungsvorschläge Sie für besonders erfolgversprechend halten. Auch Skizzen sind geeignet.
Sammeln Sie danach in einer Liste die noch offenen Fragen und versuchen diese mit weiteren Informationsquellen zu beantworten. Ergänzen Sie jeweils in der Mitte des Blattes die neu gewonnenen Erkenntnisse.

➲ Plakat/Wandzeitung ➲ Präsentieren

➲ Podiumsdiskussion ➲ Talkshow

➲ Powerpoint ➲ Präsentieren

➲ Präsentieren/Visualisieren

Bei einer Präsentation stellen Sie Anderen Ihre Ergebnisse vor. Präsentationen können mündlich, schriftlich, audiovisuell und interaktiv sein. Oft wird eine Mischung aus den genannten Formen gewählt. Im Folgenden finden Sie einige Tipps für ausgewählte Formen:

a) Plakat/Wandzeitung (schriftlich/visuelle Form) Plakate brauchen eine große Schrift, mindestens 4cm, besser größer. Testen Sie vorher die Wirkung. Verwenden Sie Druckbuchstaben, wechseln Sie aber zwischen Groß- und Kleinbuchstaben. Konzentrieren Sie sich auf das Wesentliche, lassen Sie auch Leerräume. Farben unterstützen die Wirkung eines Plakates, wenn sie gezielt und sparsam verwendet werden. Überraschende Bilder und Zeichnungen dienen als Gedächtnisstütze.

b) Powerpoint: Eine mündliche Präsentation kann mit einem Computerprogramm wie PowerPoint anschaulich gestaltet werden. Dazu müssen vorher die sog. Folien mithilfe der PowerPoint-Werkzeuge erstellt werden. Für die Gestaltung dieser Folien ist Folgendes zu beachten:

- möglichst eigene, schlichte Vorlagen gestalten
- Die Anzahl der Aussagen auf einer Folie muss auf eine Blick erfassbar sein.
- ausreichend Rand und Zeilenabstand lassen
- Auf Textfolien sollten höchstens zehn Zeilen stehen, pro Zeile höchstens zehn Wörter.
- möglichst nicht mehr als zehn Folien verwenden
- gut lesbare Schrift verwenden
- Schriftgröße nicht häufig wechseln und Hervorhebungen sparsam einsetzen
- Schriftgröße für Bildunterschriften: 20 Punkt, für Fließtext 24 Punkt, Zwischenüberschriften 28 Punkt, fett, Hauptüberschrift 32 Punkt fett
- Farben bewusst zur Hervorhebung, Unterscheidung und Gliederung einsetzen
- nur zentrale Aussagen visualisieren

Die Folien sollen den Vortrag unterstützen, aber nicht ersetzen. Die Präsentation wird auf einem mobilen Datenträger gespeichert und mittels Computer und Beamer vorgeführt. Sie müssen die Technik im Voraus geprüft haben und Zeit für den Aufbau einplanen.

c) Vortrag/Referat: Unabhängig vom Inhalt ist es sinnvoll, seinen Vortrag zu gliedern. Als besonders hilfreich gilt dabei folgende Aufteilung:

1. Startmodul: Die Zuhörer gewinnen, Interesse wecken
2. Einleitungsmodul: Hinführung zum eigentlichen Thema, Überblick über den Inhalt des Vortrages
3. Mittelmodul mit maximal 3 Schwerpunkten: Ihr eigentliches Anliegen
4. Abschlussmodul: Zusammenfassung, Ausblick
5. Endmodul: Ihr Abgang (der letzte Eindruck bleibt hängen)

Pro-Kontra-Debatte

Debatten haben im politischen Alltag eine lange Tradition. Sie setzen voraus, dass sich alle Teilnehmer gut vorbereitet haben. Ziel einer Debatte ist der Austausch von Argumenten vor einer abschließenden Abstimmung/Entscheidung. Deshalb sollte die These so gewählt sein, dass es dazu in der Klasse unterschiedliche Positionen gibt. Schritte einer Pro- und Kontra-Debatte:

1. Vorbereitung: Bilden Sie Gruppen entsprechend der Meinung, die die Teilnehmer zu einem vorgegebenen Thema haben. Die übrigen Schüler bilden das Plenum.Die Gruppen bereiten sich vor, indem sie die Pro- bzw. Kontra-Argumente sammeln, sie nach ihrer Wichtigkeit ordnen und auf ein Plakat schreiben. Jede Gruppe sollte sich auch auf mögliche Gegenargumente der anderen Gruppe vorbereiten, ein Anfangsplädoyer verfassen und einen Gruppensprecher wählen.

2. Durchführung: Ein Moderator erteilt den Gruppen nacheinander das Wort, die daraufhin ihr Plädoyer halten. Nach dem ersten Durchgang treffen sich die einzelnen Gruppen wieder, um zu überlegen, wie sie die Argumente der Anderen entkräften können. Anschließend gehen die Gruppensprecher in einer Erwiderung auf die Argumente der anderen Debattenteilnehmer ein. Haben alle Gruppensprecher ihre Erwiderung vorgetragen, erhält das Plenum Gelegenheit für weitere Fragen.

3. Auswertung: Zum Abschluss der Debatte findet eine Abstimmung und/oder eine Auswertung der Debatte und der darin vorgetragenen Argumente statt.

Die **Akademische Diskussion** ist eine Sonderform der Pro-Kontra-Debatte. Es geht dabei darum, dass die Teilnehmer der Pro-Kontra-Gruppen während der Diskussionsphase auch die gegenteilige Position einnehmen, also ein Rollentausch stattfindet. So erhöht sich die Chance, am Schluss im Plenum einen tragfähigen Kompromiss zu finden.

Das Verfahren der Akademische Diskussion wird am Beispiel im Kapitel 14 auf S. 222 beschrieben.

Quellenanalyse (Texte, Diagramme)

Fünf-Schritt-Lesetechnik

Die Fünf-Schritt-Lesetechnik hilft Ihnen, auch längere, schwierige Texte zu erfassen.

1. Schritt: Den Text überfliegen
Finden Sie heraus, worum es in dem Text geht.

2. Schritt: Fragen formulieren, unbekannte Wörter nachschlagen
Texte geben Antworten. Überlegen Sie, auf welche Frage ein Textabschnitt eine Antwort gibt und schreiben Sie die Frage an den Rand des Textes. Markieren Sie die Wörter, die Sie nicht verstehen und schlagen Sie diese nach.

3. Schritt: Gründlich lesen
Lesen Sie den Text noch einmal. Markieren Sie mit einem Bleistift oder einem Textmarker die wichtigen Stellen.

4. Schritt: Einzelne Textabschnitte zusammenfassen
Die meisten Texte sind schon in einzelne Abschnitte gegliedert. Fassen Sie den Inhalt der einzelnen Abschnitte zusammen, indem Sie Stichwörter an den Rand schreiben, Schaubilder erstellen oder einen Satz formulieren.

5. Schritt: Den Text mit eigenen Worten wiedergeben
Wenn Sie die einzelnen Abschnitte verstanden haben, versuchen Sie jetzt den Inhalt des gesamten Textes mit eigenen Worten wiederzugeben.

Diagramme und Schaubilder analysieren

Bei der Diagrammanalyse nennt man in der Einleitung Erscheinungsdatum und -ort, Titel und Thema des Schaubildes sowie den Autor und die Form der Darstellung (z. B. Säulendiagramm). Im Hauptteil beginnt man mit der Beschreibung des Inhalts und seiner Gestaltung. Hierbei muss auch auf Besonderheiten und Abweichungen von der

Regel geachtet werden. Im Schlussteil wird das Schaubild beurteilt. Auch Fehler in der Darstellung, bewusste Manipulation des Betrachters oder offene, unbeantwortete Fragen werden benannt.

➲ Reziprokes Lesen

Reziprokes Lesen gehört zu den kooperativen Lerntechniken und ist besonders hilfreich für das Verständnis langer und komplizierter Texte.

1. Schritt: Es werden Gruppen zu je 4 Personen gebildet, denen je ein Textabschnitt zugeteilt wird.

2. Schritt: Alle Teilnehmer lesen individuell den vorher festgelegten Teil des Textes. Die Lesezeit ist begrenzt.

3. Schritt: Für die Bearbeitung des Textes erhält jedes Gruppenmitglied eine Spezialaufgabe, die möglichst auf einer Karteikarte abgebildet ist: Der „Fragensteller“ stellt 2 bis 3 Fragen an den Text und beantwortet diese, der „Zusammenfasser“ fasst den Text zusammen und liest seine Zusammenfassung vor, der „Erklärer“ erläutert 1 bis 2 schwierige Textpassagen und der „Prognoseentwickler“ stellt Vermutungen darüber an, wie der Text weiter geht.

4. Schritt: Für die Bearbeitung eines weiteren Textteils werden die Rollen getauscht, indem die Karteikarten weitergereicht werden.

➲ Streitgespräch ➲ Pro-Kontra-Debatte

➲ Szenariotechnik

Bei der Szenario Technik geht es darum, Möglichkeiten für zukünftige Entwicklungen gedanklich durchzuspielen und mögliche Konsequenzen von bestimmten Entwicklungen einzuschätzen.

1. Schritt: In einer Art Brainstorming sammeln alle Ideen und Bilder, die Ihnen zu einem Thema einfallen.

2. Schritt: Anschließend spielen Sie zwei extreme Entwicklungen durch: ein „best-case-scenario“, das beschreibt was passieren würde, wenn alles optimal verlaufen würde und ein „worst-case-scenario“ , das die schlechtest mögliche Entwicklung aufzeigt.

3. Schritt: Sie überlegen, durch welches Verhalten Sie die eine oder andere Entwicklung beeinflussen können.

➲ Tabu

Beim Gesellschaftsspiel „Tabu“ geht es darum, einen Begriff zu erraten, der auf einer Spielkarte notiert ist. Der Begriff wird dazu passend umschrieben, wobei bestimmte Begriffe nicht benutzt werden dürfen. Sie sind tabu.

In Anlehnung an diese Spielregel können mit der „Tabu-Methode“ Begriffe aus Politik und Gesellschaft spielerisch entwickelt bzw. reflektiert werden.

Für das Lern- und Wissensspiel müssen die Begriffskarten zunächst von den Schülern erstellt werden. Dazu können Karteikarten mit Vorder- und Rückseite beschriftet werden.

Gespielt wird in zwei Teams gegeneinander. Ein Team agiert und sammelt Punkte, das andere Team beobachtet, ob die Regeln eingehalten werden.

Ein Mitglied des aktiven Teams kennt den Begriff und versucht den anderen den Begriff möglichst gut zu umschreiben. Dabei darf es die Tabu-Wörter, die auf der Rückseite der Spielkarte stehen, nicht verwenden.

Verboten ist auch, einen Teil des zu erratenden Wortes für die Erklärung zu benutzen oder durch Laute, Gesten oder Pantomime den Mitspielern zu helfen.

Für jeden erratenen Begriff erhält die Gruppe einen Punkt. Nach einer vorher festgelegten Zeit (z.B. 2 Minuten) kommt das andere Team an die Reihe.

Talkshow

Eine Talkshow eignet sich als Methode zur politischen Meinungsbildung und Entscheidungsfindung. Sie orientiert sich in ihrem Ablauf an den Vorbildern aus dem Fernsehen.
In einer Talkshow gibt es folgende Rollen: einen Moderator, Gäste der Talkshow, und das Publikum.

Ablauf:
1. Ein Moderator wird bestimmt, Gruppen werden entsprechend den verschiedenen Gästerollen gebildet.
2. Der Moderator bereitet sich – evtl. auch in einer Gruppe – auf seine Moderatorenaufgabe vor: er eröffnet die Talkshow mit einer kurzen Einführung und stellt die Gäste vor. Er ist verantwortlich für den Ablauf der Talkshow und steuert diese, indem er Fragen an seine Gäste stellt. Dabei kann er bei Bedarf auch das Publikum einbeziehen, indem er es anspricht. Zudem achtet er darauf, dass Diskussionsregeln, die vorher vereinbart werden müssen, eingehalten werden.
3. Die Gruppen einigen sich, wer als Gast an der Talkrunde teilnimmt. Sie erarbeiten ihre Rolle anhand von Rollenkarten. Die Rollenkarten können Informationen zur Position, Biographie und Argumentation der jeweiligen Person enthalten.
4. Für die Durchführung nehmen Moderator und Gäste auf der „Bühne“ Platz, die Zuschauer setzen sich im Halbkreis vor die Bühne. Der Moderator beginnt und die Diskussion nimmt ihren Lauf.
5. Die Talkshow endet, indem jeder Studiogast Gelegenheit zu einem kurzen Abschlussstatement erhält.
6. In einer anschließenden Auswertungsrunde reflektieren und bewerten Zuschauer und Teilnehmer die geäußerten Argumente.

Team-Games-Tournament (TGT)

TGT ist ein spielerischer Wettkampf, der dazu dienen kann, erworbenes Wissen zu festigen.
1. Schritt: Zu einem Thema werden von einem Lehrer oder von Lerngruppen Fragen formuliert und beantwortet. Alle Fragen werden gesammelt und durchnummeriert.
2. Schritt: Es werden gleich große Teams gebildet. Die Teams bereiten sich anhand der Fragen und Antworten auf den Wettkampf vor. Jedes Teammitglied erhält eine individuelle Punktekarte.
3. Schritt: Für die erste Runde des Wettkampfs werden Gruppen gebildet in denen je ein Mitglied eines jeden Teams sitzt. Es werden Nummernkarten gezogen. Wer die höchste Nummer zieht, beginnt. Er muss die Frage beantworten, die seiner Nummer entspricht. Ein anderer liest ihm die Frage vor. Ist die Antwort falsch, kann ein anderer aus der Runde antworten. Jede richtige Antwort bringt einen Punkt, der auf der Punktekarte eingetragen wird.
4. Schritt: Die zweite Spielrunde beginnt. Die Teams aus Schritt 2 kommen wieder zusammen und vergleichen ihre Punktekarten. Dann werden neue Gruppen gebildet. Aus jedem Team kommt der Schüler mit den meisten Punkten in eine neue Gruppe, der mit den zweitmeisten in eine andere usw., bis alle Schüler neu verteilt sind. Der weitere Ablauf entspricht Schritt 3.
5. Schritt: Die Ergebnisse aller Mitglieder eines Teams werden anhand der Punktekarten ermittelt und addiert.
(Beispiel: siehe Kapitel 13, S. 206)

➲ Themengewichtung

Gibt es unterschiedliche Auffassungen über das weitere Vorgehen, können Teilnehmer mit Hilfe von Klebepunkten eine Gewichtung der Vorschläge vornehmen. (➲ Metaplan)

➲ Think-Pair-Share

Think-Pair-Share ist so etwas wie das Nachdenken zu zweit.
Jeder Gruppenteilnehmer erarbeitet zunächst alleine die Antwort auf eine Frage/die Lösung eines Problems. Danach stellt er seine Lösung einem Teilnehmer seiner Wahl vor, man tauscht sich aus. Das Ergebnis wird anschließend im Plenum in einer zuvor abgesprochenen Art präsentiert. (Eine Variante ist: **Think-Pair-Square**: Es findet ein Austausch zu viert statt.)

➲ Umfrage

Ziel einer Umfrage ist es, Einstellungen, Wünsche und Erwartungen von Menschen kennen zu lernen. Die Aussagen der Befragten kann man mit den eigenen Vorstellungen vergleichen und so die eigenen Sichtweisen erweitern.

Ablauf:

1. Klären Sie das Ziel der Umfrage. Was wollen Sie herausfinden?
2. Legen Sie fest, ob Sie eine schriftliche oder eine mündliche Befragung durchführen wollen.
3. Legen Sie fest, welche und wie viele Personen befragt werden sollen und wer diese Befragungen durchführt. Auch der Zeitraum für die Befragung sollte festgelegt werden.
4. Erstellen Sie den Fragebogen. Achten Sie darauf, dass die Fragen einfach und eindeutig formuliert werden. Wenn Sie Einstellungen von Menschen erfragen wollen, vermeiden Sie Suggestivfragen (= Fragen, die dem Befragten eine Antwort bereits in den Mund legen). Falls Sie Antworten vorgeben, sollten diese trennscharf und ausgewogen sein.
5. Auch im Internet finden sich Fragebögen und Muster – lassen Sie sich inspirieren.
6. Testen Sie den Fragebogen bei Freunden.

➲ Visualisierungsmöglichkeiten ➲ Metaplan, ➲ Moderationstechniken

➲ Vortrag/Referat ➲ Präsentieren

Stichwortverzeichnis

Bildquellenverzeichnis

ADAC e.V. S.34/3
Adpic S.10/1/R. Thiele, S.10/2/R. Kruschke, S.168/2/D. Koschek, S.180/2/D. Kosaric, S.212/2/R. Denis
Akg-Images S.173/2/Nimatallah
Alamy S.4/1/David Hancock, S.8–S.9/ David Hancock
Allgemeiner Deutscher Fahrrad-Club S.34/3
Amnesty International Sektion der Bundesrepublik Deutschland e.V. S.19/6, S.125/1
Anti Slavery International S.19/3
Baaske, Wolfgang, Mühlheim S.191
Berten, Pascal, Berlin S.150
Bildagentur Preußischer Kulturbesitz (Standort Museum für Vor- und Frühgeschichte, Berlin-Charlottenburg) S.120
BMLFUW S.6/3, S.158–S.159
Bundesvereinigung der Deutschen Arbeitgeberverbände S.34/6
Bundeszentrale für politische Bildung S.210/2
Bundeszentrale für politische Bildung, 2009, www.bpb.de-Lizenz: Creative Commons by-nc-nd/3.0/de S.172
Carrotmob Berlin S.203
CartoonStock S.157
CentrO Management GmbH, Oberhausen/Pressebild S.114/2
Cornelsen Verlagsarchiv S.6/1, S.10/4, S.10/5, S.18/1/Galeria Andrej Smolak, S.116, S.230
Deutscher Caritasverband e.V. S.34/1
Deutscher Gewerkschaftsbund S.34/5
Dietershagen, Lars, Bonn S.200
Donath, Joachim, Berlin S.47/1–S.47/2, S.58/4, S.236/1–S.236/2
DRK/Pressebild S.189/2
Duden Paetec GmbH S.210/3
EEAS/Pressebild S.167
Euro-Informationen, Berlin S.173/1
Fanselow, Sebastian, Berlin S.4/2, S.26–S.27
Ferdinand Boesch/documenta S.148/1
Fotofinder S.10/3/Caro/Fathi, S.137/vario images, S.210/4/Caro/Kaiser, S.211/1/Your Photo Today, S.216/Bildmaschine.de/Robert Kneschke, S.221/Julian Roeder/Ostkreuz
Getty images S.13/3/Martinie/Kontributor
GNN Verlag S.204
Greenpeace e.V. S.34/5
Haitzinger, Horst, München S.122/1
Hanel/CCC, www.c5.net S.173/3
HDV Kino e.V. S.108
Horsch, Wolfgang, Hohenlohe S.50
Human Rights Watch S.19/7
Innenbehörde 2010/Pressebild S.28/3
Ipad-butler/Arktis Software GmbH/Pressebild S.102
iStockphoto S.13/2, S.88
Knörzer, Uli, Berlin S.44
Krüper, Bielefeld S.188/2
Kurowski, Walter, Oberhausen S.12
Lange, Karl Ludwig, Berlin S.6/1, S.128–S.129
Maler, Matthias, Espelkamp S.189/1
Mester, Gerhard, Wiesbaden S.41
Mester/CCC, www.c5.net S.145
Pfohlmann, Christiane, Landsberg S.96
Phil Testemale/ Ein Projekt von Matthias Schnauss in Zusammenarbeit mit GRÜNE LIGA Berlin e.V. und KATE e.V. S.227
picture-alliance S.7/1/abaca, S.13/4/dpa, S.14/dpa, S.16/2/dpa, S.19/2/akg-images/Alfons Rath, S.28/1–S.28/2/dpa, S.38/dpa, S.114/1/akg-images/Bruce Connolly, S.122/2/dpa, S.142/dpa, S.143/dpa, S.162/Sven Simon, S.168/1/dpa, S.171/dpa, S.180/5/dpa, S.181/1–S.181/2/dpa, S.187, S.192–S.193/abaca, S.198/dpa, S.202/dpa, S.213/Sueddeutsche Zeitung Photo, S.217/Berliner_Kurier, S.229/1/dpa, S.229/2/Hinrich Bäsemann, S.229/3/dpa
Pi-Photo fotodesign, Peter Iancovici, Düsseldorf S.25, S.160, S.194/1–S.194/8
Piraro, Dan, New York S.115
Pixelio S.4/3, S.42–S.43
Plassmann, Thomas, Essen S.51, S.127
Pro Reli e.V. S.29
RTL/Pressebild S.90/Stefan Gregorowius
Schamuhn, Anette, Berlin S.5/1+ S.70–S.71 (Geldscheine und Münzen: Shutterstock, Ordner: Adpic/H. Brauer, Girokarte: Deutscher Sparkassen- und Giroverband, Kreditkarte: Postbank AG), S.5/2+ S.84 –S.85 (Junger Mann, Gitarre, Laptop und Disko: Shutterstock, iPhone: Deutsche Telekom AG/Pressefoto, Führerschein: Bundesdruckerei GmbH), S.7/2+ S.208– S.209 (Familie und Hecke: Shutterstock, Haus: Fotolia/Daniel Hohlfeld, Moschee: Fotolia/Eve), S.92/1–S.91/3
Schmidt, Dirk, München S.62
Schmidt, Roger, Brunsbüttel S.54/1, S.110, S.195
Shutterstock S.4/4, S.5/3, S.5/4, S.7/3, S.10/6, S.21, S.56–S.57, S.58/2, S.58/3, S.72, S.73, S.86, S.94, S.98–S.99, S.112–S.113, S.134, S.149/1–S.149/6, S.153/1, S.163/2, S.163/4, S.177/1–S.177/2, S.178, S.180/1, S.180/3, 180/4, S.210/1, S.211/2, S.211/4, S.212/1, S.224– S.225, S.229/4
Silke Werzinger Illustration, Berlin S.6/2, S.146–S.147
Simon, Petra, Nürnberg S.211/3
Stuttmann, Klaus, Berlin S.207
Styleislam S.153/2
Terre des hommes S.19/5
Tomicek, Jürgen, Werl-Westönnen S.237
ullstein bild S.19/1, S.130/Granger Collection, S.179/1/Chromorange, S.179/2/Imagesbroker.net
Unicef Deutschland S.19/4, S.125/2
Wiedenroth, Götz, Flensburg S.54/2
Wikipedia S.13/1, S.18/2, S.100/Superbass/CC-BY-SA 3.0, S.148/2, S.154, S.163/1, S.163/3/Euseson, S.233/GNU/Rhobite
Wirtz, Peter, Dormagen S.6/4, S.58/1, S.58/5, S.60/1–S.60/2, S.117, S.118, S.139/1–S.139/5, S.174–S.175, S.188/1, S.188/3, S.238/1–S.238/5